青年国史读本·大中国五千年

文明的曙光
从三代到春秋

赤军·著

山西出版传媒集团
山西人民出版社

青年国史读本·大中国五千年

总　序

"段子时代"的"历史营养午餐"

管仲曾经说过"仓廪实而知礼节",经过几十年的经济发展、社会演进,如今中国人的物质生活水平已有了很大的改善,至少挨饿受冻的人,已经比历史上那些困难年月少了不知凡几,一度顾不上的精神生活、文化修养,也开始更多被千百万个中国家庭谈论、重视,曾长期被束之高阁、锁进冷清学术殿堂的历史知识,也骤然变成了文化市场和教育领域的热门。

这对于历史题材作品的作者、读者而言,可谓既万幸又不幸。

万幸的是,作者终于不再担心冷对枯灯,耗费精力、时间写出的东西没人出、没人读,今天的中国,恍惚间进入了又一个无人不多少知道点历史名人轶事的时代,读者也不至于要么无书可读,要么只能对着既难以索解又篇帙浩繁的史籍,或寥若晨星且文字老旧、不可避免带有特定时代烙印的几套普及型读物发呆,实体书、电子书中的历史普及读物多如过江之鲫且不去说,随手点开网络,也能看到许多相关的"段子"。

不幸的是,信息时代恰如一柄让人爱恨交织的双刃剑,一方面提供了海量的资讯,和众多的选择余地,另一方面却也泥沙俱下,让人无所适从,难以取舍。充斥在各种现代化信息平台上的"历史段子"更是真假难辨,让许多人陷入一种"不看后悔,看了信了更后悔"的迷惘之中。

"以史为鉴,可知兴替;以人为鉴,可察得失",这两句流传一千多年的唐太宗名言,至今仍具有充分的现实意义,熟知历史,可以帮助人们明是非,辨善恶,从前人经验中获得领悟,从前人教训中知所趋避,不再重复先辈们的遗憾和错误,由此可见,今天的人们、尤其正处于最佳学习周期的青少年，是需要合适、足够历史读物的。

然而今天的社会已是高度现代化的社会，节奏快、学科门类繁多，专业分工明确，中国传统的"经史子集"四科已不足以覆盖"学问"二字，像古代学子那样"两耳不闻窗外事，一心只读圣贤书"，把毕生精力之泰半用于钻研文史是不现实的，这只能让此人变成隔绝于时代、世务的社会弃儿，且即便如此，也远难以穷尽远超过古代无数倍的知识量。成年人受工作、家务牵累，固是如此，处于学龄的青少年背负沉重课业负担，就更是如此。

对于他们而言，传统文言史传固然好，却着实不便阅读，即便勉强生吞活剥，因体例、语言和典故等问题，也很难实现快速阅读、轻松汲取知识，甚至可能令一些青少年产生畏难、厌恶情绪，从此对历史敬而远之；"段子时代"的各种"历史段子"，包括"戏说"、"穿越"，以及似是而非的"伪历史"读来固是轻松愉快，却仿佛"历史快餐"、"历史烤串"，当做生活、学习的点缀是不错的，然而缺乏提高历史素养所必须的多种营养元素，当作"历史主食"吃得多了、久了，恐怕是要"历史贫血"的。

青少年的学习阶段，"营养午餐"备受重视，它既方便快捷，又营养均衡，足以让孩子们吃饱吃好，健康成长，即便从事脑力、体力工作的成年人，"营养午餐"对于他们的生活、身体，也都是至关重要的。"段子时代"的历史知识普及，同样需要这种"历史营养午餐"：和严谨却生涩的"历史大餐"——史籍相比，它更像"家常菜"，大众口味，随到随吃；和鱼龙混杂、良莠不齐的"历史快餐"相比，它又有讲究精致的选材，独具匠心的"烹饪"，和均衡搭配的营养，让读者们不至于塞了一肚子"零食"却营养不良，更不至于一不小心，咽下些"地沟油"、"毒奶粉"，而令身心受损。

这套崭新的历史丛书，就力图做成这样一份"历史营养午餐"：对于青少年而言，它既可以作为历史启蒙读物，为更专业化的兴趣研究作一块合格的铺路石，也可作为历史普及读本，让他们较轻松愉快地汲取更多严

总　序

谨、准确的历史信息，为其日后的学习、就业和人生之路，提供更多的助益、镜鉴和思路；对于成年读者而言，它也可以是一套"文不甚深、语不甚俗"，比专业资料通俗、比"历史快餐"靠谱和有营养的，案头、车上、枕边，甚至厕上的"保留读本"。

这套丛书是由多名相互熟悉、又独立写作的作者合作完成，他们共同的特点，是既有相对扎实的"正史"功底，又曾长期从事历史通俗读物的写作，对于烹制这桌"历史营养午餐"而言，他们应是较合适的"厨师"。

当然，"众口难调"，这道"历史营养午餐"究竟口味如何，能否为读者挑剔的肠胃所接受，还须让市场来作答。

陶短房

壬辰二月十一日 北美素里市

目 录
Contents

第一章　文明史的开端 / 1

　　考古、神话和古史 / 1

　　从盘古开天到女娲造人 / 6

　　炎黄子孙的由来 / 9

　　尧舜禹的禅让 / 12

　　息壤造成了大地 / 15

第二章　传说时代·夏 / 19

　　甘之战和西河之战 / 19

　　天下第一的射手 / 22

　　少康中兴 / 25

　　孔甲养龙 / 29

第三章　传说时代·先商 / 33

　　卖牛却掉了脑袋 / 33

　　宁可和你同归于尽 / 36

　　葛伯的借口 / 39

　　媵臣伊尹 / 42

　　封存夏的社稷 / 45

　　从成汤到盘庚 / 50

第四章　青铜时代·晚商 / 54

　　药材铺里的龙骨 / 54

　　盘庚迁殷 / 57

　　一连三年不说话 / 60

　　贤臣出身低 / 64

　　女将妇好 / 67

　　把天射出了血 / 70

第五章　青铜时代·周朝的勃兴 / 75

　　天作之合 / 75

　　同一个模子的暴君 / 78

　　姜太公钓鱼 / 81

烂龟壳哪有灵性 / 85
周公篡位的谣言 / 89
东征和分封 / 92

第六章　青铜时代·西周的衰亡 / 98

楚人的诡计 / 98
穆天子西游 / 101
防民之口，甚于防川 / 105
山桑弓、萁草袋 / 108
烽火戏诸侯 / 111

第七章　春秋时代·最初的霸者 / 115

黄泉下相见 / 115
一箭射中周天子 / 119
瓜熟而代 / 122
装死的公子小白 / 126
曹刿和曹沫 / 129
尊王攘夷 / 133
召陵大阅兵 / 137

第八章　春秋时代·坎坷争霸路 / 142

大力士南宫长万 / 142
上了楚人的大当 / 145
落后于时代 / 149
假途灭虢 / 153
骊姬的阴谋 / 156

流亡公子重耳 / 160

第九章　春秋时代·秦与晋、恩与仇 / 164

五张羊皮 / 164
恩将仇报 / 167
老来得国的重耳 / 171
介之推和寒食节 / 174
救宋伐曹、卫 / 177
城濮之战 / 180

第十章　春秋时代·秦霸西戎 / 185

蹇叔哭别秦军 / 185
崤之战 / 188
狼瞫的决心 / 191
拓地千里 / 194

第十一章　春秋时代·南方的强权 / 198

一鸣惊人 / 198
九鼎的轻重 / 201
士会归晋 / 205
赵盾弑君 / 208
荒淫的陈灵公 / 211
邲之战 / 214
我无尔诈，尔无我虞 / 218

第十二章 春秋时代·生存在夹缝中 / 222

让你们疲于奔命 / 222

弭兵之会 / 226

大贤人子产 / 229

晏婴和羊舌肸 / 232

第十三章 春秋时代·吴越争霸 /237

子胥投吴 / 237

孙子兵法 / 240

申包胥哭秦庭 / 243

楚人之间的斗争 / 246

美人计 / 249

第十四章 春秋时代·思想界的明星 / 255

尼丘山上的祈祷 / 255

夹谷之会 / 258

丧家狗 / 261

孔门贤良 / 265

附　表 / 270

第一章　文明史的开端

考古、神话和古史

我们经常说，中华民族有五千年的文明史，五千年当然是个约数，那么，具体是从什么时候开始算起的呢？

当然先要有人，然后才有人类文明。经过考古发掘和科学研究，现在大家普遍已经认同了，人类不是凭空产生出来的，不是由神所创造的，也不是从外星空降到地球的，而是古猿经过长期演变的结果。

在广袤的中国大地上，目前所发现的最早的人类化石，要算是距今约两百万年前的重庆巫山人。巫山人以后，还有陕西蓝田人、云南元谋人、安徽和县人、湖北阳县人、南京汤山人，以及北京人，等等，他们都被统称为直立人（猿人）。

直立人身上还保留着相当多的猿的特征，比如嘴部突出、眉骨隆起、前额低斜等等。直立人已经可以轻松地直立行走，但背还是弯的；脑容量比起猿猴来要大得多，但还没有现代人一半聪明；他们会使用简单的工具，甚至会用火。

直立人的时代，还不能算是文明史的开端。

直立人以后，人类进入了智人阶段，包括早期智人（古人）和晚期智人（新人）。在中国发现的智人时代的化石，有广东马坝人、山西丁村人、内蒙河套人、广西柳江人、北京山顶洞人，等等。晚期智人就外形上来看，和现代人已经没有什么不同，他们不但会使用工具，并且制作的工具越来越精细，不但会用火烧烤食物和取暖，还能够用自己的智慧来点火——而不是坐等着闪电点燃树木——保存火种。

然而，智人时代，也不能算是文明史的开端。

那么，究竟要具备了哪些特征，文明才算开始呢？有的专家说，必须要产生城市甚至是国家，有的说要有文字，还有的说要有音乐，总之并没有一个统一的标准。不过，一般认为中国从四五千年前，文明就已经开始了。

智人阶段大致结束于一万年前，此后，就迈入了现代人的阶段，这个阶段延续了四五千年以后，文明终于产生了。文明史开始之初的中国人，在广袤的大地上聚合成许许多多个大小不一的群体，并最终形成了几个大的文化区。

当然，那时候还没有"中国"这个名字，这个名字是后来才产生的。为什么叫"中国"呢？"中"当然就是中心的意思，但并不是指世界的中心，古人还没有世界概念，他们的眼界比较狭窄，当时所说的中心，是指最中心的文化区——

它在辽河、雁北的南面，在甘肃、青海、四川的东面，在长江中游、下游的北面，在黄河下游的西面，这个中心文化区的主要范围，大致等同于今天的河南省。

"国"最早的写法是"或"，左边是个"口"，代表城，右边是个"戈"，代表手持武器保卫城池。最早的国其实就是一座城，中国就是指中心的城，后来国的概念越来越大，城和守城兵外面再加上一个大方框，代表国的疆界，变成了"國"，中国的概念也越来越大，逐渐变成了咱们今天的意思。

中华五千年的文明史，就这样开始了。

第一章 文明史的开端

中国历史的主要脉络，都记载在"二十五史"中。"二十五史"是指二十五部官方或半官方修订的纪传体史书，从司马迁的《史记》开始，一直到没能写完的《清史稿》为止。

这二十五部史书中，要说涉及年代范围最广的，就得算是《史记》了，司马迁从五千年前的黄帝时代开始写起，一直写到汉武帝元狩元年（公元前122年），总共三千多年的历史。在《史记》之前，并没有完善的史书；别说五千年前了，就连三千五百年前是否有文字，还得打一个大大的问号。那么，司马迁的资料，究竟是从哪里来的？是否准确呢？

司马迁说，中国最早的君主就是黄帝，黄帝以后著名的君主还有他的孙子颛顼、玄孙帝喾，然后是帝喾的儿子帝尧、帝尧的女婿虞舜——这五位君主，就被称为"五帝"。五帝以后，夏朝就开始了，夏朝以后是商朝，商朝以后是周朝，周朝以后是秦朝，最后才接上司马迁自己所处的汉朝。

> 五帝有多种版本，除了《史记》所载，还有几种流行的说法，比如按《吕氏春秋》所说，太昊、炎帝、黄帝、少昊、颛顼为五帝，而《尚书序》中的五帝则是少昊、颛顼、高辛、唐、虞。

经过专家的考证、分析并和考古发掘相对照，证明了《史记》里商朝中期以后的历史记载，基本上都是准确的。那么在此之前的呢？五帝真的存在吗？夏朝真的存在吗？直到今天，谁都没法拿出板上钉钉的证据来。

根据考古发掘，中国文明史的开端，也就是传说中的黄帝时代，在燕山以北、辽河流域有红山文化，黄河中上游有仰韶文化，黄河下游有大汶口文化，长江中游有屈家岭文化，长江下游有良渚文化，等等。这些文化圈互相间有接触、有融合，同时也都具有与众不同的独特风格。在文化圈内，人群形成了大大小小的聚落，某些地区甚至出现了城市的

文明的曙光
—— 从三代到春秋

雏形。

咱们说过,最早的"国"就是城,很快,全中国就布满了大大小小、成千上万的城,也就等于有成千上万的"国",这个时代,可以称为"城邦时代",或者"邦国时代"。后来部分城邦结合成一个整体,国越来越大,国与国之间的交往关系也越来越复杂,就进入了"王国时代"。

黄帝时代,很可能就是邦国时代的开端,到了夏商周,则进入了王国时代。

对于那些古老的、遥远的,还没有文字,或者虽然有文字却没有流传下来的时代,现代人只能靠五分研究,再加五分猜想,来还原时代风貌和历史事件。研究的资料主要有三种:一是考古发掘,二是神话传说,三是古史记载。

考古发掘可以还原一个时代的部分风貌,却很难确定历史事件。比方说,挖出了一具古代人的遗骨,经过研究,可以了解到他吃些什么、穿些什么、用些什么、因何而死,进而推测出当时的自然环境、社会制度、丧葬习俗,等等;然而,如果缺乏相关的文字记载,你永远不会知道他叫什么名字。

神话传说和古史记载里,都包含有上古时代的信息,但这些信息不但零碎,而且经过了人为的扭曲,谁都说不好有几成是真实的,有几成是编造的。对应科学常识,我们可以剥开神话的重重外衣,对应考古发掘,我们可以剔除古史的种种伪造;但剩下的内核,却仍然真伪难辨。

究竟是真实的历史被改造成了神话传说呢,还是神话传说被改造成了古史记载呢?不妨对照着来分析一下吧。

第一章 文明史的开端

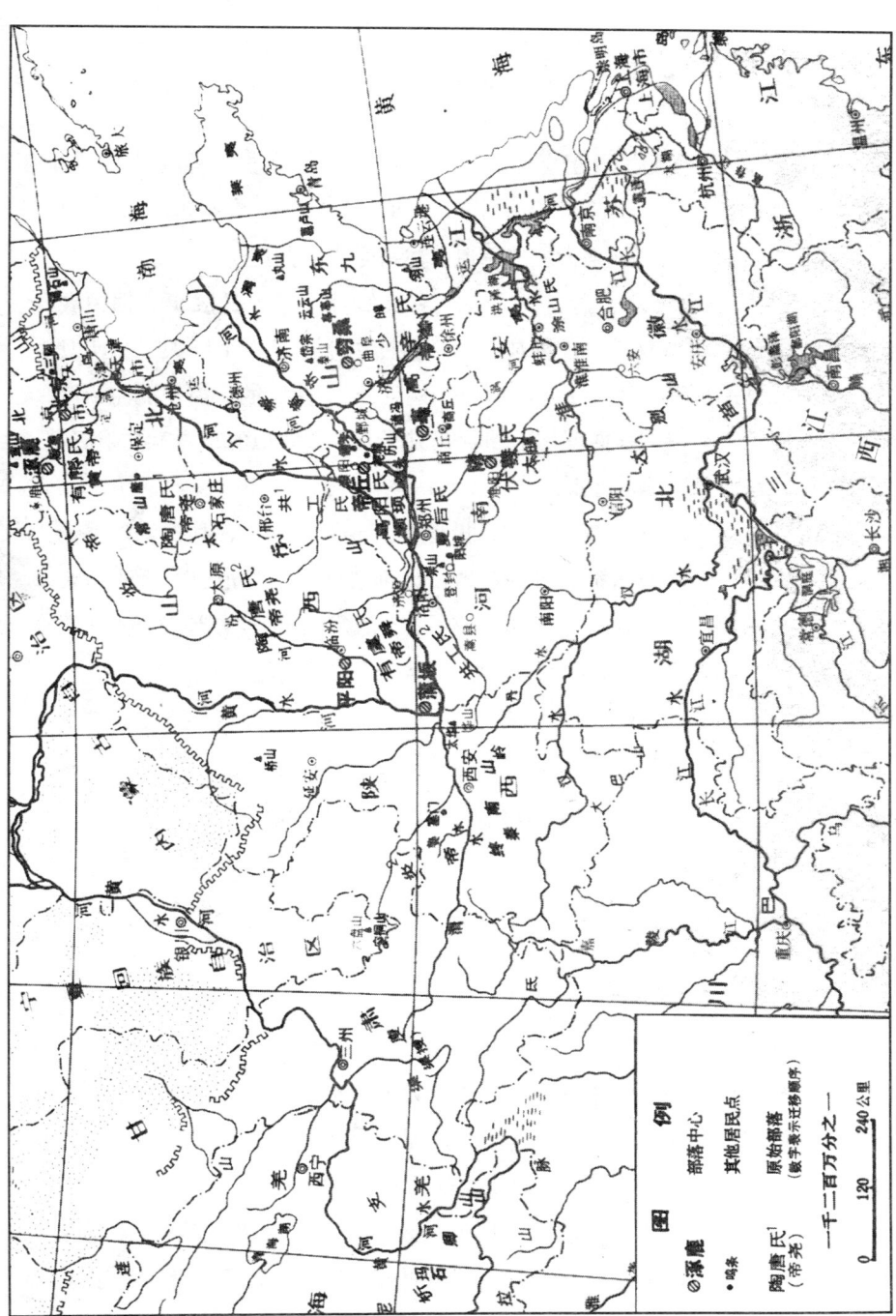

黄河长江流域传说中的原始社会部落分布图

文明的曙光
——从三代到春秋

从盘古开天到女娲造人

神话的开篇，就应该是天地的创造，然后是人类的诞生。

我们大家都应该熟悉盘古开天辟地和女娲补天造人的故事。据说我们这个世界的初始，只是一片混沌，后来混沌中生出了一个巨人，名叫盘古，他无法忍受这种生活，于是就取出一柄巨斧，"喀"的一声把混沌给劈开了。混沌中轻而清的东西就往上浮，变成了天，重而浊的东西就往下沉，变成了地，这就是天地的起源。

为了防止天和地再合拢到一起，世界再变成混沌一片，盘古就以手托天，脚踩大地——天每天都会升高，地每天都会增厚，盘古也一天比一天长得更高更大。最后，盘古的使命完成了，他终于再也无法支撑，疲乏地倒地死去。临死前，他巨大的躯体开始产生变化：呼出的气变成了风和云，声音变成了轰鸣的雷霆，左眼变成了太阳，右眼变成了月亮，肌肉变成了沃土，血液变成了江河，经脉变成了道路，头发和胡须变成了星辰，皮肤和汗毛变成了花草树木，牙齿和骨头变成了石头和金属……

有人说，盘古身上的寄生虫变成了人类，但这种说法因为太打击人类的自尊心了，所以没有流传开来。对于人类诞生的神话，最深入人心的还是女娲造人的故事。

女娲是天地间一位具有很大法力的大神，据说她长着人的脑袋和上半身，下半身却是蛇，没有双腿，只有蛇尾巴。因为感觉大地上虽有百鸟百兽，却没有一种有灵性的生物存在，非常无趣，于是女娲异想天开地把黄土掺上黄河水，捏成了一个小泥人——这泥人当然是按照她自己的样子来做的，唯一不同的是把尾巴左右劈开，做成了两条腿。

女娲向小泥人吹了一口仙气，小泥人立刻就活了，能跑能跳，还能说话。女娲非常高兴，于是不停地捏出新的泥人来，很快，泥人就布满了大地。为了让他们能够一代代延续下去，女娲还把他们分成男人和女人，教他们两两配成夫妻，生育后代。

人类在诞生以后，经历的第一场大灾难，就是水神共工和火神祝融之间爆发的战争，据说战争的目的是夺取天帝宝座。最终，祝融打赢了，共工逃往西北方向，愤怒之下，直朝支撑天地的不周山猛撞过去。一声巨响，不周山被撞成两截，天空破裂，并且朝西北方倾斜过去，原来连着不周山的地方出现了一个大窟窿，无数星辰从窟窿里掉了下来，变成大火球撞向地面。因为大地震动，地势西北高而东南低，所以立刻洪水滔天。新生的人类没有力量抵抗这种天灾地变，他们奔跑着、哭号着，眼看就要到濒临绝种的边缘了。

人类的呼号声终于传到了"母亲"女娲的耳朵里，于是女娲就从大江大河里拣选了很多五彩的宝石，用火烤化，熔成胶状的液体，补好了天上的窟窿，挽救了整个世界，更挽救了稚嫩的人类。

据说，灾祸虽然平稳渡过了，终究还是留下了一点后遗症："天塌西北"，所以日月星辰都从东向西运转，相对地，"地陷东南"，所以大江大河都流向东方，最后注入海洋。

多么美丽的神话传说呀，虽然现在没有人会把这些传说当成真事。神话传说，反映了远古时代人们天真的幻想，对世界本源和人类诞生等难以解决的重大问题，他们只有靠编造神话来尝试寻找答案。神话也是对古史记载的补充，因为神话既然是那个时代人们的幻想，当然也在一定程度上体现了那个时代人们的生活状况和生活习惯。

然而可惜得很，盘古开天辟地和女娲造人补天的神话，却根本无法体现远古时代人们的生活状况和习惯。因为这两个传说的产生年代太晚了，可以找到的最早记载都在汉朝以后。即便再往前推，推到周朝、推到商朝，也终究无法体现上古时代人们真实的想法。

考究盘古和女娲神话的起源，可以从西南少数民族的神话中找到一些蛛丝马迹。

文明的曙光
—— 从三代到春秋

在这些少数民族的神话里，盘古的本名叫做盘瓠——瓠指的是葫芦。这个盘瓠不是巨人，不是大神，而是一条有灵性的大狗。据说有个国家发生了叛乱，国王许诺说，谁能够取下叛军首领的脑袋，就把公主嫁给他。盘瓠听到了这个消息，就在半夜里悄悄潜入叛军营寨，咬死了首领，把脑袋给衔了回来。国王非常高兴，准备了很多肉来奖赏盘瓠，可是盘瓠并不满意，一连几天都不吃不喝，眼看就要饿死了。

国王就对盘瓠说："我不是不肯兑现承诺，但你是狗，公主是人，人和狗是不能婚配的呀。"听了这话，盘瓠口吐人言，它说："只要把我放在金钟里面七天七夜，我就能变成人了。"国王照它的话去做了，但公主怕它饿死，才到第六天就擅自掀开了金钟，只见盘瓠的身体已经变成了人，脑袋却还没有变，仍然是狗头。

国王信守承诺，就让盘瓠和公主结婚了。婚后，两人进入深山，打猎耕种，生下三男一女，逐渐繁衍，变成了一个庞大的民族。

上古的人们，并不觉得自己有多么了不起，他们认为万物有灵，动物是人类的好朋友，甚至某些动物还是某些民族的祖先，盘瓠的传说，就正好体现了这种风俗观念。

关于女娲的传说，则体现了上古时代人们家族观念淡薄，有血缘关系的男女也能够配为夫妻。据说某年天降暴雨，有位英雄就上天去捉住了雷公，关在笼子里，关照自己的儿女说："千万不要给他水喝。"

这一对小儿女就是女娲和她的哥哥伏羲，他们看到雷公痛苦地呻吟，不断叫着"水呀，水呀"，觉得他很可怜，就用灶上的刷子蘸了几滴水给他。可是雷公一得了水，立刻产生无穷的力量，挣破笼子飞上了天。临走前，雷公拔出嘴里的一颗牙齿，送给伏羲、女娲，告诉他们说："赶紧去种在土里，能够帮助你们度过大难。"

小兄妹照着雷公所说的去做了，结果牙齿竟然真的发芽长大，并且结出了一个巨大的葫芦。

雷公为了报仇，就降下无边的暴雨，地上洪水泛滥，所有人都被淹死了，只有伏羲、女娲躲在葫芦里逃过了大难，葫芦漂呀漂，一直漂到洪水退去。

洪水虽然退了，但大地上只剩下了兄妹两人。于是他们商量着配为夫妻，以延续后代，但婚后头一胎，竟然生下了一个大肉球。女娲把肉球剁成小块，想要爬上天去奉献给天神，但爬到一半，没能拿住，肉块纷纷散落，落到地上就变成了很多小人——这就是现在人类的祖先。

在中国古代的图画、雕刻中，伏羲和女娲往往是成对出现的，他们都是人的脑袋、上半身和蛇的下半身，两条蛇尾巴交缠在一起，表明是一对夫妇。

炎黄子孙的由来

中华民族自称是炎黄子孙，炎黄就是指的炎帝和黄帝了。

在神话传说中，炎帝和黄帝都是同时统治天界和地面的大神。炎帝又叫神农氏，据说他有人的身体，却长着一对牛角，教会人们医药、商业、制陶等很多技能。炎帝有个小女儿叫做女娃，一次去东海游玩，不幸淹死，灵魂不灭，化成了一只白喙赤足的小鸟，名叫精卫。为了报仇，精卫就经常从西山衔来一些小石子、小树枝投入东海，想要把东海填平。

这就是"精卫填海"的故事，它代表着人类不向自然屈服的永恒的毅力。

炎帝老了以后，据说他的宝座被另一个大神蚩尤所篡夺。这个蚩尤也长着牛角，还有牛蹄子，并且铜头铁额，力大无穷。炎帝打不过蚩尤，只好去向黄帝求援。

黄帝又叫轩辕氏，据说他教会了人们造车的技术，他的妻子嫘祖则教会了人们种桑养蚕。黄帝居住在西方的昆仑山上，他长着四张面孔，可以同时管理四方。在接受了炎帝的请求以后，黄帝就率领着各路神仙、巨人

文明的曙光
—— 从三代到春秋

前去讨伐蚩尤,但蚩尤手下也有很多鬼怪做帮手,双方在涿鹿连番恶战,黄帝都占不到丝毫便宜。

蚩尤先是召来大雾,让黄帝的军队难辨南北西东,乱成一团。黄帝(也有一种说法是他的臣子风后)突然灵机一动,发明出一种指南车来。指南车上有一个小木人,无论车子怎么转弯、掉头,小木人的手指永远指向南方。就这样,黄帝终于率领军队冲出了浓雾,蚩尤的阴谋破产了。

为了对抗蚩尤,黄帝派出了一种名叫"应龙"的神龙,呼风唤雨,攻击蚩尤军。但蚩尤军中有风伯飞廉和雨师屏翳,本来就是专管风雨的大神,他们一出马,应龙那些小伎俩根本就不够用了,结果狂风暴雨全都掉转方向,朝着黄帝军猛扑过来。没有办法,黄帝只好叫他的女儿魃出山——这魃是个旱神,她才到战场上,立刻狂风止息,雨收云散,风伯雨师狼狈地败下阵去。

> 蚩尤的善战让黄帝既头疼也佩服,据说中国最早的战神就是蚩尤,被称为"兵主"。

蚩尤输了一阵,只好去请巨人夸父一族前来助战。这夸父族高大得让人难以想象,据说他们中的一个曾经和太阳赛跑,路上口渴了,两三口就把黄河和渭河的河水喝光了。黄帝军见到夸父族出现,人人惊怕,士气低落。

于是黄帝就派人去取夔的皮和雷的骨头——这两个家伙,一种说法是奇异的野兽,一种说法也是大神——做成了战鼓和鼓槌,敲打起来,声震千里。这一来,战局立刻扭转,蚩尤的党羽无不心惊胆战,落荒而逃。

时隔不久,又突然出现了一位人头鸟身的女神,自称名叫"玄女",她传授给黄帝兵法,从此黄帝作战变化多端,令蚩尤难以招架。终于,黄帝抓住蚩尤,砍下了他的脑袋,取得了最后的胜利。

炎帝感激黄帝的仗义相助,就拥戴黄帝做了至高无上的中央天帝。当时的天帝据说有五个,除了中央的黄帝、南方的炎帝外,还有北方的玄帝颛顼、东方的青帝太皞和西方的白帝少昊。

古史的记载和神话传说截然不同。

中国的历史传统，是相信那些神神鬼鬼的说法的，但尽量不把这些说法作为主流，古史中记载的黄帝乃是一位上古的圣王仁君，据说他和炎帝本是同胞兄弟，各统治着一个强大的王国。

因为炎帝日渐老迈，做事也有点不伦不类起来，没有黄帝那么公正廉明，所以炎帝的臣民们就纷纷去依附黄帝。炎帝为此发怒，甚至调动军队去攻打黄帝，结果两军在阪泉打了一仗，炎帝一败涂地。

此后，炎帝的子侄或者孙子蚩尤趁机篡位，又和黄帝在涿鹿打了一仗。据说黄帝能够驱使虎豹狗熊等猛兽协同作战，于是干脆利落地打败了蚩尤，然后把政权归还给炎帝。炎帝感到非常惭愧，就和黄帝言归于好，两个国家从此合二为一，共同繁衍、发展，终于形成了后来的华夏民族。中华民族是炎黄子孙的说法，就是这么来的。

有些专家据此认为，炎帝和黄帝都是上古时代部落联盟的首领，或者是许多代部落联盟首领的事迹被综合到了两个具体的人物身上。这两个部落联盟之间有交流也有战争，最终融合起来，就成为了我们的祖先。

可是无论是炎帝、黄帝的神话传说也好，古史记载也好，和盘古、女娲的神话一样，全都出自汉朝以后，那么，这些传说和记载是否能够多多少少地反映出一些上古时代的真实情况，可就得大打一个问号了。

根据考古发现，商朝人认为自己的祖先是契，崇拜的大神是帝夋，周朝人认为自己的祖先是后稷，崇拜的大神是帝喾，他们都没有至高无上的天帝的概念，更没有提到过炎帝、黄帝的什么事。神话经过不断演变，后人反复加以改造，炎帝、黄帝才成为大神、天帝，更在古史记载中成了我们的祖先，而帝夋和帝喾反倒合二为一，在司马迁笔下变成了黄帝的玄孙、上古的圣王仁君。

至于蚩尤，在古史记载中他统率着苗民的军队，这些苗民原本居住在长江流域，在被黄帝打败以后，就逃亡到西南方去了。根据考古发现，确实有很多长江中游的上古部族遭到中原部族打压，逐渐向西南迁徙的迹象，他们虽然未必是现在苗族的祖先，却应该和苗、黎等西南少数民族存在着千丝万缕的联系。某些少数民族的神话中，也有提到蚩尤，还有蚩尤打败了黄帝的说法。

或许蚩尤这个大神的起源，会比炎帝、黄帝都更为古老吧。

尧舜禹的禅让

炎黄以后的神话，最著名的要算是尧、舜、禹的传说了。

根据古史记载，尧的部族名叫唐，本名叫做伊放勋，在他统治的时代，中原地区爆发了大洪水，人民流离失所，苦不堪言。于是尧就找来四岳——四位最受重用的大臣，问他们："谁能够治理洪水，安定百姓呢？"四岳回答说："鲧或许可以吧。"尧摇了摇头："鲧太刚愎自用了，恐怕不行。"四岳劝他说："找不到更合适的人了，不妨就先让鲧去试一试吧。"

果然不出尧的所料，对于洪水，鲧只知道防堵，哪儿河水泛滥，就在哪儿加高堤防，结果堵住了东边，西边又决口了，堵住了南边，北边又决口了，一连搞了九年，洪水反而越堵越大。

> 尧舜禹三代禅让的美谈流传千古，但也有其他说法，比如《韩非子》上就说事实的真相是"舜逼尧，禹逼舜"，禅让为不得已的做法。

这个时候尧已经七十多岁了，他知道自己时日无多，恐怕有生之年是治不好水患的，不如找个合适的继承人，把担子交给下一代吧。他本来有个亲生儿子，名叫丹朱，但这家伙行为放荡，太不成器。尧曾经用象牙做成白子，用犀牛角做成黑子，发明了围棋来教导丹朱，可是丹朱下了两天棋就兴味索然，不肯再深入钻研了。尧失望之下，只好流放了丹朱。

王位不能传给儿子了，那么该传给谁才好呢？

尧派四岳去各方打听，哪里有贤明的人，可以托付重任。四岳调查回来，众口一词地推荐一个名叫舜的人。据说这个舜的父亲是个瞎子，为人糊涂，母亲早死，后母和弟弟象都对他很不好，但他仍然恪守孝道，诚心诚意地对待爹娘兄弟，道德很高尚。舜所在的地方，因为老百姓纷纷跑来当他的邻居，两年就变成了集镇，三年就变成了大城市。尧听了这些事迹，点一点头："好呀，我就来考察一下这个年轻人。"

于是尧把自己的两个女儿嫁给了舜，要她们好好地观察丈夫的志向和所作所为。同时，他要舜出来做官，不管让舜负责任何事务，舜都能圆满地完成使命。又派舜深入山林沼泽，不管路途多么遥远艰险，舜都不会迷路，能够安然归来。经过一连三年的考察，尧对舜终于放心了，就任命舜当摄政王，代替自己处理国政。

舜执政以后最重要的任务，仍然是治理水患。因为鲧治水长期不见成效，舜就派人逮捕了鲧，把他杀死在羽山，然后任人唯贤，不避仇敌，让鲧的儿子禹继承治水大业。禹不像父亲鲧那么冥顽不化，他的头脑既聪明又清醒，经过长期考察，认定防堵的方法不行，只有用疏导的办法，才能治好水患。

于是禹带着助手们开始了长期奔波，到处劈山开路，疏浚河道。据说他一连辛苦劳作了十三年，小腿上的毛都磨光了，而且多次路过家门口，都因为挂心工作，而不肯回家看看。终于，在禹的率领下，人们战胜了水患，大水逐渐退去，露出大片大片利于耕种的沃土。人们纷纷歌颂禹，称呼他为大禹，也就是伟大的禹。

舜的部族叫做虞，他本名叫姚重华，在尧死后接任为王，后来因为儿子商均和尧的儿子丹朱一样不成器，就剥夺了商均的继承权，把王位传给了名声如日中天的大禹。大禹的部族叫做夏，本名叫姒文命，在年老以后，也打算放弃儿子，而把王位传给治水时候的重要助手伯益。

13

文明的曙光
—— 从三代到春秋

不把王位传给儿子，只传给贤人，这种制度，就叫做"禅让"。

但是大禹的儿子启不甘屈居人下，他发动政变，赶走了伯益，自己登上王位。从此以后，王位就世世代代在大禹和启的子孙中传承，公天下变成了家天下，夏朝就此建立了。

考古发现并没能找到有关夏朝的蛛丝马迹，更别说前面的尧和舜了。夏朝真的存在吗？它的第一任君主是不是大禹或者启？现在还难下结论。人们曾经认为商朝也并不存在，直到上世纪初发现甲骨文后，通过对甲骨文的解读，发现商朝不但确实存在，而且历代商王的世系，以及一些重大事件，还和司马迁《史记》中所写的多有吻合，百分之九十都对得上号。所以说不定某一天，人们也能发现夏朝存在的确切证据呢。

1959年夏天，考古学家徐旭生老先生以七十多岁的高龄，率队去寻找夏朝的遗迹，经过仔细研究和勘察，终于在河南发现了二里头遗址。这个遗址真是越挖越令人吃惊，不但出土了大量文物，还挖出了一座巨大的城市。经过推算，这座城市全盛时期，居民可能超过了两万。

咱们前面说过，从黄帝时代直到有确切记载的王朝产生，中间一直属于邦国时代，每座城就是一个国，一般规模都不大，居民很少超过五千人，普遍也就一千人上下。两万居民的大城，那应该已经不是邦国时代的小城邦，而是王国时代的大都会了。

这个王国，会不会就是夏朝呢？

然而可惜的是，就目前的出土文物来看，还没有找到相关的"夏"或者"禹"、"启"之类的文字，二里头遗址究竟是夏朝的都城呢，还是商朝前期的都城呢？没有人知道。

对于尧和舜，禹和启，还是让我们先抛开古史记载，在神话传说中，看看他们的另外一副面貌吧。

第一章　文明史的开端

息壤造成了大地

　　神话传说中的尧，虽然仍旧是人间的君王，却具备一定的神性。据说在他统治时期发生过一系列灾害，洪水只是最后一桩罢了，在此之前，还有十日并出的大旱灾。

　　照耀万物的太阳，乃是太阳神羲和的儿子，兄弟一共十人，他们每天轮班，清晨从东方的旸谷出发，横穿过整个天空，为人间带来光明和温暖，黄昏时候再从西方的蒙谷潜入地下。可是就在尧统治天下的某一天，这十个太阳兄弟突然觉得这样按部就班地工作也太无聊了，竟然约好了一起从旸谷升起，并且就在天空中游玩嬉闹，不肯再落下去了。

　　这一来可了不得，十个太阳照耀大地，热浪滚滚，河流很快干涸，植物陆续枯死，甚至连石头、金属都被晒化了，人间遭逢了古往今来最可怕的大旱灾。为了解除这场灾难，尧亲自跪在炎炎烈日下向天帝祷告。

　　天帝被尧的诚心所感动，就派遣一名叫做羿的大神下凡。但是天帝这一指派恐怕根本就错了，因为羿不是个外交家，不会劝说太阳兄弟们回家。他是个武士、神射手，只会用自己的弓箭来解决问题。

　　羿来到人间一看，灾难确实是太过沉重了，太阳兄弟们再多照耀一会儿，整个大地都会变成焦土，不仅仅人类，动植物都会死绝。于是他不客气地搭弓放箭，"嗖嗖嗖"地一连射下了九个太阳。

　　最后一个太阳吓得赶紧就落了山，并且此后规规矩矩地接下了兄弟们的全部工作，每天东升西落，再也不敢胡作非为。

　　完成了天帝交付的使命以后，羿并不急着回到天上去，因为他发现很多妖魔鬼怪也趁着十日并出、地上闹灾的机会在残害人类。于是这位好心的大神就巡游四方，先后射死了像牛的猰貐、长着长牙的凿齿、九个脑袋的怪鸟九婴、巨大的修蛇、大野猪封豨等很多怪物。

15

文 明 的 曙 光
—— 从三代到春秋

可是天帝并没有让羿用武力来解决问题，更没有让他长期滞留在地上，帮助人类杀死妖魔鬼怪，对于九个太阳兄弟被杀，那是一千个一万个不满意。于是天帝干脆剥夺了羿的神性，让他变成一个人类英雄，长留在地上。

> 西王母在最初的神话中，是个豹尾、虎齿、善啸的怪物，还是掌管灾疫和刑罚的大神，但最晚从汉朝开始，她就成为女性神仙的代表了。

羿本身倒是无所谓，但他的妻子嫦娥却不乐意了。嫦娥对羿说："住在哪儿都好，当不当神也没关系，但人类总有生老病死，我们如今也难以逃避死亡了，这可怎么办呢？"

为了满足妻子长生不老的愿望，羿就长途跋涉前往昆仑山，找到大神西王母，求得了不死之药。他本来想找个良辰吉日，和妻子一起服下不死药。但嫦娥听说吃下双份的不死药就能恢复神性，回归天界，一时起了贪心，就瞒着丈夫把药全都给吃了。

吃下药以后，嫦娥的身体变得轻飘飘的，果然腾空而起。可是直到这个时候，她才突然想到，自己一个人回去，天上的众神会怎么评论？他们能容得下不道德地抛弃丈夫的自己吗？于是她只好躲到了冷清的月亮上，从此成为月亮女神。

相比尧来说，舜身上的神性更为明显。据说当尧把自己的两个女儿——娥皇和女英——嫁给舜，趁机考察他的品德的时候，舜同父异母的弟弟象看了直流口水。象心里说：两个嫂嫂真是貌美如花呀，倘若哥哥死了，自己不就可以把嫂嫂们给抢过来了吗？

象去和父母商量，他的母亲并非舜的生母，自然一口答应，父亲是个糊涂的瞎子，从来不喜欢舜，却偏爱后妻和小儿子，也同意帮象的忙。于是象就设下重重陷阱，想要害死舜。

第一次，父亲叫舜去修补房顶，涂泥加草，趁着舜登上屋顶工作的时候，象偷偷地撤了梯子，然后放起火来，想要把舜烧死。但是舜双臂一张，突然变成一只巨鸟腾空而起，顺利逃过了一劫。

一计不成，又生二计，后母要舜去挖井，趁着舜深入地下的时候，象用大石头把井口给牢牢封死了。但舜毫无惧色，他突然化身为一条巨龙，穿透井壁，又毫发无伤地回到了家。

舜也不过变变鸟、变变龙而已，虽然身上存有神性，他基本上还算是一个人。在神话传说中，禹却根本就是一个大神。

不仅仅禹是神，他的父亲鲧也是神。人间发了大洪水，天帝置之不理，望着人类在水患中痛哭流涕，大神鲧于心不忍，就偷了天帝的息壤来到下界。

所谓息壤，就是一种能够自动生长的神土。鲧把息壤抛在地上，洪水立刻退去，大地露出。他一路走，一路抛，眼看着水患就要终结了，但就在这个时候，天帝发现了此事，雷霆震怒，就派神将把鲧逮捕起来，在一处名叫羽山的地方施以极刑。

大概鲧仍然挂念着下界的人类吧，这位英勇而仁慈的大神被杀以后，尸体一连三年都不腐烂。天帝生怕鲧的尸体会变成什么精怪来和自己作对，就派另一名天将，手持名叫"吴刀"的神刀，去剖开鲧的肚子，毁坏他的尸体。

奇怪的事情发生了，从鲧被剖开的肚子里突然蹿出一条巨龙来，直冲云天——这条巨龙就是鲧的儿子禹。

或许经过此事，天帝有所悔悟，或许他害怕禹为父亲报仇，于是干脆就派禹下凡去继承亡父未竟的事业，为人类治理水患。禹虽然神通广大，但他手中并没有息壤，只好采取疏导的方法来治水。

据说禹曾经在会稽山大会群神，要求协同治水，还杀死了来晚的巨人防风氏，囚禁了发动大水的元凶之一——精怪巫支奇。在涂山治水时，他娶了一个名叫女娇的姑娘为妻，当女娇怀有身孕的时候，突然见到丈夫化身为一只巨熊来开山，受到惊吓，竟然变成了石头。禹抱住石头大叫："还我儿子啊，还我儿子啊。"石头突然裂开，掉出了一个婴儿，就是夏朝的开创者启。

真是一系列充满了丰富想象力的神话，但其中究竟包含了多少真实的

文明的曙光
　　——从三代到春秋

历史，甚至于包含了多少真正上古时代人们的幻想，抑或全是后世的编造，那就没有人知道了。尧、舜、禹在神话中，神性一个比一个更强大，或许关于他们故事产生的时代反而要倒转过来，越像神的，越该靠前吧。

　　有专家认为，鲧禹治水的神话或许来源相当之早，乃是上古人们对世界创生的真正幻想（息壤造成了大地）。

第二章 传说时代·夏

甘之战和西河之战

夏这个朝代如果真的存在的话，广袤的中华大地，应该就在夏朝建立前后，从邦国时代演进到了王国时代。

因为有了夏朝，或者说有了关于夏朝的传说，所以才有了"华夏"这个名词。华的古意是花，华夏的意思就是："如同花朵一般美丽繁盛的夏族呀！"而因为夏族的统治中心是在"中国"，所以就又逐渐产生了"中夏"、"中华"等名词。

我们常常说，中华民族有两条母亲河，那就是黄河和长江。然而事实上中国境内任何一条大河周边，都曾经是我们祖先繁衍生息的地方，除了黄河、长江外，北方还有辽河，中部还有淮河，以及黄河、长江的诸多支流，南方还有珠江。只不过黄河、长江流域的文化发展得比较快，文明史开始比较早而已。

而在黄河、长江流域，夏族所聚居的"中国"，或许是最早从邦国时代进入王国时代的。

邦国时代，中华大地上密布着成千上万个国，每个国就等同于一座城镇，也是一个部族，最多不过五千人，部族之间的联系并不紧密，但身份

文明的曙光
—— 从三代到春秋

都是平等的。后来某些强大的部族通过武力威胁、征服，逐渐融合和吞并了其他部族，国的控制范围越来越广大，某一族成为其他族的领导者，某一城成为国的首都，从此就进入了王国时代。

按照古史记载，夏的统治中心是在今天的河南省，势力范围则西到陕西，东接山东，北到河北，南抵长江流域。在夏的周边，还有很多未被征服的邦国，古人给这些邦国造了一些统称，也就是东夷、北狄、南蛮和西戎。

夏朝就在和这些邦国的交往、战争中，逐渐成长壮大起来。

神话中的大神禹，被后人改造成了仁君圣王，成为夏朝开创者启的父亲。随着中华文明的发展，人们逐渐脱离原始幻想，开始用比较理性的目光来审视自然界，很多学者就认为神话传说应该都是上古真实情况的扭曲反映，所以他们修改神话，希望复原历史的本来面目。

然而，神话中哪些成分纯粹是空想，哪些成分才具有一定的真实性呢？后人很难搞得清楚，所以他们所编造的古史记载，也就未必可信了。

根据古史记载，禹在代替舜登上王位以后，曾经南征三苗，把原本居住在长江中游的三苗驱赶到了西南地区——或许和黄帝伐蚩尤的神话，所表现的本来就是同一历史事件吧。

禹在会稽山召集群神的大会，也被改造为召集各方诸侯，那个因为晚来而被砍头的防风氏，也从巨人变成了邦国的国王。

根据古史推算，禹从二十岁继承父亲鲧的遗志开始治水，花费了整整十三年时间，然后代舜为王，征伐三苗，巡游天下，会聚诸侯，在宝座上待了四十五年，那么他去世的时候，应该已经八十岁左右了——这在医疗水平极不发达，人类的普遍寿命才四十岁的上古时代，基本上是不可能的事情。

禹曾经想把王位传给重要助手皋陶，这位皋陶乃是中国有记载的第一位大法官，在神话传说中，他也是一位大神，长着青色的面孔，有鸟的嘴巴。可惜，皋陶很早就病死了，禹在悲痛之余，只好把目光转向了另一名助手——益。

益又叫伯益,伯的意思就是诸侯之长。比起皋陶来,益的资历较浅,人望不够,结果在禹去世以后,各方诸侯纷纷离开益,而去投靠禹的儿子启。一种说法,益主动让出了王位,另外一种说法,启会合诸侯之兵攻打益,夺取了王位。但不管怎么说,最后启都继承了禹的事业,将国都定在今天河南省禹州市附近的阳城。从此,启就被人尊称为夏后启。

"后"最初的意思并不是指君王的正妻,而是指的君王本身,在古史记载中,夏朝的王号就叫做后。

启在当上夏后以后,先后发动过两次大规模的战争,一是甘之战,二是西河之战。

甘之战的敌对方是个西方邦国或者新兴王国,名叫扈,古史上称为有扈氏(通常会用"有"做词头,"氏"做词尾,用来指代一个古部族),统治中心在今天的河南省西部,势力有可能已经进入了陕西省。按照古史记载,有扈氏一族姓姒,而禹、启也都姓姒,所以两国之间很可能具有一定的血缘关系。有一种说法,有扈氏的君主和启一样都是禹的儿子。

但在禹当王的时代,有扈氏就曾经反对过禹的统治,为此禹曾经三次率军前往征伐,却没能彻底平定有扈氏。到了启的时代,他召集大军,向兵将们宣告说:

"有扈氏侮辱五行(即五星,代指天),怠慢三正(指有扈氏的三名贤臣),所以上天要灭绝他的性命,大家必须跟随着我,同心协力地执行天命,去彻底消灭他!"

> 夏启是位音乐家,传说他曾上天学得神乐《九歌》和《九辩》,敷演成自己的国乐《九招》——这大概是最早的官方礼乐了。

于是启率军向西进发,在一个名叫甘的地方和有扈氏展开恶战。据说夏军在战争中首次编组和运用了战车部队,由马匹牵引着的巨大车辆隆隆驶来,对有扈氏的强大心理震撼,实在不亚于今天毫无火力掩护,也没有反坦克武器的步兵碰上了坦克群。有扈氏因此败退，启不但取得了战争的胜利，还乘胜直追，把他父亲禹都不能平定的有扈氏给彻底消灭了。

启发动的第二场战争，目标是同族的武观。这个武观，一种说法是启的弟弟，一种说法是启的儿子，他看到启在做了夏后以后，为了显示自己的富有而使用漂亮的青铜来制作食器、酒器，每天召集诸侯们观赏乐舞，饮酒作乐，过得非常惬意，于是就起了觊觎之心。启发现了武观的图谋以后，抢先动手，把他流放到了"西河"。

这个西河，大概是在今天河南省的滑县和浚县一带。武观虽然遭到流放，但他的野心并没有因此而收敛，反而暗中积蓄力量，想要攻打启，以取而代之。但他的阴谋再次被启提前发现了，于是启就委派臣服于自己的彭国前去讨伐。

彭国的祖先，据说就是活了八百岁的著名的彭祖，在尧当王的时代被封为诸侯，领地大约在今天的河南省东部或者山东省西部。这时候的彭国诸侯名叫寿，他在接到启的命令以后，不敢怠慢，急忙点集兵马，浩浩荡荡杀向西河。武观的准备还不够充分，被迫仓促迎战，结果大败亏输，当了俘虏，启随即毫无同情心地把这个兄弟（或者儿子）给处死了。

天下第一的射手

后人根据古史推算，夏朝大约开始于公元前二十一世纪。

第一任夏后启去世以后，把王位传给了儿子太康。那时候的人们与自然做斗争的能力还很低，邦国经常因为水旱灾害，甚至只是附近土地的肥力耗尽而被迫迁徙，王国建立以后，都城的位置也时常会变动。据说太康的都城就和父亲启不同，定在了斟寻，可能是在今天的河南省巩县附近。

太康是典型的荒淫无道的二世祖。他的祖父禹曾经踏遍了华夏大地，治理水患，不用多说了，就连他的父亲启，也先后打败益和有扈氏，是靠着挥舞刀剑来夺取王位、扩大王国的。等到启的地位稳固以后，他开始寻欢作乐。太康就是在这种享乐生活中成长起来的，祖父和父亲的艰苦奋斗，他大概都没有见到，光见到当夏后有多么风光，多么舒坦了。

所以继位以后，太康就不理国事，整天吃喝玩乐，此外，他还非常痴迷于出门打猎。本来在那个时代，政治制度还不完善，人们刚从邦国时代转向王国时代，对于君临天下的王的崇敬心理也非常有限，君王得时常炫耀自己的武力来震慑妄图反叛的人——既包括被征服的各邦国，也包括自己族内的野心家——打猎在很多情况下，也是炫耀武力的一种好方法。然而太康经常离开国都，长时间在外打猎，这反而给了野心家们以可乘之机。

某一次，太康越跑越远，一直跑到洛水南岸去打猎，并且一玩就是一百多天，完全疏忽了都城斟鄩的防备。想不到的是，等他终于玩腻了，想要往回返的时候，却发现大群武士封堵在洛水北岸，把回家的道路彻底给截断了。

这些武士是从哪儿来的呢？太康认得他们的旗号，原来都是有穷氏的兵马。

有穷氏可以简称为穷国，乃是夏朝统治下的一镇诸侯，也就是说，原本是独立的邦国，后来臣服于夏。古史上对这种诸侯有一个专有名词，叫做"方"或者"方国"。

穷国的位置大约是在今天河南省的东北部，就文化圈来说，并不属于"中国"，而是东夷。穷国当时在位的君主，名字叫做羿，是一个神射手。

咱们还记得，传说中尧的时代，天上十日并出，天帝曾经派下一位大神来，一口气射落九个太阳，这位大神就叫做羿。那么，现在穷国的这个羿，是因为他擅长射箭而被人加上了羿的美称呢？还是传说中射日的羿，原型就是这个穷国君主呢？或者一人一神，根本只是简单的同名？那就没有人知道了。

这位穷国的羿，因为出自东夷部族，所以也可以称为"夷羿"。

夷羿一直垂涎夏朝的广袤国土、夏后的强大权力，长久以来就暗藏着

文明的曙光
—— 从三代到春秋

取而代之的野心。启的时代无机可乘，他只好乖乖地服从，等到了太康在位，整天吃喝玩乐，外加出门打猎，不理国事，无论本族人还是各方国都逐渐离心离德，夷羿终于等到了这个大好时机。

这回，他听说太康一直跑到洛水南岸去打猎，于是急忙点起国内的兵马，快速突进，很轻松就占领了斟寻，并且还派兵封锁渡口，不放太康回来。太康身边的护卫数量有限，打打猎还可以，打仗根本没戏，只好派人去向周边方国求救。但他的荒淫无道早就激怒了各方国，竟然没有一国肯发兵相助的。万般无奈之下，太康只好向东方流亡，最后逃到了今天河南省阳夏附近，就在那里客居了整整十年，一直到死。

夷羿占领斟寻以后，并没有宣布新的穷朝的建立，反而自己戴上了夏后的王冠，从此，他也就被称为"后羿"（神话中射日的羿没有当过君主，是不能称为"后羿"的）。然而斟寻附近居住的都是夏民，后羿不敢长久在此停留，就把都城定在了自己的根据地，首都叫做穷石。

一时的胜利，冲昏了后羿的头脑。他原本也喜欢打猎，逐渐的，所作所为和太康毫无两样，丝毫也不接受教训。或许在后羿想来，那太康只是个没用的鼠辈，我武艺高强，射箭百发百中，会有谁胆敢造反吗？太康因为打猎而失去政权，我即便再猎得不亦乐乎，也不会沦落到太康的下场的。

可是，他的结局比太康更惨。

在今天的山东省有个寒国，和穷国一样，都属于东夷部族。寒国有个贵族名叫寒浞，非常阴险狡诈，经常谋害他人，结果遭到放逐，逃到穷国当了后羿的臣子。当他看见后羿沉迷于打猎，不大管理国政以后，就又动开了坏脑筋。

寒浞三天两头给后羿报告消息，一会儿说西方的密林中有吃人的猛虎，一会儿说北方出现了能毁坏房屋的巨大怪鸟，撺掇后羿前去捕猎，整天东奔西跑，连家也不肯回。寒浞趁机就篡夺了后羿的权力，还和后羿的妻妾们、身边的护卫们勾结起来，想找个机会谋害后羿的性命。

终于，机会找到了，寒浞说服了后羿的徒弟逢蒙。这个逢蒙，据说也是个射箭能手，整个天下，除了后羿就数他的射术最为高超了。寒浞对逄蒙说："有后羿在，你永远也出不了头。只要杀掉后羿，那天下第一就非君莫属了。"

这个时候，因为寒浞报告说东海出现了水怪，后羿正在海岸边寻找、捕猎。寒浞派人向后羿禀报说，都城发生了严重的情况，您一定要赶紧回来，亲自处理。后羿没能找到水怪，正满心的不高兴，被迫急匆匆往回赶，等回到穷石的时候，疲乏得连眼睛都睁不开了。逄蒙趁机埋伏在暗处，突然拉弓放箭，正中后羿的咽喉。

一代神射手、篡夺了夏后宝座的后羿就这么丢了性命。但逄蒙也终究没能做上天下第一，因为很快寒浞就杀死了他，还向国人宣告说："逄蒙嫉妒后羿，谋反弑师，我已将他正法，为后羿报了仇。"随即寒浞也如同后羿一般，篡夺了王位，甚至还霸占了后羿的妻妾。

夏朝的君王宝座上，连续两次坐上外姓甚至是外族之人，这个王朝已经名存实亡了。

少康中兴

太康逃到阳夏附近，逐渐占稳了脚跟，但他根本没有能力率军复国，这时候的夏，几乎已经沦落成一个普通的方国了。

太康死后，他的弟弟中康继承王位，中康死后，儿子相继承王位。相是个很有雄心壮志的领袖，他到处拉拢那些不满后羿和寒浞统治的方国，逐步扩充势力，静静等待着复国的那一天。

可是寒浞非常狡猾，很快就发现了相的图谋，他夏后的宝座得来不正，生怕真正的夏民领袖会发兵前来讨伐自己，于是先下手为强，派儿子浇前去攻打相。

这个浇，据说和父亲寒浞不同，脑筋没有那么好使，力气可大得谁都

文明的曙光
—— 从三代到春秋

比不过。由这样的勇将所统率的军队，轻而易举地就攻陷了相的城池，相也死在乱军之中。

相的妻子此时已经怀有身孕，她在丈夫死后，强忍着悲痛从城洞里爬了出去，逃回娘家有仍氏，第二年就生下了相的遗腹子，取名叫做少康。

少康长大以后，他的外祖父，也就是有仍氏的君主，任命他当牧正，也就是负责畜牧业的官职。少康从小死了父亲，背负着国仇家恨，自然和他那位只知道吃喝玩乐的伯祖父太康不同，既聪明又勤快，把工作干得有声有色，人人称颂。然而这么一来，他的名字可又传到了大仇人寒浞和浇的耳朵里。

浇倚仗着自己勇猛过人，根本不把小小的有仍氏放在眼里，没有亲自领兵去打，而只派了一个名叫椒的部下前去搜捕。好在椒还没赶到有仍，少康就先得到了消息，急忙弃家而逃，前去投奔有虞氏。

这个有虞氏，据说是舜的一族，君主是舜的后代，姓姚。当初舜主动把王位让给大禹，所以虞夏两国关系一直很亲密。听说少康是夏后的苗裔，有虞氏就把他藏了起来，等到风声略微平息一点，还派了个官给他做，叫做庖正，负责管理王室的饮食。

在庖正的位置上，少康干得同样出色，得到了有虞氏君主的喜爱，于是把自己的两个女儿嫁给少康为妻，还允许他在自己领内的纶地建城——等于说，允许少康建立自己的国家。

纶城刚建立起来的时候，据说管辖的土地为一成（十里见方），可以当兵的成年男子有一旅（五百人）。

少康就利用这个小小的国，五百人马，广施恩德并且拉拢周边各方国，势力逐渐壮大起来。等到时机成熟以后，他就利用寒浞和浇父子间的矛盾，突然挥师杀向穷石，除掉了这两个大仇人。

就这样，夏朝被穹国篡夺和占领了整整四十年以后，权力终于又回到了启的后代手中。

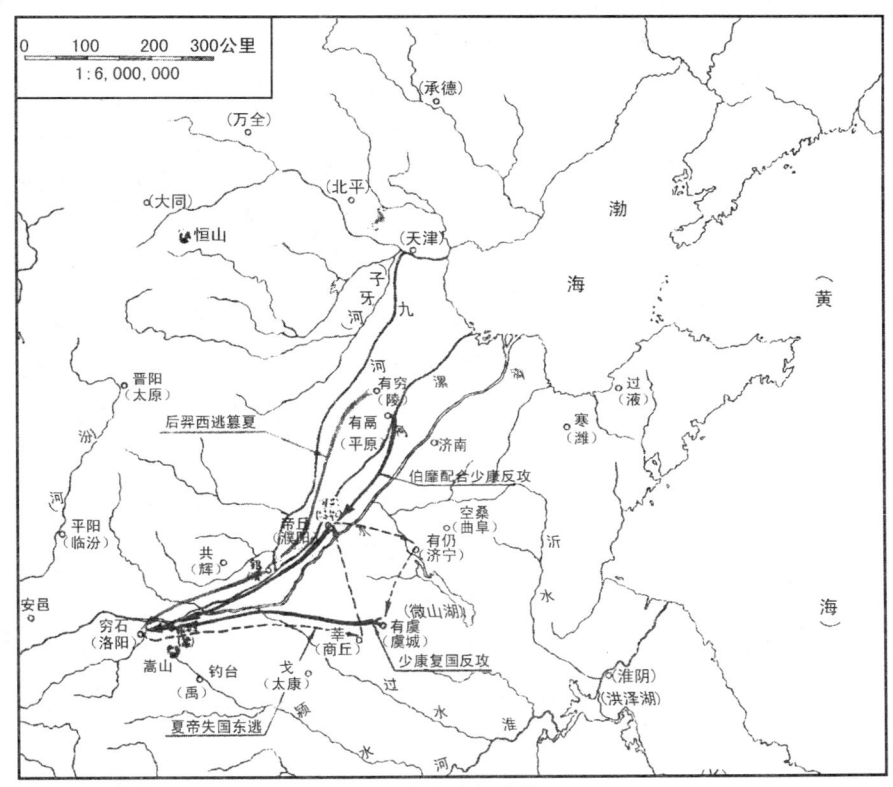

少康复国经过图

王国时代，国王对臣服于自己的各方国，统治力并不算强。一般情况下，王国走上坡路，实力强盛的时候，即便再遥远的方国也会派人前来进贡，表示服从领导，但当王国开始走下坡路，日暮途穷的时候，原本忠心耿耿的方国也都会陆续散去，不再听从国王的号令。

夏朝的情况也是如此，经过太康的荒淫、后羿和寒浞两代的篡位，整个王国疆域比起大禹和启的时代来，已经缩小了很多倍。少康虽然杀死了大仇人寒浞，征服了穷国，进而夺回故都斟寻，但他这时候所能控制的方国数量还是非常有限的。

为了扩充自己的实力，恢复到祖先大禹和启时代的局面，少康大

文明的曙光
—— 从三代到春秋

仇得报以后，丝毫也不敢懈怠。他鼓励生产、开垦荒地、整治水患，一辈子都勤勤恳恳地治理国家——所以他的统治，历史上称为"少康中兴"。

大禹和启所控制的区域，不仅仅包括夏族和同一文化圈的各方国，据说也包括了很多东夷、西戎、南蛮和北狄的其他文化圈的方国，但在少康复国之初，东夷部族中只有一个叫做方夷的国家派人前来朝贺。后羿和寒浞都出自东夷部族，经过这一番动乱，东夷部族和夏朝结下了深深的矛盾，他们不肯服从夏后的领导，这也是顺理成章的事情吧。

少康想要积聚力量，讨伐东夷，但还没来得及采取行动就去世了，把重担交到了儿子杼的肩上。

杼和他的父亲少康一样勤于国政，但与少康不同的是，相比起农业生产来，他更加关注军队的建设。传说为了战争的需要，杼发明了长矛和皮甲——因为东夷部族中有很多擅长射箭的勇士，而坚固的皮甲，可以在一定程度上抵御弓箭。

完成了强兵政策以后，杼开始向东夷部族发动战争，因为夏兵都身穿皮甲、手持长矛，防御严密，武器精良，所以很快就征服了今天河南东部、山东和江苏北部一带的许多东夷部族，一直杀到海边。可惜杼在得胜还朝以后不久就去世了，年仅二十七岁。

其后担任夏后的分别是芬、芒、泄、不降、扃和胤甲，他们即便算不上一代英主，也都勉强算是勤劳国事的君王，在这几代夏后的统治下，夏朝的势力继续增长，和东夷部族的关系也逐渐从仇视到征服，再到相处融洽。

然后，就轮到一个奇奇怪怪的名叫孔甲的夏后登场了。之所以说孔甲奇怪，是因为从启以后，历代夏后都是正常的人间君主，在他们身上没有产生过什么奇特的神话传说，但在孔甲身上，却汇聚了不少荒诞不经的有趣故事。

孔甲养龙

孔甲是夏后不降的儿子，扃的侄子，胤甲的堂兄弟。从某种意义上来说，他和老祖宗太康一样，都是只知道吃喝玩乐和打猎，不大愿意管理国政的昏君，但也有自己独特的喜好——这家伙最迷信，最相信神神鬼鬼的事情了，大概越迷信就越是容易上套，神神鬼鬼的事情也越容易找上门来。

某一天，孔甲又出去打猎，不巧碰上刮大风，飞砂走石的，连路都看不清了，只好躲藏到一户老百姓家里。正赶上这家才生了个儿子，宾客们齐聚一堂，在向主人道贺。看到孔甲来到，有人就说："夏后驾到，说明今天是个吉祥的好日子，这孩子将来一定诸事顺遂，无病无灾。"可是立刻有人反驳说："恐怕这孩子没那么大的福分，将来还会遭殃的。"

孔甲听了后一个人说的话，很不高兴，心说有我堂堂夏后的保佑，小孩子怎么会遭殃呢？这不是怀疑我的能力和权力吗？于是他自作主张地把小孩子从娘怀里抢了过来，对大家说："从今天起，我就认这孩子当干儿子，谁敢对我的干儿子不利呢？他一定会大吉大利，百病皆除的！"

说到做到，他果然把这孩子带回宫中，派人好生看护，抚养长大。然而世事难以预料，君王的权力再大，能让人富贵，让人贫贱，却终究管不了人的生老病死。小孩子长大以后，某一天正在宫中玩耍，突然厚重的帘幕被风吹动，导致年久失修的屋椽折断，撞倒了武器架，一柄铜斧砸下来，无巧不巧地正砍在这孩子的一条腿上。这下可完了，好好的孩子变成了残废。

这可真给了自以为无所不能的孔甲当头一记闷棍。孔甲不禁仰天长叹："啊呀啊呀，我管不了别人生病残疾呀，这都是命吧。"于是做了一首《破斧之歌》以纪念此事——据说，这是有史以来，中国东部的第一首

文明的曙光
—— 从三代到春秋

歌曲。

从来昏庸的君王都为所欲为，不听别人劝告，不怕落个悲惨的下场，那是因为他们认定自己的权力丝毫不受限制。其实世上哪有完全不受限制的权力呢？即便不受人世法规的限制，也总得受到自然规律的制约吧。君王若能懂得这个道理，也就不算昏庸了，做事也就有所顾忌了，也不容易遭人蒙骗了。可惜，孔甲不是这种人，他很快就把"破斧"的事情给淡忘了。

中国神话传说中存在着一种奇特的生物，叫做"龙"。今天我们见到的龙的形象，是经过了长期演化的，上古时代龙的样子很简单，原型是蛇，只是头上生角，还长有四肢而已。据说龙既能在天空飞翔，又可以潜入水底，它的叫声非常清亮悦耳，形态非常优雅美丽。

舜当王的时代，据说远处的方国献给他两条龙，找了专门养龙的人来喂养，安置在"豢龙宫"里。到了孔甲的时代，他不知道从哪儿也弄来了两条龙，一雌一雄，于是就招募天下的能人智者，寻求养育的方法。

重赏之下，来了一个名叫刘累的人，自称舜时代专门养龙的师傅被赐名"豢龙氏"，他自己就在这豢龙氏门下学习过养龙之术。孔甲信以为真，就把两条龙都托付给刘累了，并且也赐他一个名号，叫"御龙氏"。

可是这位御龙氏的本事实在是二把刀，养了没多久，雌龙就被他给养死了。这骗子胆子还真大，也不上报，也不逃跑，反而把雌龙剁碎了做成菜肴，献给孔甲。孔甲不知道吃的是龙肉，反而大加赞美，再次重赏了刘累。

可是纸里包不住火，阴谋终究会败露。孔甲多次要求刘累带两条龙出来，跳舞吟唱给他欣赏，刘累总是用"还没有养熟"来搪塞。孔甲光火了，亲自跑去看龙，刘累这才慌慌忙忙地把受赐的财宝打个包，脚底抹油，溜得不知去向。

两条龙虽然只剩下了一条，终究还得再找人来豢养。孔甲访来访去，最后终于被他发现了一个人才，名叫师门。这师门确实是个养龙的高手，不是刘累那种半吊子，很快就把失去配偶、病恹恹的雄龙养育得精神百倍。

只是凡有特殊才能的人，往往都有特殊的脾气。在养龙问题上，师门最讨厌外行人插手，就连孔甲也不例外。碰上孔甲对龙有什么不合理的要求，师门一点也不考虑对方夏后的身份，经常当面顶撞。一回两回还行，三回四回，总是如此，一贯为所欲为、听不得丝毫不同意见的孔甲终于发怒了，下令处死师门，把尸体埋在荒郊野外。

> 红山文化出土的玉猪龙，被称为"中华第一龙"，猪与远古先民的日常生活关系密切，那时已经驯养家猪，它代表财富，而野外又有野猪，象征勇猛。猪首安在龙身上，正说明了龙这种神话生物的演化过程之一。

说也奇怪，这天晚上，师门的尸体才刚埋好，天上突然刮起了狂风，随即暴雨倾盆而下，风雨才停，附近的山林又自燃起来，火光熊熊，老远都能望得见。孔甲怀疑这是师门的冤魂在作怪，就和大臣们商量，有大臣建议说："您亲自去他坟上祈祷一番，大概他的怒气就会消除吧。"

孔甲没有办法，只好等天一亮就驾着马车离开了都城，向郊外驶去，可是还没走到，他就突然间咽了气——当时人都说，夏后也终究斗不过冤魂，被索了命去呀。

世上当然并没有龙，这些神神鬼鬼的事情也不可信，但孔甲并非一个有道之王，而是狂妄自大，又草菅人命的昏君，这是古史记载的共识。伟大的夏朝，也是在孔甲时代开始衰弱的。孔甲死后由他的儿子皋继承王位，然后是皋的儿子发，最后传给发的儿子桀，夏这个王朝，终于走到了末日。

大约是在公元前十六世纪，一个名叫商的方国强大起来，最终攻入夏的都城，流放了夏后桀，建立起商朝。夏朝的统治，按照古史记载，总共四百多年。

文明的曙光
—— 从三代到春秋

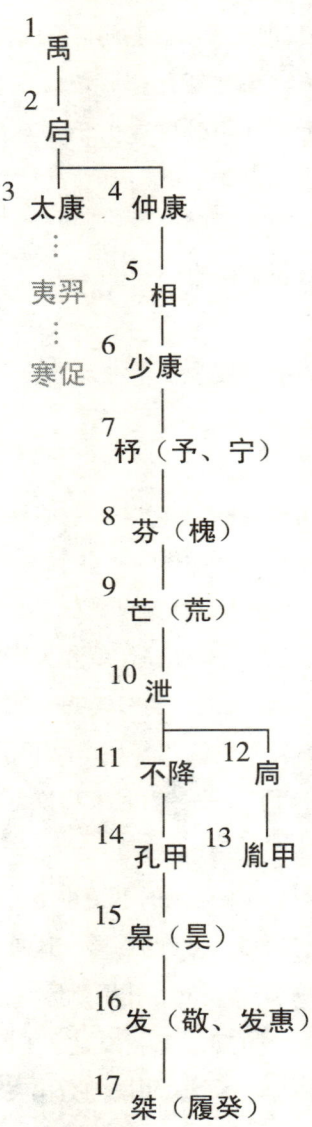

夏后世系简表
（括号中为古史记载中的异称）

第三章 传说时代·先商

卖牛却掉了脑袋

关于商族的来源，历来有很多种说法，有人说他们和夏族同源，有人说他们来自于北方，还有人说他们是东夷部族的一支，莫衷一是。

商的始祖名叫契，关于契的诞生，有一个美丽的传说。据说，上古时候有一个部族名叫有娀氏，或许是一个叫做娀的邦国吧，国君有个聪明乖巧的女儿，名叫简狄。某一天，简狄和两名女伴在河边洗澡，突然看到一只燕子飞来，就在她们身边下了一个蛋。娀国是崇拜鸟类的，尤其是"玄鸟"（也就是燕子），大家都说看到燕子下蛋，乃是得到佳儿、子孙万代的吉兆。于是三个女人就一起抢那个燕子蛋，最终简狄抢到了手，并且放进嘴里，一口就吞了下去。

说也奇怪，吃下燕子蛋以后不久，简狄就怀了孕，生下一个健康的男孩，大家都说，这是上天派神鸟燕子给娀国送来的宝贝呀。

这个男孩，就是商族的祖先契。

契成长的年代，正好是舜当王的时候，据说契曾经辅佐大禹治水，得到舜的奖赏，允许他建造城市，创建自己的邦国，这个新国家就叫做商。和以农业生产为主的夏族不同，商族可能是个半游牧的部族，他们经常迁

文明的曙光
——从三代到春秋

徙，行踪不定，这或许就是后来的学者总也找不到其来源，各说各话的重要原因吧。

契去世以后，商族的领袖先后是昭明和相土，据说相土发明了用马来驮运和驾车，从此可以走更长远的道路，迁徙速度加快了。不仅如此，因为能走远路，商族除畜牧业外，还逐渐发展出了原始的商业，他们牵着马、驾着车在各邦国间贩运货物，积聚财富，势力很快就发展了起来。

现在商业、商人的"商"字，就是从商族得来的。

相土死后，又传了四代，传到王亥当领袖。因为中原地区缺少良马，王亥就发明了用牛来代替马的位置，驮运货物，或者拖拉车辆，牛的速度虽然比马慢多了，但是更稳当，繁殖速度也快。很快的，商族就饲养了大群的牛。牲畜多了，自己用不完，就得赶去别国贩卖，换回本国不出产的物品。王亥虽然是一族的领袖，一国的君主，也经常亲自出面去和别人交易，然而想不到的是，交易的结果，却是他丢了性命。

在今天河北省的易县一带，曾经存在过一个古老的邦国，称为有易氏，也可以叫易国。大约是在夏后泄当政的时代，有易国君名叫绵臣，某天突然接到奏报，说有几位从远方来的男子，驱赶着大群的牛羊，来到我国贩卖。

这几位远方来的男子，当然都是商族人了，一行的首脑，就是商族的族长、商国的君主王亥，此外还有王亥的弟弟王恒。商人赶来的牛羊非常之多，这般大宗的买卖，一般平民是吃不下的，于是绵臣就亲自出面，招待王亥一行，并且商量买卖的细节。

等见到了货物一看，嚇！无论牛还是羊，还有间杂的几匹马，全都膘肥体壮，精神百倍，别提养得有多好了。绵臣非常高兴，就设宴款待王亥兄弟，不但摆出了美食美酒，还准备了歌舞表演，

> 牛在中国古代，从农耕、交通甚至军事都广泛运用，不只是勤劳的象征，还是财富的代表。拥有的牛只越多，代表财富越多。

想让远来的客人们先美美地享受一晚，第二天就好商量价钱了。

商人本来就喜欢喝酒，各种祭祀活动和节庆宴会都少不了酒，再加上王亥兄弟都正当壮年，见到美酒佳肴，那还不甩开腮帮子猛灌一气、狂吃一顿吗？当时还没有蒸馏酒，都是发酵酒，和今天的酒酿、醪糟没多大区别，酒精度数很低，可是不管再怎么低，也禁不住拼命猛灌，很快，这兄弟两个就都醉眼惺忪、左摇右晃了。

此后所发生的事情，古史记载非常简单，只说王亥兄弟犯了生活作风问题，惹得绵臣勃然大怒，竟然杀死王亥，还没收了他们所有的牛羊。至于事情是发生在酒席宴间，还是当晚睡下以后，王亥兄弟是调戏了歌女舞姬，还是招惹了别的什么女人，那就没人知道了。

不过根据常理来推断，按照当时可能的风俗来判断，人们对待从远方贩运货物前来的贵客，肯定是万分欢迎，盛情款待的，甚至还可能挑选侍女去伺候客人们。倘若只是简单地调戏舞女，绵臣应该不至于发怒吧。

因此有专家推测说，王亥兄弟是酒醉后惹上了最不该惹的女人，去调戏甚至是私通了绵臣的妻子。

罪魁祸首一般认为是王亥，但也很有可能是王恒，之所以王亥掉了脑袋而王恒幸免于难，只因为王亥既是首领又是大哥，必须担负主要责任而已。总之，王亥就这么被绵臣杀死了，货物也都被没收，王恒等人则被直接赶出城去。

商族的继承制度，以父死子继为主流，偶尔也兄终弟及，于是王亥死了以后，国君之位就落到了他兄弟王恒的手中。可是王恒似乎并没有为大哥报仇的意思——或许因为做错事的本来就是自己，多少有点心虚吧；也或许他本身就是个怯懦的家伙——这就引发了族人们普遍的不满。很快，商人就把王恒赶下了台，改立上甲微当君主。

根据甲骨文可知，当时人对于年长一辈的男性亲属，统一称"父"，没有叔父、伯父的区别；对于年长一辈的女性亲属，统一称"母"，没有伯母、婶娘的区别；对于同辈的男性亲戚，统一称"兄弟"，没有亲兄弟、堂兄弟的区别。所以商族历代君主的世系就很难搞清：究竟是父死子继，还是传给了自己的侄子？究竟是兄终弟及，还是在堂兄弟之间转移王位？

这个上甲微，也存在同样的情况，一般都认为他是王亥的儿子，也有专家推测他是王恒的儿子。但不管怎么说，上甲微跟王恒的为人截然不同，他英勇善战，并且胆气过人，才一继承君主之位，就考虑着该怎么讨伐易国，以报王亥被杀的奇耻大辱。

游牧民族的战斗力，普遍要比农业民族高，那么半游牧的商族，军事实力想来也不会很弱吧。只是以一族对一族，即便打赢了也肯定损失惨重，所以上甲微打算找个帮手，共同讨伐易国。

经过反复考虑，最终他找到了河伯。河伯是一个部族的名称，有可能因为就居住在黄河岸边，也有可能祖上曾经帮助大禹治过水，所以得到了这个名号。上甲微亲自跑去恳求河伯族的族长，述说绵臣是多么残暴而无礼，自己兴兵报仇，乃是上承天命，定会取胜。

对于王亥被杀一事，内中肯定还有种种曲折隐情，王亥不会绝对的没理，绵臣也不会绝对的有理，所以经过上甲微的详细述说，河伯族长点一点头："绵臣做得太过分了，确实该当讨伐。好吧，就让我族做您的同盟吧。"

集合了商、河伯两族的兵马，上甲微很快就攻灭易国，杀死绵臣，报了王亥被杀之仇。据说就是从上甲微统治时期开始，就是从攻灭有易氏开始，商族的军事实力开始有了大规模的扩张，进而觊觎夏后的天下！

宁可和你同归于尽

从上甲微开始，我们会发现历代商族领袖的名号里都有一个"天干"，也就是：甲、乙、丙、丁、戊、己、庚、辛、壬、癸。天干和地支（子、丑、寅、卯、辰、巳、午、未、申、酉、戌、亥）是古人用来标注和计算方位、时间的符号，两者配合起来，又成为历法的一部分。不仅仅商族领袖,从夏朝中后期开始,很多贵族都用天干或地支来取名(比如夏后孔甲、商族领袖王亥)。有人说,那是表示兄弟排行;有人说,那是表示家族来源;还有人说,那是表示此人的生日或卒日。

不管哪一种说法准确,有一个很大的可能性,就是加上天干或地支的并非本名,而是后人在祭祀中给予的尊称。

在商人后世的祭祀中,上甲微被尊称为上甲、报甲,或者上报甲。或许他的本名只是微,后来才被加上"上甲"等各种名号的吧。

商族从上甲微时代开始对外扩张,此后又经过了报乙、报丙、报丁、示壬、示癸(《史记》中误为报丁、报乙、报丙、主壬、主癸)五代,最后传到汤。

汤又被称为成、唐(或许是汤的同音异写),按照天干的名号,叫做天乙或者大乙。就是他最终灭亡了夏朝,建立起中国历史上第二个强大的王国——商朝。

汤的时代,夏朝已经相当衰弱了,此时高踞夏后宝座的君主名叫桀。桀是中国历史上著名的暴君之一,据说他不但武艺过人,能够单独一人生擒野牛或者猛虎,折断钩索,是无人可比的大力士,并且生性聪明。

从来不够聪明、不够勇敢的人,是当不了暴君的,顶多也就是昏君。所谓暴君,都是些有能力的家伙,正因为有能力,他们才刚愎自用,为所欲为,谁的话都听不进去,能力越大,危害越大。

桀继位夏后的时候,看到国力衰微,百姓们离心离德,许多方国都不肯再听命进贡,但他并不打算靠发展生产和搞好跟方国的关系来恢复夏朝的实力,一心只想用武力压服。柿子先挑软的捏,只有杀鸡给猴看,才能震慑各地方国——基于这种考虑,桀先率领大军向有施氏(施国)进发了。

施国的根据地,大概是在今天山东省的滕县附近,是一个很小的方国,当然无力抵抗夏朝的大军,大兵才一压境,立刻就投降了。可是桀不依不饶,一定要灭亡这施国,给所有胆敢不服从自己的方国立个榜样。施国的君主慌了,就找人打听:"夏后喜欢什么东西呀?我还是进献点宝物,

文明的曙光
—— 从三代到春秋

恳求他退兵吧。"

有人就提出建议说:"夏后富有四海,哪有什么欠缺,什么宝物他才能看得上眼呢?不过考虑到他正当壮年,大概进献美女是个不错的方法吧。"

施国君主也觉得这个主意不错,于是就在百姓中仔细寻找,最后终于找到了一个千娇百媚的美人,叫做妹喜,把她进献给了桀。桀果然是个好色之徒,一见妹喜的面,连骨头都酥了,立刻答应放施国一马,自己班师回朝。

这时候,夏朝的都城经过多次迁徙,桀又迁回了老祖宗启的故都斟寻,因为是故都,宫殿多年失修,显得有些残破。他把妹喜带回斟寻,妹喜直皱眉头,说:"我还当夏后的宫殿会是如何壮丽,如同天上的仙境一般,却原来也是这个样子呀,真是让人太失望了。"

桀当然不能让美人失望啦,于是,他立刻下令在今天的河南省洛阳市附近建造一座新的宫殿,务必要壮丽堂皇,不失他夏后的面子,也换来美人的欢心。据说这座宫殿高耸入云,古来所无,从地上仰头望去,谁都会怀疑说:"那么高的建筑,真的不会倒塌吗?"所以起名就叫倾(倒塌)宫。

在倾宫内,还用巨大的石头和美玉建造了一座高台,起名叫瑶台。

当时的生产力非常有限,即便是邦国的君主,甚至王国的国王,所能积聚的财富也是相当有限的,要建造那么宏伟的一座宫殿,势必得加大对民脂民膏的搜刮。桀和妹喜最终是住到倾宫和瑶台里去了,日夜饮酒寻欢,老百姓却被他们压榨得食不果腹,甚至纷纷饿死在路旁。

据说百姓们都很痛恨桀,他们时常指着天上的太阳,喝骂说:"你什么时候才会完蛋呀,我宁可和你同归于尽!"可是人为什么会恨太阳呢?其实是拿太阳做比喻,在骂夏后桀呢。

百姓们痛恨桀,诸侯们畏惧桀,桀本人却毫不警醒,继续肆意胡为。据说他为了显示夏后的荣耀,曾经在一个叫有仍的地方(可能是指有仍氏的境内吧)大会诸侯,向诸侯们索取贡品。缗国的君主非常愤怒,不等会散就擅自归国了,于是桀派遣大军攻灭缗国,把财物、美女都尽数抢回了倾宫。

不久以后，桀又派兵进攻岷山国，岷山国的君主学着施国国君的样子，也急忙挑选了两名美女进献给桀，请求退兵——这两名美女，一个叫琬，另外一个叫琰。

财产增加了，美女也增加了，于是暴君桀的所作所为就更加不像话。夏朝有个忠臣名叫关龙逄，特意带了一幅画去求见桀，桀打开画一看，原来上面描绘的乃是老祖宗大禹治水的场景。关龙逄趁机规劝桀，说："祖先艰难创业，才有了今天的基业，后世的君王为了守住基业，怎能不战战兢兢、勤劳国事呢？像您这样挥霍无度，还任意杀人，任意讨伐诸侯，恐怕亡国的日子不远啦。"

听了这话，桀不但没被关龙逄的忠诚和直言所感动，反而勃然大怒，立刻下令处死了关龙逄。从来亡国之君手下，一定有忠言直谏的大臣，并且一定不会有好下场——因为君王无道，臣子才被迫要吐露忠言，可忠言逆耳，君主倘若能听得进去，那就不会亡国了。这个规律，大概就是从关龙逄开始的，一直延续了几千年。

葛伯的借口

夏后桀在倾宫胡作非为、奢靡享乐的时候，商族的首领汤却正在积聚力量，想要造夏朝的反。

前面说过，因为半游牧的习性，商国的都城迁徙非常频繁，比起夏朝来那真是有过之而无不及，到了汤的时候，他把都城迁到了亳，也就是河南省商丘市附近，正位于夏朝核心统治区域的东方。

其实亳只是后世的称呼，当时才从城邦时代转向王国时代不久，夏王朝统辖下的诸侯和周边统辖不到的国家，大多仍然还是邦国，一国即一城，所以很长一段时间内，城名和国名、族名，往往使用同一个词汇。商国也是如此，都城不管迁到哪里，都仍然叫做商，或者叫做大邑（指国内最大

文明的曙光
——从三代到春秋

的城市）商。

据说汤做造反的准备，为了试探夏后的反应，第一个攻打的目标乃是西面的葛国。葛是个小国，但非常忠诚于桀，葛国的君主被称为葛伯——伯的意思就是诸侯之霸者，换句话说，夏后会在一个地区众多的诸侯中挑选一个封为伯爵，协助管理整个地区，葛伯，大概是夏设在东方的第一诸侯吧。

汤对葛国采取了先礼后兵的策略。首先，他派人去责备葛伯，为何不肯按时祭祀天地鬼神。上古时代并没有一神论的宗教，人们总是见什么信什么：看见天上有风云雷电，威力无穷，难以触摸，就认为有天神、云神、雷神之类的存在；看见大地上山川旷野，浩瀚无垠，就认为有地神、山神、河神之类的存在；看见一些难以理解的自然现象，就认为有鬼怪存在。古人认为，只要虔诚地敬拜这些鬼神，按时献上贡品，天地就不会闹灾，鬼怪就不会作祟，活人自然就能过上好日子。

有句古话说："国之大事，唯戎与祀。"戎就是兵器，指代军事和战争，祀就是祭祀，古人认为国家最大的两项功能就是军事和祭祀，对外抵抗侵略或者扩张领土，对内敬拜鬼神，以保风调雨顺。

汤派人责问葛伯为何疏忽了祭祀，一来祭祀本来就是国之大事，二来恐怕葛伯惹恼了天地鬼神，降下灾来，临近的商国会受连累，所以他的责问并非没有道理。葛伯也不敢反驳，只好敷衍说："我国贫困，没有足够的牛羊来祭祀呀。"

> 牺牲二字最初指祭祀用的牲畜，色纯为"牺"，体全为"牲"。后来引申成为了正义的事业而舍弃生命。

古人祭祀天地鬼神，主要用"牺牲"，也就是宰杀活的生命，所谓活的生命，既包括人（奴隶、战俘），也包括牛羊猪狗等牲畜。葛伯找借口说，国内的牛羊不够，所以无法祭祀——我不是不愿意哦，完全是没能力呀，希望你可以原谅。

咱们知道，商国的畜牧业是很发达的，恐怕在中原地区是数一数二的，所以听了葛伯的回复，汤就慷慨地挑选了一大群肥壮的牛羊送过去。然而贪婪的葛伯一看，商人送来的牲畜竟然如此膘肥体壮，让人直流口水，杀了祭天实在太可惜，还不如祭了我自己的肠胃呢。

虽说用牺牲来祭祀天地鬼神，但天地鬼神根本就不会吃东西，那些在仪式上被宰杀的牲畜，最终还是要落到人肚子里去的。可恨的是葛伯连这个过程都懒得做，直接就把商人送来的牛羊煮熟吃了。

过了些日子，商国又派人来了，询问葛伯："已经送了您不少牛羊，为何还不肯祭祀呢？"葛伯继续找借口："我国土地贫瘠，人口又少，没有多余的粮食，酿不了酒，怎么举行祭祀仪式呢？"酒也是重要的祭品，中国传统所产的酒都是粮食酒，没有粮食，酿不了酒，就无法祭祀，道理上倒也勉强说得通。

汤继续慷慨无私地派出了大群商族农民，前往葛国帮忙耕种。照理说别国派人来帮忙，你总得负责他们的饭食吧，然而葛伯借口国家太穷，坚决不给。汤没有办法，只好派这些农民的家人——都是些老弱妇孺——提着水罐、捧着饭盆，每天去给送饭。

葛伯这家伙也不知道是穷疯了，还是贪得无厌到了匪夷所思的地步，也或许他只是想要破坏汤的计划，这样就可以永远不祭祀。总之，他竟然多次派人前去拦截这些送饭的商人，抢走了农民的饮食，甚至于某次因为一个商族小孩不肯交出所送的饭，竟被葛伯的手下当场打死。

这一下，可彻底惹恼了汤。

汤之所以慷慨地资助葛伯，又送牛羊又借农民，或许是真的害怕受到天地降灾的连累，或许是想要拉拢葛国当自己的盟友，也或许只是寻找开战的借口，他的本意究竟如何，后人是搞不清楚的。但不管怎么说，葛伯的所作所为，已经彻底逾越了两国交往的底线，汤若再不有所表示，将难以面对自己的臣民。

于是汤不等请示夏后桀，就擅自发兵进攻葛国。葛伯在自己国内也早闹得天怒人怨，尤其他抢夺商国农民饮食这一卑劣手段，使得葛国的百姓们也都羞愧得抬不起头来，所以根本没人再愿意为他卖命。商军很轻易就攻入葛国，杀掉葛伯，汤随即把葛国的土地、人民、财物全都收归己有。

灭掉葛国，等于削断了夏后桀的一条臂膀，打开了商国西进直取夏都的大门，对于此事，桀当然不会不闻不问。正好就在此前后，桀发兵灭掉了缗国，显示了强大的武力，汤看到夏朝的力量仍然很强大，知道自己灭夏的时机未到，就打算派人前往夏都去探查一番，同时向夏后解释，自己灭葛乃是不得不为之事，并没有挑战夏后权威的意思。

那么，派谁去夏都为好呢？这名使者一定要足够机灵，并且能言善辩，这样才能圆满地完成使命。想来想去，汤决定派最重用的大臣伊尹前往。

传说伊尹本来并不是商人，他是从别的国家跑到商国来投奔汤的，并且很快就得到了汤的信任。正是因为有了伊尹，汤才能最终完成灭夏的大业，这个人的发家历程，本身也是一段传奇故事。

媵臣伊尹

古籍记载，伊尹原本的身份是媵臣。媵就是陪嫁，臣的本意是奴仆——当时各国的统治阶级，基本上由世袭贵族组成，贵族们的奴仆就叫做臣，身份很低，和后世大臣的臣，并不是同一个意思。

传说伊尹生在伊水边，所以以伊为姓，长大后成为有莘氏的奴隶，先在郊外耕种，后来被国君选到身边，做了一名管理膳食的小臣。这个莘国和商国的关系很好，两国间经常有使者往来，通过和这些使者们的接触，伊尹认识到汤胸怀大志，必将有所作为，因此想要前去投靠，一展所长。

那么，怎么才能从莘国跑到商国去呢？当然不能直接去，汤不可能收留一个逃奴，况且还是向来关系不错的莘国的逃奴，他一定会把伊尹押送回国的，那么等待伊尹的命运，只有被莘国处死。他只好默默地等待时机，好在这时机不久就降到了他的头上。

因为两国关系不错,所以汤派人来向莘国求婚,最终商定把莘国国君之女嫁给汤为妃。贵族之女出嫁,按照礼法,必须要带上大批嫁妆,既包括财帛牛马,也包括随从和奴隶。于是伊尹抓住这个大好时机,主动对国君请求说:"小姐最喜欢我做的菜了,我应当陪小姐一同到商国去呀。"

莘国国君一听这话有理,欣然点头——伊尹就这么成为了"媵臣",也就是陪嫁的奴隶,顺利地从莘国到了商国。

来到汤的身边以后,伊尹当然不会只给自家小姐做菜,他也同时参与汤的膳食的制作。于是,他就趁着把食物端给汤的机会,一次又一次地分析天下形势,数说夏后桀的暴政。汤一开始并不在意——谁又会认真去听一个奴隶所说的话呢?但随着次数的增多,他逐渐认识到这个媵臣不同凡响,于是就把伊尹叫来,面对面地仔细交谈了一番。

不谈还则罢了,这一谈之下,汤对于伊尹的学识大加赞赏,立刻提拔他当了重臣。

这确实是一次破格的提拔,国之重臣从来都由贵族担任,连平民都难以摸到这个位置,更别说奴隶了。古人很看重身份的高低,奴隶就一辈子当奴隶,很少能够摆脱奴隶的身份地位。

上古时代,国既是族,也等同于家,也就是说,所有国事都是围绕着君主的家庭来运作的——国家,就是由此而来。给君主管马或者管武器的奴隶头,同时也是国中手握兵权之人;给君主管膳食、器物的奴隶头,同时也是分管祭祀的国家官员。因此,伊尹从君主身边的小臣,一跃而成为辅佐国政的大臣,也并非完全不可能的事情。

然而,奴隶头就一定是奴隶的身份吗?臣的本意为奴,但在汤那个时代,词义还没有转变吗?小臣一定是奴隶来当吗?恐怕也不见得。

古史所载,不可尽信,从此后所发生的事情来判断,从后世商王对伊尹的隆重祭祀来看,很多学者认为伊尹并不是传说中奴隶的身份,他很可能本身就是贵族出身,并且很可能并非媵臣,而是商的贵族,他甚至是汤

文明的曙光
——从三代到春秋

的亲戚。

暂且放下伊尹的身份不提，只说他成为汤的重臣以后，立刻辅佐汤治理国政、扩充军队。汤手下有两大贤臣，一个是伊尹，还有一个是来自夏族的仲虺，在这两个人的协助下，商国的实力更为强大，陆续有诸侯派遣使者前来，与商结盟。

有一则传说，汤之所以得到越来越多诸侯的拥戴，是因为他秉持着仁德之心。据说某次伊尹陪着汤在国内巡视，看到一个农夫正在树林中张挂捕鸟捕兽的网，并且把东南西北四面都挂满了。挂完以后，农夫跪下来向上天祈祷，说："苍天保佑，希望天上飞的，地上跑的，从四方来的鸟兽，都到我的网里来吧。"

听到这样的祷告，汤不禁摇了摇头，叹息说："一网打尽，一个不留，这是桀才会干出来的恶事呀，实在是太残忍了。"于是就让农夫把网撤掉三面，只留下一面，并且改换祷词，说："想往左走的就往左吧，想往右走的就往右吧，实在无路可走的，再到我的网中来吧。"

诸侯们听说了此事，都大为赞叹，说："汤的道德真是高尚呀，连禽兽都沾染他的恩德了。"

这个网开三面的故事，后来演变成"网开一面"的成语。当然，这肯定是后世编造的故事，在上古时代，恐怕还没有所谓仁德这种概念。

在杀死葛伯以后，汤派伊尹前往夏都，一方面探查夏朝的实力，同时向夏后桀禀报灭葛之事，以取得桀的谅解——继续麻痹这个暴君。果然，当伊尹朝拜桀的时候，桀第一句话就问："没有我的命令，汤怎敢攻打并且灭亡了葛呢？"

伊尹赶紧辩解说："葛伯不肯祭祀，我主先送他牛羊，又借农民给他耕种，他不但不感激，反而杀害了送饭的孩童，这般恶行，实在有损夏后的威德，所以我主不得已才将其诛杀的。"

伊尹所说的道理堂堂正正，桀根本无从反驳，也就只好点点头，命伊尹退了下去。

据说伊尹在夏都一待就是整整三年，然后回去向汤禀报说："自大禹建国以来，夏后都是天下的共主，威望很高，还有不少诸侯拥戴他，不可仓促起兵讨伐。然而夏后每天都沉迷于酒色之中，不理国政，相信只要我们继续积聚实力，总会有比夏强大的一天，到那时候，就可以动手了。"

汤接受了伊尹的建议，一方面继续进贡献礼，麻痹桀，一方面暗中积聚实力，并且逐步向外扩张，连续灭掉了好几个不肯服从的诸侯。当然，以桀的聪明，只是懒得理会国政而已，但凡抽出点时间来听取各方面的汇报，对于汤的所作所为，是不可能毫无察觉的。桀本打算发兵讨伐汤，但又考虑到商国实力强大，并非施国和缗国可比，于是要了条诡计，下旨召汤到倾宫来朝见。

> 夏启曾在钧台大会诸侯，确立了自己的君王地位，可以说，钧台是中国历史上第一个举行"开国大典"和"国宴"的地方。

夏后召见，汤不敢不从——除非他打算即刻就翻脸。于是他匆忙带着少量随从和大批珍宝，乘坐马车赶到倾宫，可没想到当即遭到逮捕，被关进了国家监狱——钧台。

封存夏的社稷

汤被夏后桀囚禁的消息传回商国，贵族们面面相觑，不知道该怎么办才好。伊尹就和仲虺商量，说："夏后是个贪婪的人，此前他想要灭亡有施氏，有施氏献上妹喜，立刻就退兵了，想要灭亡岷山，岷山献上琬和琰，立刻就退兵了。我主的性命，大概也得靠美女和财宝来保全吧。"

于是他们急忙在国内搜集了大量珍宝、器物和美女，送去倾宫，向桀求情。果然不出所料，桀得到这些财宝、美女，大喜过望，立刻下令释放汤。

文明的曙光
—— 从三代到春秋

汤回到大邑商，找来伊尹和仲虺，对他们说："虽然逃得一命，但夏后已对我起了猜疑，不能再等待了，必须立刻动手。"伊尹建议说："东方有三个国家，一直臣从于夏，甘当帮凶，必须先剪除这三国，才能讨伐夏后桀。"

他说的这三个国家：一是豕韦，大约在今天河南省滑县附近；二是顾，大约在今天山东省鄄城附近；三是昆吾，大约在今天河南省濮阳或新郑一带。

于是汤先发兵灭掉了豕韦和顾国，然后进攻昆吾。昆吾君主急忙向桀求取救兵，于是桀调动"九夷之师"，前来与商军作战。从"九夷之师"的名字来看，可见基本上都是今天河南东部和山东一带的东夷部族诸侯的军队，也就是说，在东方还有很多诸侯仍然臣服于夏，与商国为敌。

因此，伊尹阻止汤继续前进，进谏说："东夷之民还服从夏后的调遣，最终决胜的时机未到，请您还是再忍耐一段时间吧。"汤听取了他的意见，主动退兵，并且准备了大批礼物送到倾宫，向桀谢罪。桀也并没有彻底打败商军的信心，正好趁这个机会收回发兵的命令——反正只要保住昆吾就可以了嘛。

暴君桀终日沉溺在酒色之中，雄心壮志日渐消磨，多一事不如少一事，但昆吾的君主就没有这么消极了。昆吾的君主很清楚，商国只是暂时退兵，只要时机一到，还会挥军杀来的，到那时候，倘若夏后不派救兵，或者救兵来晚一步，自己不就要完蛋了吗？不如趁着商国还没有准备万全，由我来抢先下手吧。

于是一年以后，昆吾突然发兵进攻商国，但是遭到商军的反击，大败而归，随即汤就攻入昆吾，把这个国家也给灭掉了。灭亡昆吾以后，伊尹建议汤："请暂停向夏后进贡，看他有什么反应。"

还能有什么反应呢？桀当然是勃然大怒，于是再次号令"九夷之师"伐汤。但和去年的状况不同，号令传到东方，东夷部族各诸侯却很少有肯乖乖听命的———一来桀的所作所为越来越不得人心，去年本要伐商，却因为一些财宝而收兵,如此反复无常,让诸侯们相当恼火;二来灭掉昆吾以后,商国的实力更为强大,很少再有诸侯敢于和汤为敌了。

见到这种情景,伊尹立刻对汤说:"时机到了,请立刻发兵,讨伐夏后!"

于是汤召集军队训话说:

"你们大家都过来,听我说,并非我敢于犯上作乱,乃是由于夏后失政,上天命我去讨伐他。或许你们会问:'君主为何要荒废我们的农事,前去征讨夏后呢?'我告诉你们,那是因为夏后有罪,我畏惧上天,不敢不去征伐。要问夏后的罪行究竟怎样,我告诉你们,夏后耗尽民力,苛剥百姓,百姓不和他同一条心,还说:'这个太阳何时完蛋呢?我愿意和你同归于尽!'夏后如此无道,所以一定要讨伐他。

"请你们辅佐我,实施上天对夏后的惩罚,我将重赏有功之人。不要怀疑,我不会说假话。倘若你们不遵守誓言,我将把你们降为奴隶,甚至杀死你们,绝不宽赦!"

这就是著名的《汤誓》,先宣布敌人的罪状,然后许诺赏赐,再以刑罚来威胁众人要同心协力,恩威并施,想来效果是相当好的吧。从中透露出一个重要信息,那就是汤所召集的军队中并没有奴隶——否则,就不会说不遵守誓言将把你们降为奴隶的话了。当时并没有真正意义上的国家军队,更没有常备兵,都是临时征调贵族和平民拿起武器,组建成队伍的。

汤不仅仅征召了本国的部队,还召集了很多同盟国的兵马,据说总兵力达到五六千——这在上古时代确实是一个不小的数字——然后浩浩荡荡向倾宫进发。夏后桀听闻此讯,急忙亲自领兵前来抵挡,两军在一个名叫鸣条的地方展开决战。倘若只论夏商两国的实力,可能还算旗鼓相当,但商军中还有很多诸侯盟军,夏军却是孤军奋战——没有几家诸侯肯再帮助桀了——因此战争的结果也就可想而知。

文明的曙光
—— 从三代到春秋

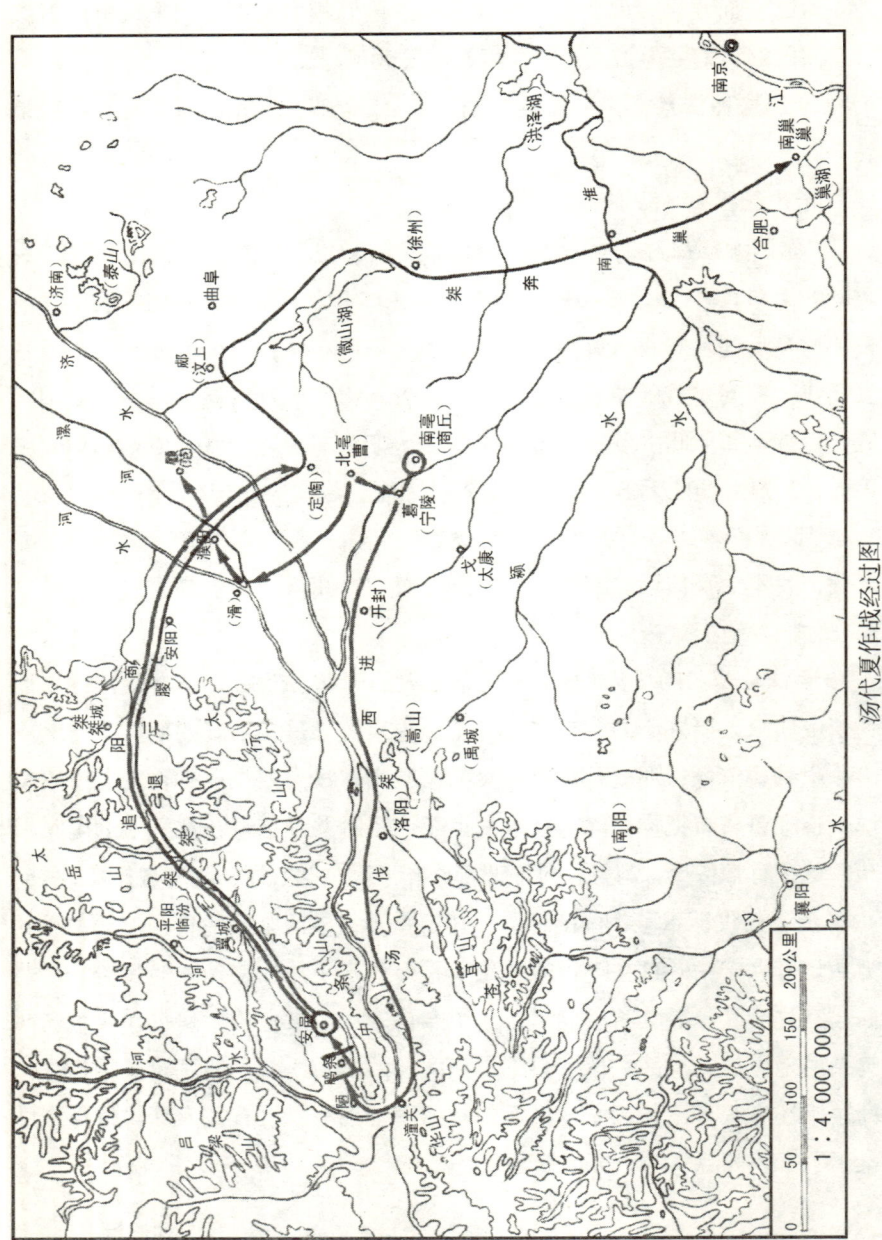

汤代夏作战经过图

48

经过一番恶战，夏军全线崩溃，桀奔逃到今天的山东定陶一带，又吃了个大败仗，手下就剩了五百残兵败将，转而向南，据说一直逃到了南巢（今天安徽省寿县附近）。汤穷追不舍，终于在南巢彻底消灭夏军，俘虏了夏桀。

汤还是仁慈的，他没有杀死桀，而是就地把桀囚禁起来。两年以后，这个中国历史上最早的暴君又羞又气，满身是病，终于一命呜呼。

就这样，商军占领了夏地，灭亡了夏朝，汤还计划着干脆把夏的社稷给毁掉算了。咱们知道，社稷就是国家，国家又叫社稷，其本源是国家供奉土地和五谷的祭坛。历代中国的主体都是农业

> 社稷，"社"指土地，"稷"指五谷，这两者合二为一就成为国家最重要物品的代表，因此后来成为国家的代名词之一。

民族，国家财政主要仰仗土地产出，所以对于社神（也就是土地神）、稷神（也就是农业神），祭祀最为隆重。祭祀社稷之神的祭坛，乃是一个国家的象征，社稷这词汇，也就因此逐渐成为国家的代名词了。

汤想要毁掉夏的社稷，彻底把夏这个国家从大地上抹杀掉，但他的这一主张却遭到了伊尹的反对。汤问伊尹："你要是觉得这么干太过分，我把夏的社稷迁走如何？"伊尹还是摇头，回答说："夏存在了四百多年，怎能彻底灭掉他的社稷呢？可夏已经灭亡，为何还要保存他的社稷呢？倒不如封存起来，给后世做个见证，这就是暴虐亡国的下场。"

汤听取了伊尹的建议，于是就下令砍掉祭坛上的所有树木，并且在祭坛上造一间小屋，象征着将夏的社稷封禁起来，永不使用。

从成汤到盘庚

> 饕餮是传说中贪食的恶兽，商代青铜文化发达，钟鼎彝器上多刻其头部形状作为装饰，称为饕餮纹。此外还有一种说法，饕餮纹乃是并头双龙。

通过灭亡夏朝，商朝正式建立起来了，商成为诸侯的首领，中国的主人。凭借着灭夏这一惊世骇俗的举动，各方诸侯莫不胆战心惊，纷纷派遣使者前来向商朝进贡。汤和大臣们商量："诸侯们所以背离夏后，是因为桀整天向他们要财宝、要美女，需索无度，咱可不能再犯这种错误了。不如按照各国的财力大小、特产种类，事先规定每年的进贡数目，绝不额外增加，那么诸侯自然就会安心。"

正是因为这种规划，确定了主从之间的秩序，商朝日益把诸侯们归拢到自己麾下，国力日渐强盛，疆域也越来越广。可惜开国之君汤却没能过上几天好日子，灭夏后不久，国都周边地区——就是所谓的"王畿"——突然闹起了大旱灾，据说一连七年都不掉一滴雨水。

上古时代的河南地区，甚至再往北的山西、陕西地区，气候温和湿润、植被茂盛，和今天的满地黄土是大为不同，在这种情况下，还能七年不下一滴雨，实在令人匪夷所思，或许是古史记载中习惯性的夸大吧。

按照迷信说法，君王失德，天地才会降下灾异，可奇怪的是，昏君孔甲在位的时候不见天灾，暴君桀在位的时候也不见天灾，偏偏传统认为的仁德之君比如尧和汤的时代，却闹起了大旱灾——尧比汤更惨，不但有十日并出的旱灾，还有波及整个黄河流域的大水灾——他们究竟做错了什么，上天才会如此对待他们呢？

可见迷信就是迷信，完全没道理可讲。

第三章 传说时代·先商

不过在上古时代,人们都是迷信的,商人的迷信思想尤其严重,最相信鬼神之说。一见王畿大旱,汤立刻在郊外设置祭坛来祈祷,还让巫师向上天询问:"是不是我王不修政事?是不是使百姓受到了饥苦?是不是有官吏贪污受贿?是不是有小人进了谗言?是不是有女人干扰国政?是不是宫殿修得太过富丽堂皇?为何老天爷还不肯下雨呢?"

一连提了六个问题,谨小慎微地到处找漏洞,可老天终究是不会回答的。巫师们没有办法,只好按照传统的迷信建议说:"如此重大祭祀,光贡献牛羊做牺牲是不够的,恐怕得要焚烧活人来恳求上天吧。"汤皱眉回答说:"我乞求上天降雨,为的就是救人,怎能再焚烧活人呢?倘若上天真有这个希望,那就用我自己来替代吧。"

于是他把头发和指甲全都剪掉,沐浴更衣,自己走到柴堆上去了。说来也巧,汤才上柴堆,还没能点上火,突然乌云四合,雷声隆隆,随即就下起了瓢泼大雨。这么一来,百姓们更为汤的仁德所折服了。

就自然规律来看,这当然是根本不可能的事情,就算巧合也显得过分。这个故事,恐怕根本就是后人凭空编造的。

但不管怎么说,汤确实是一位有才干、有品德的开国之君,他在伊尹和仲虺等贤臣的辅佐下,把国家治理得越来越好。灭夏十三年以后,这位贤君永远闭上了眼睛,因为太子大丁比父亲还早就过了世,所以臣子们拥戴大丁的弟弟外丙继承王位。外丙只做了三年商王也死了,他的小弟弟仲壬继位,在位四年。

仲壬死后,王位又归还到大丁一系,交给了大丁的儿子大甲。据说这大甲是个花花公子、纨绔子弟,看到四方臣服、风调雨顺,也就心满意足,躲进后宫去吃喝玩乐,不再管理国政了。老臣伊尹多次进谏,请大甲一定要振作起来,继承祖父汤的事业,不可疏忽懈怠,但年轻的大甲根本就听不进去。

伊尹急了,心说我从一介媵臣变成商朝的元老,费了多大功夫才辅佐大乙成汤灭夏建国,这基业怎能到第三代就开始衰弱,毁在你这个小年轻手

文明的曙光
——从三代到春秋

里呢？眼看多番劝谏、教育都毫无成效，伊尹干脆把大甲放逐到桐宫（今天河南省偃师市附近），软禁起来，把国家大事全都收归到自己掌握之中。

这事情听着多少有点悬。前有夏后桀，残暴不仁，不理政事，贤臣关龙逄直言进谏，反而掉了脑袋；后有商王大甲贪图享乐，不理政事，贤臣伊尹直言进谏，不但没受到处罚，反倒把商王给关起来了。两者的差别怎么就那么大呢？

虽说关龙逄的地位可能不够高，不能和四朝元老伊尹相比。而大甲或许也没有桀那么凶残，下得了狠手，但国王是说囚禁就能囚禁的吗？其间可能充满了很多阴谋诡计和血腥厮杀，古史上却一句都没有提。

更诡异的事情还在后面，据说大甲在桐宫被关了整整三年，终于痛改前非。伊尹了解情况以后，就又主动把他给接了出来，让他重掌国政。如此温文尔雅，恪守着所谓的君臣之道、仁德之心的行为，仿佛尧舜禹三代的禅让一般，恐怕都是后人的附会和假造吧。

因为还有另外一种说法，说大甲并非无道，伊尹也并非忠臣，是伊尹趁着大甲年轻而篡夺了商王之位，三年以后，大甲积聚力量，杀将回来，处死了伊尹，这才复位为王。

哪种说法更为合理呢？哪种说法更为可信呢？除非有新的上古记载被发现，否则，恐怕会成为永久的谜团吧。

古时候，大、太两字通用，所以大丁也可以写作太丁，大甲也可以写作太甲。大甲以后是沃丁，沃丁以后是大庚（太庚），再然后是小甲、雍己、大戊（太戊），商朝的统治开始走上了下坡路。

据说当大戊做商王的第七年，突然在王宫的庭院里长出了一棵桑树，同时在桑树的根部又长出一株楮树，二木连根，刷刷刷地长得很快，绝对是件罕见罕闻的怪事。

自然界的怪事很多，人们之所以会觉得怪，只是不明白其中的缘由和道理罢了。对于迷信的商人来说，不免又认为这是上天的警示了，于是大戊就召来大臣伊陟，向他请教说："这是怎么回事？应当怎样祭祀上天，才能避免上天真的降下灾祸来呢？"

伊陟趁机进谏说："从来妖异之事敌不过道德。大王您自认为自己治理国家，是否有所失德呢？只要勤修道德，就不必害怕什么妖异。"大戊才继位的时候，年纪很轻，没什么志向，也没什么热情，换句话说，和大甲初登基的时候一样，只知道吃喝玩乐，所以伊陟才会这么告诫他。

好在大戊终究是个聪明的年轻人，听了伊陟的话，连连点头，从此就痛改前非，专注于国事了。说也奇怪，自从大戊改过以后，那连根的二木日渐枯萎，很快就都死掉了。

当然，要想种活一棵树不容易，要想弄死一棵树，其实并不算难。

大戊以后的历代商王，分别是：中丁、外壬、河亶甲、祖乙、祖辛、沃甲、祖丁、南庚和阳甲，其中除了祖乙还勉强算是个贤能的君主以外，其余的都是些平庸之辈，在他们的统治下，商的国力日渐衰败，疆域日渐缩小，诸侯们纷纷停止进贡。倘若不是一代铁血君主盘庚降生，或许商朝很快就会灭亡了吧。

而两千年的传说时代，也终于就此终结，对于历史，开始有了当时的比较明确的文字记载。

第四章 青铜时代·晚商

药材铺里的龙骨

公元1899年，乃是清朝光绪二十五年，有一位名叫刘鹗的小说家游学到了北京，暂住在老朋友王懿荣家里。这位王懿荣是当时著名的"金石学家"，也就是通过器物上的古文字来研究历史的专家，学问大，名气也大，因为曾经在国子监和翰林院当过老师，所以大家都尊称他为"太学师"。

这一年，王懿荣已经五十四岁了，身体不大好，经常要吃中药。某一次，刘鹗看到王家的佣人从菜市口的中药铺达仁堂抓了药回来，就询问他："什么方子，有效吗？"煎药的时候，刘鹗出于对"太学师"的关心，亲自比照药方和药材，害怕会出什么差错。

他注意到有一味药材名叫"龙骨"，医书上说，这味药有"益肾镇惊"的功效。刘鹗从来没有见过龙骨，就从药包里翻出来看——什么是龙骨呢？原来就是远古时代动物骨头的化石。

这不看不要紧，一看药包里的龙骨，刘鹗却不禁愣住了，他急忙端着几片龙骨去找王懿荣："您瞧瞧，您瞧瞧，这上面竟然有刻划，看着好像是文字呀。"

第四章 青铜时代·晚商

听了这话，王懿荣也不禁大吃一惊，急忙戴上眼镜，仔细查看这些龙骨，果然上面有用小刀刻划的痕迹，看着好像一个又一个的方块字。身为金石学家的王懿荣专业意识非常敏锐，立刻吩咐佣人："去，把达仁堂所有的龙骨都给我包了！"

甲骨文，就这样被发现了。

所谓甲骨文，就是上古时代人们刻划在乌龟腹甲，或者牲畜肩胛骨上面的文字。那时候没有笔，也没有纸，只能用小刀在竹、木上做记录，但是竹、木都是容易腐朽的材料，埋在地下一千年、两千年，早就烂掉了，所以文字流传不下来。好在古人迷信，习惯用焚烧龟甲、兽骨的方法来占卜吉凶，占卜完了，顺便就把问题和结果刻上去，这些东西虽然变成了化石，文字却往往还清晰可辨，就成为了最早的汉字。

甲骨文以前还有汉字吗？可能有，但不是没能流传下来，就是笔划太过简单，究竟算符号还是文字，专家各说各话，意见无法统一。甲骨文不但是文字，还是非常成熟的文字，那是谁都无法否定的。

> 甲骨在当时是占卜所用，所以上面记载的大多是祭祀的问题和结果，比如："是否应该出兵？"老天回答："应该。"诸如此类。

当然，上面那个王懿荣和刘鹗发现甲骨文的传奇故事，王、刘两人从来都没有提到过，要到三十多年以后的 1931 年，才有人化名登在某杂志上——恐怕只是编造的吧。

真实情况是，清末的古董商人最早发现在龙骨上有文字的残留，拿去给王懿荣鉴定，王懿荣这才发现了甲骨文。作为药材的龙骨多了去了，但有字的只有那一批，王懿荣一方面花大价钱把整批龙骨都买了下来，另一方面询问古董商人："是哪儿出土的，带我去找，肯定还有更多。"

古董商人一看这东西能卖大价钱，就留了个心眼儿，没告诉王懿荣真实的出土地。直到 20 世纪 20 年代，董作宾等考古学家经过长年的追查

文明的曙光
—— 从三代到春秋

和研究，才终于知道甲骨文的出土地是在河南省安阳附近的小屯村，并于1928年第一次组团前往发掘。

在此之前，都是当地农民零零散散地挖掘甲骨，卖给药材商或者古董商，但落到王懿荣、刘鹗等专家手里的有文字的骨片，竟然就接近一万片，多么惊人哪！

经过多年的考古发掘，不仅仅在小屯村，此后在安阳其他地区，甚至河南省的很多地区，都陆续有文字甲骨出土。当然，最集中的地方还是在安阳。

为什么会这样呢？安阳究竟是个什么地方，会埋藏着那么多的文字甲骨呢？

经过专家考证，以安阳的小屯村为中心，整个安阳城西北地区，都是古史记载中第二十位商王盘庚的都城，因为城名叫殷，所以这一地区就被称为"殷墟"。咱们前面说过，在成汤以前，商代的先公们，比如王亥、上甲微等等，就曾多次迁移都城，成汤以后，都城也都不固定，一会儿到东，一会儿到西，只有当盘庚迁殷以后，商朝的都城才基本固定下来，一直到末代商王纣为止，主城（不包括陪都、离宫）始终都在安阳北部的洹水岸边，长达两百七十三年。

《史记》里说，中华民族自黄帝开始，一直传到尧舜禹，然后是夏商周，再然后才是秦汉，这种说法两千年来一直被奉为经典，没人敢加以怀疑。到了近代，考古学传入中国，大家才发现，没有当时确切的文字记载，光靠着几百上千年后司马迁搜集资料写成的《史记》，真的那么可靠吗？或许司马迁本人得到了什么一手资料，但没有传下来，咱们又看不见，怎么去考证？

司马迁是汉朝人，汉朝的事情，他应该不会瞎编；汉朝以前的秦朝、东周，文字流传很多，以司马迁做学问的严谨态度，错误也不会很多；可是再往前的西周呢？商呢？夏呢？有谁能够证明司马迁说的都是真的？

西周还好说，西周和东周是同一个朝代，东周的文字记载当然会提到西周，同一个朝代不大可能瞎编乱造。但夏、商则是和周不同的朝代，周人记载的夏、商之事，又有多少可信度呢？

于是就有学者指出，恐怕从黄帝直到商朝，全都是神话传说，在没有更明确的资料发现以前，不能武断地认定夏朝和商朝一定存在。

甲骨文的出土，终于解决了一半问题，夏还说不准，起码说明商朝是确实存在的。虽说殷墟的甲骨文是从盘庚开始的，盘庚以前的历代商王，还有成汤之前的历代商公，关于他们统治时期的情况，没有当时的记录，全是后人的追述。但正如我们前面所说，同一个朝代，造假的可能性不高，起码在国王的世系等大事上，不大可能胡编乱造。

商朝，尤其是商朝中后期，就这样浮出了一眼看不到底的历史的深渊。

盘庚迁殷

咱们前面说过，夏朝的都城曾经多次迁徙，商朝的情况也是相同的。

在先公的时代（成汤以前未称王的时代），商只是一个方国，并且以半游牧半农业为生，四处迁徙，本是很正常的事情。等到成汤灭夏，商为中国之主，农业在社会生产中的比例逐渐超过畜牧业，按道理迁徙的次数也应当逐渐减少——终究农业水平比夏朝又有了长足的进步，无论是保持土地肥力，还是减少旱涝灾害，都做得比夏朝时候更好，没必要隔几年就搬趟家了。

然而商朝仍然频繁地迁都。尤其是中丁以后，据说因为"比九世乱"，也就是说一连九代都国家动荡，所以中丁、河亶甲、祖乙、南庚都曾经迁过都城，甚至某些商王在统治时期内还不止迁了一次。

为什么要频繁迁都呢？一是因为王族内部的争权夺利，兄弟之间、叔侄之间，人人都争当商王，使得新王登基以后，为了削弱反对派的势力，

文 明 的 曙 光
—— 从 三 代 到 春 秋

干脆就换个都城；二是因为贵族们奢靡腐朽，不给他们挪挪地方，他们就毫无干劲，只知道吃喝玩乐而丝毫也不思进取。

可是正因为频繁地迁都，使得商朝的权威呈直线下降，实力也总积聚不起来。因为动乱所以迁都，而迁都又引发动乱，反复地恶性循环，使得原本庞大强盛的商朝日渐衰弱，已经走到灭亡的边缘了。

就在这个时候，盘庚上了台。

按照史书记载，盘庚是祖丁的儿子、阳甲的兄弟，但因为那时候并没有叔侄、堂兄弟之类的称呼，所以他也说不定是祖丁的侄子、阳甲的堂弟。盘庚继位的时候，据说商都是在奄，也就是今天山东省的曲阜市，这地方有点太偏东了，虽然可以比较牢固地控制东夷部族各诸侯，但对于中原地区和西北地区的控制力相对就很薄弱。

我们知道夏朝前中期时常和东夷部族作战，但到了桀的时代，已经可以调动"九夷之师"，对东方的控制力大为加强。汤起家的亳，是在夏朝统治中心的东方，他可以使得桀第二次想要调动"九夷之师"而无人响应，可见在东方的影响力也是不小的。

华夏和东夷，这两个大的文化圈，已经逐渐融合为一体了。

但从商朝中期开始，北狄、西戎各方国逐渐强盛起来，随着商王权威的下降，他们纷纷脱离商朝掌控，自行其是——比如北面的土方、西北的羌方，等等。在这种情况下，国都过于偏东，实在不大合适。

那时候交通不方便，某一地区倘若距离国家中心也就是首都太过遥远的话，是很难长久控制的。今天从北京坐飞机，一个小时就能够飞到西安，那时候恐怕花一年半载的时间都走不到。如此遥远的地方，你要怎么统治呢？所以上古的国家不可能很大，国王的直辖领地更是狭小，对于远处的方国只能使其臣服，而无法一口吞并。

为了方便掌控北方和西北方的诸侯们，盘庚曾一度把都城向北迁，但始终没能找到合适的地方。一国之都，不仅仅要有辐射四方的政治功能，也得具备相当的生产功能，盘庚必须得找到一片便于耕种的沃土，才能站稳脚跟。

经过反复勘察，最终盘庚确定把新都设置在洹河流域，洹河水流平缓，不常闹水灾，并且灌溉便利，又位于中国略偏东北的地方，政治功能也比较容易发挥。可是他才下了再次迁都的命令，就遭到贵族和平民的一致反对。迁来迁去的，谁都烦了，而且新都还没有建成，贸然前往，我住哪儿呀，吃什么呀？贵族们生怕自己的既得利益受到损害，就煽动平民要造盘庚的反。

换了一个软弱的君主，或许就得向贵族们让步吧，但盘庚可是个铁血硬汉，既然已经拿定了主意，再大的阻碍也是无法让他回头的。于是他就把贵族和平民们都召集起来，发表了一通演说，内容大致如下：

"你们留心听我的话，不要轻忽我的意愿。想想先王，没有一个不是力求保

> 盘庚提议迁都的演说，收于《尚书·盘庚》中，其中有一句话是："若火之燎于原，不可向迩。"此后发展为成语"星火燎原"。

护人民的，他们顺应天时，当上天降下灾祸的时候，就为了人民的利益而迁徙都城，从不留恋原有的土地。我如今效法先王，目的是使你们生活安稳，而不是故意要惩罚你们……

"你们不但不体谅我的苦心，反而糊涂和慌乱，想用你们的私心来改变我的主张，这分明是自取贫困……你们只想苟且偷生，过了今天不想明天，上天还能够容许你们存活吗？

"你们听我的话，不要听信他人的蛊惑，应当把蛊惑当成污秽的东西，不要去接触。我如此劝告你们，是为了把你们的生命挽救过来，让你们继续活下去，并非用权威来压迫你们……

"你们的先人曾经辅佐先王，都是有功的，所以我要报答他们，善加养育你们。倘若我们继续苟且偷生，先王一定会责备我，说：'为何要虐待我的人民呢？'但倘若我下定了决心，你们却不肯跟从，先王就会责备你们，说：'你们为何不肯和我幼小的儿孙同心协力呢？'上天绝不会饶恕你

们,一定会降下灾祸来的!

"……倘若你们心中存着恶毒的念头,故意和我作对,先王一定会知道,就会撤除你们先人在天上服侍他们的职务,你们的先人因此不会保佑你们,不会救你们的死罪!

"……你们要把良心放正,和我共同进退。倘若有恶人不肯听从,偏要为非作歹,我就杀掉他,灭他的族,不让他的孽种留下一个,再去祸害我的新都!"

商人是相当迷信的,既相信上天和代表上天的天帝,也相信自己的祖先死后会在天上侍奉商的先王,天帝保佑先王,先王就保佑活着的国王,自己的祖先也能够保佑活着的自己。盘庚嘴里说"并非用权威来压迫你们",实际上三句话离不开上天的灾祸、先王的责备和祖先的惩罚,充满了威吓意味。

对于当时的人们来说,恐怕这种威吓比耐心说服更有效吧,甚至可能比直接的武力胁迫都管用。于是在他的逼迫下,贵族们只好乖乖听命,平民们失去了贵族的教唆和领导,也闹不出什么大乱子来。商人就这样南渡漳河,来到了洹河流域,在这里开始建设新的都城。

甲骨文中称呼这个新的都城为"衣",周朝以后,称呼它叫"殷"——"殷"是对"衣"的尊称、蔑称,或者只是周人的方言,那就没有人知道了。从盘庚以后,商朝可能再也没有迁徙过都城,所以商朝在后世也就被称呼为"殷朝"。

一连三年不说话

商人在国王盘庚的率领下来到衣地,建成了新的大邑商。盘庚利用这次迁都,把原本旧都盘根错节的王族和贵族们的势力连根拔起,打算一扫奢靡之风,从此勤劳简朴地治理国家。他的这些想法和举措当然会遭到守旧势力的反对，于是在建成新都以后，盘庚又先后两次召集贵族和平民，甚至还可能包括了服从的诸侯们，进行训话，好不容易才把人心安定下来。

当时的国君权力还没有后世那么大，不是想做什么就能顺利做到的，一定要得到贵族们的普遍首肯。不仅仅贵族们势力很大，而且平民百姓虽在经济上处于被统治、被压迫的地位，但在政治上却仍然还保留着一定的话语权力——因为他们的祖先，原本和贵族们的祖先相同，都是同一个远古部族的成员，甚至相互间还有牢固的血缘关系。所以成汤伐桀，要召集大家来训话，盘庚迁殷，要召集大家来训话，当面讲理并且威吓，而不像后世的君王，只要装模作样发道诏书，就算给大家一个交代了，连人民的面都不见。

盘庚迁殷是很有远见的，他选择的新都位置非常好，所以终其一生，以及其后的小辛、小乙两代商王都没有再迁过都城。国都稳定了，生产逐渐恢复，商朝的统治再次迎来一个高峰。

小乙以后是武丁，某些专家认为，武丁可能也迁过一次都城，但距离不远，只是从洹水北岸迁到南岸而已。从地区范围来说，新都仍然可以叫做衣，也就是后世的殷。

按照史书记载，武丁是小乙的太子，但他并不是在宫廷中长大成人的，而是很小的时候就被小乙送到民间，假装平民百姓的孩子长大的。正因为有这样一段经历，武丁非常了解民间疾苦，继位以后，立志要继承盘庚的志向，改革国政，开创盛世。

把太子送去民间养大，若说是小乙灵机一动的特殊教育方法，未免不大符合当时的社会形态。当时王族、贵族、平民乃至奴隶之间横亘着天然的鸿沟，在贵族们看来，奴隶都不是人，只是和牲畜一般的劳动工具，或者祭品罢了，他们也看不起平民，认为平民没知识、没文化，只是"小人"而已。君子劳心，小人劳力，怎能把君子放到小人群里去抚养长大呢？

所以比较大的可能性，是商朝王族内部再次发生了争权的动乱，武丁一系作为失败者遭到流放，或者为了保命而被迫伪装成平民，就像当年夏

文明的曙光
—— 从三代到春秋

朝的太康一般。正因为如此，在终于回到都城当上商王以后，武丁立刻就被贵族、巫师们给架空了，毫无权柄，说的话没人肯听。于是他一怒之下，干脆装哑巴，不再说话了，这一装就是整整三年。

也有学者认为，那是武丁在为小乙守丧。按照古礼，父亲去世后，儿子要守孝三年，离开日常居住的大房子，只待在专门设置的小屋子（凶庐）里，怀念亲人，回味悲痛，不再处理家庭和国家的事务，这就叫"谅阴"之礼。

然而谅阴并没规定不能说话，每个人都是自己父亲的儿子，父亲总有一天会过世的，起码贵族们都得遵守礼法，得守孝三年，为何只有武丁一个人三年不说话的事情流传了下来呢？那是说不通的。

其实武丁只是在无声地抗议而已，也或许是假装残疾来麻痹那些擅权的贵族和假借天命插手国政的巫师们罢了。

当然，武丁并不是简单地不说话，他趁着贵族们放松警惕的机会，到处寻访贤才，力求有朝一日可以夺回政权，振兴国家。只要找准了方向，努力不懈，总会得到成果的。最终武丁就相中了两个人才，一个是甘盘，还有一个是傅说。

据说甘盘是位隐士，居住在黄河边的虞地（在今天的山西省平陆县一带）。据说武丁在继位之前就听说过甘盘的贤名，亲自前往探访，听甘盘讲述了商朝自成汤灭夏以来三百余年的历史，分析兴衰之道，非常佩服。于是就拜甘盘为师，请他出山辅佐自己。

等到当上商王以后，武丁一连三年不说话，或许这也是甘盘教他的计策吧。

三年后的某一天，武丁亲率贵族和巫师们举行祭祀。商人最信鬼神，所以祭祀也非常繁多，要么祭天，要么祭地，要么祭风雷雨雪等自然现象，要么祭山河湖海等地理风貌，要么祭祀祖先、已故的长辈，一年三百多天，有两三百场祭祀要搞，国王或者国王的代理人，几乎每天都得去主持祭典。

"国之大事，唯戎与祀"，那真是一点也不假。

第四章 青铜时代·晚商

不过祭祀也分大小，武丁这次主持的祭祀，是个大典礼，都城内的贵族和巫师们几乎全都到了，武丁就趁着这个机会开始演戏。

首先，原本一连三年都不说话，大家都当是真哑巴的武丁，突然开口讲话了，随即他就对众人说："我昨夜做了一个梦，上天降下一位圣人来辅佐我，只要有了这位圣人的辅佐，国家就会富强，人民就会幸福。"哑巴开口说话，这种"奇迹"更增加了梦境的可信度，于是大家纷纷请问："您所说的圣人，究竟是谁呢？"

> 占梦也是占卜的一种，甲骨文中就发现了很多关于占梦的记载，想必武丁也是烧了块甲骨，得了吉兆，然后发表了"梦中贤人"的演说吧。

武丁详细描绘了他梦中所见圣人的外貌，据说这圣人不仅长得难看，还是个驼背，这种相貌异常的人，想来不会难找。于是祭祀过后，武丁就亲自带人离开都城，到各处去寻访梦中所见的圣人。

找来找去，又找到虞地去了。古代有唐尧虞舜的说法，也就是说，舜出身的部族是有虞氏，或者说舜出身的国家是虞国。甘盘曾经隐居过的虞地，大概指的就是虞国境内吧，虞是商朝统辖下的一镇诸侯。

在虞国境内，耸立着一座高山，就叫做虞山，位置是今天山西平陆与河南三门峡之间。据说当武丁来到虞山的时候，看到一大群奴隶正在山边挖土造墙。上古时代盖房子砌墙，当然没有钢筋水泥，甚至连砖都没有，人们习惯用木板先搭个架子，然后往架子里填土、夯实，就能垒起一层墙面来，拆了架子，重新搭在墙上面，再填土、再夯实，反复如此，墙也就越垒越高。武丁看到这一群奴隶在干的，就是这种活，称为"版筑"。

可巧，版筑工地上正好就有一个相貌丑陋的驼背在，于是武丁把他叫到面前，细细打量，然后转头对从人说："梦中所见之人，好像就是这个样子的。"随即他详细询问此人的出身、来历，以及对国政的看法，想不到这个驼背问一答十，分析政情头头是道。武丁这下再无怀疑，一把拉住对方，

63

大笑着说:"就是你呀,你就是上天派来辅佐我的圣人呀!"

这个所谓的"圣人",就是傅说。

贤臣出身低

关于傅说的出身,以及武丁找到傅说的故事,在甲骨文里是找不到的,仍然属于不大靠谱的古史记载。古时候文人习惯把贤臣的出身往低里说,一方面他们不大看得起世袭贵族,所谓"肉食者鄙";另一方面也是鼓励读书人,只要认真学习,真有本事,再低的出身都能冒出头来,有一番大作为。

比如说伊尹是厨子,是媵臣,傅说是夯土的奴隶,或者筑版工地上的小监工,以及后来辅佐周文王的姜太公不过是个钓鱼老头,就都是这种思路下所编造出来的故事。

故事暂且不论,神话色彩咱们可以彻底剔除,武丁不可能真的靠一个奇怪的梦就发现傅说,他肯定是早就知道了傅说的贤名,甚至此前就有过接触,才编造一个谎话来欺骗贵族们,为提拔傅说做准备的。

因为据说被发现在筑版工地上,所以傅说也叫版说。武丁在把他接回都城,委以重任以后,才称他叫"傅说",傅是官名,师傅,师傅,傅和师一样,都是老师的意思。

甘盘也是武丁的老师,所以在甲骨文中,他被称为"师般"——甲骨文中没有盘字,只有般字,盘庚就写作般庚。

在师般和傅说这两名贤臣的辅佐下,武丁很快就从世袭贵族手中夺回了政权,并且开始一系列改革,以重振商朝的声威。

之所以某些专家会认为武丁也曾经迁过一次都城,是因为在殷墟所发掘出来的甲骨文,武丁以前三代国王——盘庚、小辛、小乙——统治时期刻下的,数量非常之少,甚至难以确定,而武丁以后直到末代商王纣之间的，却数量庞大。

通过这些甲骨文，学者们终于可以大致复原商朝、起码是商朝中后期的生产水平、社会状况以及风俗习惯了。

商朝是一个非常典型的奴隶制国家，贵族们拥有大量奴隶，这些奴隶部分是破产的平民，部分是战俘，数量最大的还是奴隶的儿孙，也就是说，世世代代都是奴隶，无法翻身。

贵族对奴隶是非常残忍的，不仅仅驱赶他们劳作，包括耕种、放牧、修建房屋、制造工具，等等，还经常在祭祀中宰杀奴隶献给天地鬼神，贵族们死后，也一定要挑一些奴隶来殉葬。

人们害怕死亡，进而相信死只是生命形态的一种转化而已，并非彻底消亡，无知无识。贵族们相信自己的祖先去世后都到了另一个世界，在那里继续享乐，继续服侍他们的主人，也就是商朝历代先公先王，那么自己的祖先也需要有人服侍呀，必须得找点奴隶殉葬，去那个世界继续伺候祖先们呀。

对于奴隶们来说，那实在是一个相当残酷的时代，对于贵族们来说，人世就是享乐的天堂。

比起传说中的黄帝时代、尧舜禹时代和夏朝，商朝的社会生产力又有了长足的进步。起码在商朝，已经出现了冶金业，人们造出了坚固而美丽的青铜。青铜是一种以铜为主的合金，我们今天见到的古代青铜器往往因为生了锈而斑驳陆离，绿油油的，所以叫做"青"铜。但在未生锈以前，这种合金却光滑透亮，呈深黑色，充满了庄严感和神秘感。

虽然已经会使用金属工具，但真正使用工具的奴隶们是用不起的，贵族们

> 在青铜器中，人们知道最多的一种器物就是"鼎"。鼎本是烧煮食物的容器，随着社会的发展，鼎逐步演变为礼器，成为权力与财富的象征。鼎的多少，反映了地位的高低；鼎的轻重，标志着权力的大小。

文明的曙光
—— 从三代到春秋

也不会让他们用。奴隶仍然使用古老、简陋的木制、石制工具，或者用禽兽、鱼类的骨头磨成的工具。光看这些劳动工具，好像和新石器时代没有什么变化，几千年来毫无进步。

进步体现在国之大事的戎与祀上。贵族们祭祀鬼神的祭器大多是青铜铸造的，其工艺之先进、外形之精美，哪怕今天都未必能准确地仿制出来。贵族和平民用来作战的武器，比如刀、戈、斧，也都是青铜所造，比起一些落后地区的石制兵器、骨制兵器，强了不是一星半点。

商朝所以如此强大，统治中国数百年，很大程度上就是靠这些先进的青铜兵器。

传说黄帝发明了车辆，并且很可能同时发明了战车，蚩尤已经身穿盔甲，这些当然很不可信。即便按照古史记载，夏后启在甘之战的时候已经使用了战车，夏后杼发明了皮甲，也都没有考古证据。但从殷墟发掘出来的，不仅有龟甲和兽骨，还有大量的各类器物。由此可以确定，商朝，起码是商朝的中后期，兵将们已经装备了甲胄，并且开始使用战车。

商代的甲胄主要为皮制，但在某些重要部位——比如胸口、手腕等——会额外添加青铜片，以加强防护力度。很多皮甲制作精细，外形美观，很多青铜甲片上还镂刻着美丽的花纹，相信都是贵族们的装备，普通平民是穿不起的。

商军使用战车，多以两匹马来牵拉，车上可能除御手（驾驶员）以外还配备两名兵将，一个近战，一个远攻。那时候的战场上很少有骑兵存在（尤其是不产良马的中原地区、南方地区），那么战车以其惊人的速度、强大的冲击力，就成为步兵难以抵抗的最强力兵种。商人的畜牧业是相当发达的，所以商军的战车数量，一定会比周边方国多许多倍。

坚固而锋利的青铜兵器、缀有青铜甲片的皮甲，再加上两马拖拉的战车，靠着这些先进装备，商朝才能威震天下，虽经"比九世乱"，也终究没有彻底垮台，经过盘庚的迁殷、武丁的改革，终于起死回生，迈向了它最辉煌的时期。

武丁统治时期，频繁发动对外战争，以镇压诸侯的反叛，或者征服不肯听命的方国。东到海边，北到内蒙，西到陕西西部，南到长江流域，到处都留下了商军的足迹。商的疆域，扩展到了最大。

说起武丁时代的对外征伐，就不得不提到一位传奇女性，或许是中国历史上有记载的第一位女性政治家、军事家，她的名字，就叫做"妇好"。

女将妇好

1976年，在殷墟的西侧挖掘出一处中型墓葬，陪葬品丰富，看规模，看形制，应该是商朝贵族之墓。但是，令考古学家惊奇的是，他们除在墓中发现很多精致的玉器、骨器、陶器和青铜祭器外，竟然还发现了两件了不得的器物。

那是两件巨大的青铜钺，一件重8.5公斤，一件重9公斤，都雕刻着精美的花纹。如此巨大的青铜钺，是无法作为实战兵器使用的，而应该是军队统帅的象征，君主将这种象征物赐给将领，表示将领在军中有先斩后奏的绝对权力——因为钺既是兵器，也是砍头的刑具。

除了这两件青铜钺以外，同时还出土了大量刀、钺、簇等青铜制或骨制的兵器。这说明了什么？难道埋在墓中的，是商朝一位战功赫赫的大将？

好在很多器物上都刻有铭文，某些铭文标示着下令制造器物的贵族之名，某些铭文却似乎是墓主人的名字。根据专家的研究，这个墓主人的名字，就叫做"妇好"。

妇好之名，多次出现在甲骨文中，并非男子，而是一员女将，并且很可能是商王的妃子。

商朝流行一夫一妻制，但贵族们在正妻之外，往往还打着多生子嗣的幌子，纳很多小妾。商王是最高的贵族，当然也不例外，据说武丁就先后

文明的曙光
—— 从三代到春秋

有三名王后，同时有四五十名妃子。这些贵族女性，包括正妻和小妾，生前习惯上都会在名字前面加个妇字，称为妇某。

那么"好"又是什么意思呢？是不是这位女性的名字呢？

古时候女性往往是没有名字的，或者虽然有名字，却很少在人前显露，更不可能刻成文字。按照商朝的习惯，会在代表女性出身的字上加一个女旁，比如武丁有王后妇妌，指的是她出身于井方。

妇好，是指这名女子来自于"子"这个家族。商代的诸侯中有子国，所以妇好很可能是子国的女子，嫁给了商王或者其他贵族。同时，后世传说商王姓子，所以妇好也可能出身于商族，族内联姻。

当然，所谓尧姓伊、舜姓姚、夏朝的国姓是姒、商朝的国姓是子，都只是传说而已，未必确实。但商的贵族确实被称为"多子"，也就是说有很多子族，所以子这个字，确实可以代表商王的同族。

在甲骨文中，先后出现过多名妇好，或许来自子国，或许来自商族，或许还有别的来源、别的意思，总之并非指同一位女性。但记录最多的，还是武丁时代的妇好，甲骨文中多次记载这位妇好作为武丁的代表，主持祭祀，或者出征作战，武丁对她也关怀备至，多次占卜，向上天和祖先询问，妇好的身体是否健康，或者疾病能否痊愈。

墓中填满了大量祭器和兵器，甚至还有代表统帅权威的大青铜钺，那墓主肯定是这一位妇好无疑了。

商代贵族女子的地位，似乎比后世略高，尤其是商王的正妻，代表商王主持祭祀和领兵征战，并不罕见。但次数之多，规模之大，谁都比不上武丁时代的这位妇好。不仅如此，妇好还拥有自己的封地，如同一名诸侯或朝廷重臣一般为武丁服务，比如进贡物产、协同狩猎、监督农耕，等等。

有一条重要的卜辞（记录占卜吉凶的甲骨文）写道："登妇好三千，登旅万，呼伐口（此字不详，应该是指某方）。"也就是说，武丁调动妇好封地上的军队三千人，再加上商朝本身的军队一万人，前去征伐外族。咱们前面说过，成汤伐桀，也不过出动了五六千商军而已，而妇好本身就拥有三千人的军队，可见实力相当雄厚。

除了妇好的三千人，商朝本身的军队能够出到一万，也可证明武丁时代，商的国力已经达到鼎盛，兵强马壮，人数众多。

可惜妇好英年早逝，据专家考证，她可能才活了三十三岁。因为在她的墓中同时发掘出刻有"司母辛"铭文的青铜鼎，所以她很可能是武丁三位正妻之一。司就是祭祀；母是下一代对上一代女性的尊称，孙子辈以后则称为"妣"；而辛，则是天干之一，和商王的名号相同，都是死后给加上的尊号。

武丁有三名正妻，分别为妣辛、妣戊和妣癸。妣戊很可能就是妇妌，有一

> 盘庚、武丁、司母戊……他们的共同点就是称呼里带有天干，天干共10个，顺序为：甲、乙、丙、丁、戊、己、庚、辛、壬、癸。商人就是按着天干称呼先人的。

具司母戊大方鼎，乃是迄今为止出土的最大、最重的青铜器。妇妌也曾经主持过祭祀和率军出战，但规模、次数，都与妇好不可同日而语。

武丁时代，武丁或者亲征，或者派遣大将领兵（也包括妻子领兵），或者直接调动诸侯的军队，曾经多次发动对外征伐。在西北，主要的敌人是舌方，位置大概是在内蒙南部和陕西、山西的北部，商军先后出征数十次，才终于把舌方征服。在北方，主要的敌人是土方，位于今天山西和河北的北部，最多一次派兵五千，经过两三年的时间，将其平定。

西戎部族在商代被称为羌，包括了羌方、羌龙、北羌、马羌等很多方国，与舌方和土方不同，卜辞中很少有羌人侵扰商朝或服从商朝的记载，但武丁为了扩张领土，还是多次派兵征伐，俘虏了相当多的羌人。卜辞中关于杀俘祭祀的记载里，最多的就是羌人。

除了羌人外，武丁还征伐过西方的基方、兔方、亘、缶、雀等国家或部族。

相对地，武丁对东方的东夷部族用兵较少，规模也不大，证明了东夷各国和商朝的关系已经相当密切，只是偶有反叛而已。

把天射出了血

武丁曾有一位太子，为人非常仁孝，被称为"孝己"。据说孝己很有治国的才能，也得民心，长期辅佐武丁处理国政和主持祭祀，所以也叫"小王孝己"。

孝己的亲生母亲死得早，他不得后母的欢心，后母多次在武丁面前进孝己的谗言。武丁年老以后，日渐昏聩，耽于享乐，听不进孝己的正确意见，再加上老婆的枕边风，终于把孝己给放逐了，孝己忧愤而死。

后世商王对孝己的祭祀非常隆重，虽然成汤的太子大丁和武丁的太子孝己都未能继承王位，却仍旧把他们当做先王来纪念。

武丁死后，把王位传给了另外一个儿子祖庚，祖庚以后是祖甲。据说祖甲虽然在兄弟中排位比较靠后，却最得武丁的宠爱，武丁曾经一度想要废掉祖庚的太子地位，把王位传给祖甲。祖甲觉得对不起哥哥，就主动离开了大邑商，跑到武丁继位前的平民家中躲藏起来。

从来权力造成争夺，权力越大，争夺越强，在王室中，为了争权夺利，是很难找到真正的亲情的，祖甲的退让，说不定又是后世文人所编造的美好故事吧。很可能祖甲是在争权斗争中吃了败仗，这才遭到流放或被迫逃走，就和他父亲武丁当年一样。

总之，祖庚当商王十年左右就去世了，祖甲回到大邑商，登上宝座。因为曾经在民间生活过一段时间，比较了解人民的疾苦，祖甲和父亲武丁初继位的时候一样，也兢兢业业，操劳国事，算是一位贤君。但与武丁的好大喜功、四处征战不同，祖甲更关心农业生产，很少发动战争。

虽然不怎么打仗，但为了震慑诸侯，避免他们反叛，每隔一段时间总得炫耀一下商朝的武力，好打消那些野心家的念头，所以祖甲以后的历代商王，就经常领兵出去打猎。咱们前面说过，打猎本身就是一种军事行动，是为了炫耀武力，只要不像夏后太康那样搞得太过分，沉迷于狩猎活动中不管国事，也就不会闹出什么大乱子来。

祖甲以后是廪辛、康丁和武乙，他们经常在大邑商周边狩猎，也曾多次发动对外战争，商的国力，继续稳步增长。

武乙在古史记载中是个暴君，据说他骄傲自大到了令人匪夷所思的地步，别说人了，就连天地鬼神都不放在眼里。某一次，他叫工匠雕刻了一个木偶，穿上衣服，称为天神，然后就召集百官、贵族、巫师们前来，说要和天神赌博。有个巫师奇怪地问："就算这木偶代表了天神，也终究是木偶呀，怎么可能参与赌博呢？"

武乙点点头："说得有道理。你等巫师经常向天神祈祷，求取神谕，想必天神的想法，你们最了解了，那你就代替天神来和我赌一场吧。"

巫师不敢不答应，可是又不敢赢商王，就步步退让，故意认输。想不到在连赢了三局以后，武乙突然把脸一板，说："你是天神的代表，竟然无法赢过凡人，可见天神并不灵验！"下令把木偶的衣服剥掉，亲自举起鞭子来抽打了一顿，还声称自己打的乃是天神。

又一次，武乙让工匠缝了个牛皮口袋，里面灌满了牲畜的血浆，挂在高高的木杆上。然后他把人们全都召集起来，说要看他"射天"——他射的哪里是天呀，只是挂得高高的皮袋而已。

武乙经常打猎，弓术很好，才一箭就准确地射中了皮袋，里面装的血全都泼洒出来，像下雨似的落了一地。武乙拍手大笑："哈哈哈，连天也被我射得出血了！"

整天干这种莫名其妙的事情，难道武乙疯掉了吗？古史记载，因为得罪了上天，残暴不仁，所以武乙最终在出猎的时候撞上了大风雨，被天雷给劈死了。当然，闪电劈人，只是偶然现象，大概武乙为了避雨，站的位置不好（比如站在高山顶，或者大树下），这才遭了雷劈吧，古人缺乏科学知识，还以为真是上天惩罚这个暴君呢。

可是武乙除了和木偶赌博、射皮袋以外，似乎并没有什么别的暴虐行为。他所以要这么胡来，不顾会遭到后世的唾骂，其实只是为了提升自己的权威而已。

商人最信鬼神，所以自称能够感知鬼神、传达天意的巫师，地位就非常之高，商王的权力往往会受到巫师的制约。武乙凭借这些自以为是的小手段，沉重地打击了人们对巫师的信任，压低了巫师的权威，为的是把王权从神权下最大限度地解放出来。

武乙以前，运用焚烧甲骨的方法向天地鬼神祈祷，进而根据甲骨上的裂痕来猜测和解释天地鬼神意愿的，基本都是巫师（称为贞人，贞就是占卜的意思），商王很少亲自动手。武乙以后就不一样了，商王往往把巫师撇在一边而亲自占卜，并且自己来判断占卜的结果。从某种意义上来说，可能武乙倒是个绝顶聪明的人，他从内心根本就不相信天地鬼神那一套。

武乙以后是文武丁，文武丁以后是帝乙。

"帝"这个字原本是某种隆重的祭祀仪式，后来用来指代天的代表——天帝。商王认为自己是奉了天帝之命来统治人间的，先王死后也将回到天帝身边，所以逐渐地，对于去世的商王，就也尊称他为"帝"。

> 甲骨文中就有"帝"字，随着人间君主权力的日益扩大，本来专属于天上神灵的"帝"字，也逐渐开始用于人间，后期的商王多被称为"帝某"，正说明了这一现象。

帝乙靠着和西部日渐强盛的周方的联姻，改善了和西戎、北狄各部族的关系。但同时，东方开始出现动乱的迹象，尤其是一支名叫人方的东夷部族，多次骚扰、侵略臣服于商朝的东方诸侯。于是帝乙就亲率大军东征，在攸侯喜（攸国在今天河南永城和安徽宿县之间，侯是对臣服于商朝的诸侯的尊称，这个诸侯，名字叫喜）的协助下，连行军带打仗，花了整整一年的时间，才终于把人方给打败了。

但是东方并没有彻底平定，很快，人方就卷土重来，继续骚扰商朝的边境。到了帝乙的儿子帝辛在位的时候，再次派发大军东征，花了很大的力气，才终于平定人方。帝辛还把大量军队驻扎在东部，以防人方死灰复燃。

可是军队都调去了东面，西面却又闹腾起来，周方突然召集周边反感商朝统治的诸侯们，联兵东进，一举就攻破了商的陪都朝歌，灭亡了商朝。

帝辛就是商王纣，是中国历史上继夏后桀之后的第二个大暴君。商朝六百多年的基业，最终就毁在了他的手里。

文明的曙光
—— 从三代到春秋

```
上甲 —— 报乙 —— 报丙 —— 报丁 —— 示壬 —— 示癸  （先公世系）
 微      报丁     报乙     报丙     主壬     主癸
```

```
1 大乙、成、唐   2 大丁   3 大甲   7 大庚   10 大戊   11 中丁
  天乙、成汤      太丁    太甲    6 太庚    太戊      仲丁
                3 卜丙           沃丁    9 雍己    12 卜壬
                  外丙                  雍己       外壬
                4 中壬                  8 小甲   13 戋甲
                  仲壬                    小甲     河亶甲
```

```
14 祖乙   15 祖辛   17 祖丁   22 小乙 —— 23 武丁   25 祖甲   27 康丁
  祖乙     祖辛      祖丁       小乙      武丁     祖甲     康丁
         16 羌甲   18 南庚    21 小辛              24 祖庚   26 庚丁
            沃甲      南庚       小辛                 祖庚      廪辛
                              20 般庚                          廪辛
                                 盘庚
                              19 虤甲
                                 阳甲
```

```
28 武乙 —— 29 文武丁 —— 30【卜辞中无】—— 31【卜辞中无】
   武乙       太丁           帝乙             帝辛（受辛、纣）
```

商王世系简表

（在上的深色字为专家对甲骨卜辞的解读，
在下的浅色字为《史记·殷本记》所载）

第五章 青铜时代·周朝的勃兴

天作之合

周是中国西部的一个古老部族，周人认为自己的始祖名叫弃，大约生活在尧舜禹当王的时代。关于弃的降生，和商族始祖契的诞生一样，也流传着一个有趣的神话故事。

据说上古有个部族，名叫有邰氏，族中有名女子，名叫姜嫄。某一天，姜嫄和几名女伴一起出门游玩，在野地里突然发现了一个巨大的脚印。女伴们吓得直朝后缩，姜嫄胆子大，又充满了好奇心，竟然伸脚踩向大脚印，想要比一比差距究竟有多大。说也奇怪，她一踩上大脚印，突然好像有一股电流涌过全身，回家后不久就有孕了，十月怀胎，生下一个男孩。

因为这孩子的来历实在奇怪，族人不敢抚养，就抛弃在小巷里，想让牛马来踩死他，可是来来往往很多牲畜，却全都绕着这个婴儿走。这么一来，族人更害怕了，又把孩子扔到树林里，想让野兽吃掉他，可谁想正赶上有人砍伐树木，鸟兽一哄而散，没有谁来伤害这婴儿。

第三次，族人干脆把孩子抛弃在冰面上，试想冰那么冷，总会把这奇怪的家伙给冻死吧。但人们才刚离开，突然天上飞下来许多鸟，纷纷聚拢在婴儿周围，用自己的羽毛来覆盖他，用自己的体温来给他

文明的曙光
—— 从三代到春秋

取暖。

看到这种情景，人们纷纷议论："上天不让这孩子死，看起来不是恶兆，可能这是上天特意赐给我们的宝贝呐。"就把孩子捡了回来，交还给他的母亲姜嫄。因为被抛弃过很多次，人们就给这孩子起名叫做"弃"。

弃长大以后，非常善于耕种，五谷也好，各种蔬菜也罢，只要经过他的努力，全都生长旺盛，比别人种的强上许多倍。尧（另一种说法是大禹）听说了弃的名声，即召他来做农官，从此弃就被尊称为稷（某种粮食作物，指代农业）或者后稷。

周族早先的居住地是在河南西部和陕西东部，后来逐渐西迁，和西戎、北狄各部族混居在一起。但是西戎、北狄的大多数部族都靠游牧为生，周却是农耕民族，因为生活习惯不同，经常会闹矛盾、起冲突。于是到了后稷的曾孙公刘当族长的时候，就率领全族迁徙，最终落脚在泾水流域的豳（在今天陕西彬县、旬邑之间）。这地方灌溉方便、土地肥沃，最适合播种五谷了。

周族虽然东迁，但是西戎、北狄的势力也接踵而至，很快，周族就又被那些游牧民族给团团包围起来了。到了古公亶父当领袖的时候，为了避免冲突，三番两次地向戎狄进贡珠宝和牲畜，希望各族间能够和平共处。但是戎狄不讲信用，仍然多次侵扰周族的土地，古公亶父没有办法，只好再次向东南方向迁徙，最后到达岐山脚下。

这就是周朝的发源地，后世称为周原，位置是在今天陕西省的岐山、扶风两县境内。

上述的古史记载不可尽信。请注意，传说中周人的老祖母叫做姜嫄，姜、羌两字上古相通，而羌是西戎部族中很多方国的共用名，可见周人很可能具有羌人的血统，甚至本来就是西戎部族的一支。在殷墟甲骨文中，多次出现"周"这个族名，有时候称为周方（某方是指不服从商朝统治的部族、邦国），有时候称为周侯（侯是对商朝统治下诸侯的尊称），可见周对于商朝的统治一直若即若离。

古公亶父当周侯的时代，大约相当于商王廪辛、康丁的时代。到了古

第五章　青铜时代·周朝的勃兴

公亶父的儿子季历继位的时候，周已经彻底服从于商了，被商王武乙授予征讨周边方国的大权，协助商军对不肯服从的西戎、北狄各部族展开了全面进攻。

随着对山西北部和陕西中西部各部族的攻打和征服，周的实力越来越强，这就遭到了商王的猜忌。商王文武丁继位后，一开始重赏季历，还封他为"西伯"，也就是西方诸侯之长，但后来趁着季历到大邑商朝见的时候，却突然把他囚禁了起来。季历又羞又气，没过多久就病死了。

消息传回周原，周人拥戴季历的儿子昌继位，那就是历史上大名鼎鼎的周文王。

很多书上记载周文王的名字叫姬昌，这是不确切的。秦汉以前，男子称氏而女子称姓，不可混淆。

什么叫氏呢？氏是指代一个人身份地位的标志，所以奴隶和平民是没有氏的，只有贵族有氏。对于贵族来说，出身的部族、自己或父亲担任的官职，都可以做氏，这和世代相传、表示血缘关系的姓是完全不同的。

所以氏用来"明贵贱"，表示身份；姓用来"别婚姻"，同姓不能联姻。周国诸侯的姓是姬，但作为一名男子，周文王是不能把自己的姓和名连起来读的，而要把氏和名连起来读。

作为周族的领袖、周国的君主，对于周文王来说，最适合做氏的有两个字，一是族名或者国名"周"，一是表示身份的"侯"，所以可以称呼他为周昌，或者侯昌，而不能叫姬昌。秦汉以后，姓氏合流，人们才把姓名放在一起称呼。

因为父亲死在大邑商，所以周昌愤恨商朝的统治，打算叛商自立。正巧这个时候，商王文武丁去世了，并且东夷的人方开始闹腾了起来，继任商王的帝乙想要征伐人方，又害怕周人煽动西方各部族趁机造反，就改变策略，大力拉拢周昌。

首先，帝乙派使者去见周昌，为先王不明智的举动表示道歉，并且允许周昌继承"西伯"的头衔；进而建议把自己的妹妹嫁给周昌，两国联姻，

文明的曙光
—— 从三代到春秋

从此商朝把周族当一家人看待，周国也可以千秋万代地服从于商。

商朝是中国之主，是各方诸侯的领袖，在商人面前，生产、文化都相对落后的周人有一种天生的自卑心理，他们习惯上称商为"大国商"，而自称"小邦周"。所以商王和颜悦色地提出联姻的建议，周昌是不可能不答应的。于是他立刻准备了丰厚的聘礼，派遣使者前往大邑商去迎接帝乙的妹妹来周原，做自己的夫人。

> 西伯昌迎娶帝乙之妹，在《诗经》里记录了当时的歌谣，不但成就了"天作之合"，还产生了"小心翼翼"的成语，更使《周易》中出现了"归妹"的卦象和卦辞。

周朝曾有诗歌吟咏此事："文王初继位的时候，天配给了美好的姻缘（天作之合）……文王多么的喜欢，大国有位女眷；大国有位女眷，仿佛是高高在上的天仙。送达了丰厚的聘礼，文王亲自去渭水迎娶。造船搭成浮桥，大大地显示荣耀！"

但是两国的联姻，真能使周昌——现在也可以叫西伯昌——放下父辈的仇怨吗？事情并没有那么简单。

同一个模子的暴君

商朝的末代君主叫做帝辛，当然，那是后世给他加上的尊号而已，他的本名则叫做受，受、纣古时候同音，所以逐渐讹传为纣，俗称商纣王。

帝辛武艺高强，并且非常聪明，能言善辩——按照司马迁的说法，此人"智足以拒谏，言足以饰非"。

也就是说，不管谁提出不同意见，帝辛都能凭借自己的智慧找到反论，把对方驳斥得哑口无言；不管他犯了什么错误，都能凭借三寸不烂之舌找到借口，为自己开脱责任。不过，这位商王虽有天生的好禀赋，却根本不肯好好治理国家。

历代商王经常离开大邑商去周边地区狩猎、炫耀武力，为了方便休息，在王畿内建造了很多陪都。帝辛花费很大人力物力去修缮这些陪都，最重要的就是南面的朝歌（今天河南省淇县）和北面的邯郸、沙丘（今天河北省平乡县附近）。大概为了躲开整天进谏要他振作的大臣们吧，他经常待在这些陪都，不肯回大邑商去。

在大邑商附近有一个小小的诸侯，名叫有苏氏，因为土地狭小、物产不丰，所以给商朝的进贡一年比一年少。帝辛认为有苏氏是故意怠慢，就亲自领兵前去讨伐，有苏氏无力抵挡，只好在国中挑选了一名美女，叫做妲己，献给帝辛，请求退兵。

帝辛一见妲己的美色，立刻魂飞天外，急忙搂着美女就回朝歌去了。他在朝歌造了一座高台，名叫鹿台，整天和妲己待在鹿台上吃喝玩乐，再也不管国事。帝辛做的事情有多荒唐呢？史书中留下了"酒池肉林"的记载。

所谓酒池肉林，就是在宫中挖一个大水池，里面全都灌上酒，池旁的树上都挂上熟肉，找一些青年男女来一起舞蹈歌唱，渴了就喝池里的酒，饿了就吃树上的肉，通宵达旦，玩乐不休。

大臣们看到商王不理国事，纷纷前来进谏，帝辛根本听不进去，还把老臣商容给撤职赶走了。为了堵住大臣们的嘴，他甚至发明了一种"炮烙"之刑，也就是在大铜柱里面点上火，把人绑在铜柱上活活烤死，谁敢冒犯商王的权威，就要受此酷刑。可越是碰见残暴的君主，越会体现出臣子们的忠心。有个大臣名叫梅伯，丝毫不惧，直言进谏，结果真的被帝辛给残忍地杀害了。

当时臣服商朝的诸侯中，有三位地位最高，就是"西伯"周侯，还有鄂侯和九侯。九侯曾经把女儿献给帝辛为妃，因为不肯像妲己那样讨帝辛的欢心，帝辛一怒之下就把这女人杀了，还将九侯剁成肉酱。鄂侯

文明的曙光
—— 从三代到春秋

想为九侯求情，才说了几句话，就被帝辛处死，还挂起尸体来示众。正好这个时候，周昌到朝歌来朝见帝辛，见此情景，不禁长叹一声。

> 据说周文王被拘禁在羑里时，每天无所事事，就拿着小草棍儿推演，一不小心被他窥破了天地的奥秘，这就是奇书《易经》的由来。

马上就有个崇侯虎跑去打小报告："周侯见了鄂侯的尸体而叹息，肯定是不满大王您的作为，心怀怨恨。"帝辛听了谗言，就下令把周昌逮捕起来，关在大邑商南面的羑里监狱。

消息传到周原，周的大臣闳夭、散宜生等人急忙聚在一起商议，闳夭说："我听说商王是个好色之徒，他的宠臣费仲最贪财宝。咱们不如向费仲进献财宝，请他帮忙说情，再找个美女送给商王，他或许能够释放我主吧。"于是在莘国找到一个有莘氏的美女，在西戎各部族中搜集良马和宝玉，通过费仲向帝辛说情。帝辛看到有莘氏的美女，非常高兴，笑着说："周侯没什么大罪，光这一样就足以赎罪了，何况还有那么多好东西呢。"

于是立刻下令释放周昌，甚至还直截了当地对周昌说："都因为崇侯说了你的坏话，我本身还是信任你的。"周昌拜谢帝辛不杀之恩，然后飞一般地逃回周原去了。从此以后，他就下定了决心，一定要杀掉帝辛以报此仇，也一定要灭亡商朝，让自己的小邦周可以统治天下。

帝辛既聪明又武勇，但不把自己的才能用在正道上，贪图享乐，在攻打别国的时候，对方进献个美女他就高高兴兴地退兵了，曾经把自己的大敌囚禁起来，也是因为美女和财宝，竟然纵敌为寇——这些事情，怎么听起来那么熟呢？

没错，传说中夏后桀的才能和作为，与帝辛是一般无二的，正如帝辛一度囚禁周昌，桀也曾经囚禁过成汤，两人的事迹像是一个模子刻出来的一样。

历代新王朝推翻旧王朝，都要向天下宣告，旧王朝的末代君主是如何昏庸，或者如何残暴，所以上天才要惩罚他，才命令我发动"革命"，也就是改变天命，把旧朝的天命变成我新朝的天命。在这种情况下，往旧王朝末代君主身上泼脏水，那本是司空见惯的事。

古代就有学者指出，恐怕是古人把夏后桀和商王帝辛所做的恶事全都综合起来，进行过重新加工。那些恶事，桀所为的，是不是也算到了帝辛头上，帝辛所为的，是不是也算到了桀的头上，对此后人恐怕永远都搞不清楚。

不过，相比传说中的桀来说，帝辛在位的时候，商的威信并没有降到底点，国力并没有彻底垮台，帝辛还曾经派发大军去攻打并且平定了人方，似乎不像是个完全不理国事的昏君、暴君。商朝的灭亡，有一定的偶然性，很可能帝辛根本不能算是暴君，他只是犯了个战略上的大错误，才最终让周人趁虚而入的吧。

姜太公钓鱼

周昌逃脱牢狱之灾，回到周原以后，一方面装模作样地继续向商朝进贡，表现得忠诚无比，另一方面却稳步扩展势力，等待举兵造反的那一天。他在周原为商朝的先王盖了庙，经常前往祭祀，但在祭祀占卜的记录中，却已经开始自称为"王"了——周昌也就是后世所称的周文王。

某一日，周文王出门去狩猎，按照当时的规矩，打猎前先得烧龟甲占卜，看看上天是什么态度——是否允许我去狩猎呢？此行是否有所收获呢？猎物是多还是少呢？

巫师首先在火上烤乌龟的腹甲——这些腹甲上已经预先钻了很多小孔，一加热就容易开裂——然后根据裂纹来揣测所谓"上天"的旨意。巫师告诉周文王说："上天垂示，您这次出门打猎，猎到的不是龙也不是螭（传说中的无角之龙），不是老虎也不是狗熊，而是辅佐您成就霸业的贤人。"

文明的曙光
—— 从三代到春秋

听了这话，周文王非常高兴，所以一出城门就四处张望，看看贤人究竟在哪里。当来到渭水南岸的时候，远远地，突然看到一位白发苍苍的老者正在垂钓——这位老者气度不凡、仪态端庄，绝非普通百姓。

于是周文王就跳下马车，前去和老者相见，交谈一番后，他不禁喜笑颜开，说："我家太老爷（先君太公，指周文王的祖父古公亶父）曾经说过，会有圣人到周原来，振兴我族。那说的就是您吧！我家太老爷盼您很久了！"立刻请老者上车，跟他一起回城。

这位老者名叫吕尚，吕是他的氏，尚是他的名，他的姓则是姜，民间传说字子牙，所以也叫姜子牙。

古人有名有字，名是一出生老爹就给起的，是不那么恭敬的标志，所以尊贵的人或者辈分高的人，称呼低贱的人或者辈分低的人，就称名，自我的谦称也称名。字是成年以后才请长辈给起的，是尊称，所以低贱的人或者辈分低的人，称呼尊贵的人或者辈分高的人，就称字，平辈之间也称字。

不过最早有名有字的记载始于周朝，吕尚是不是真的有字，还是未知之数。

传说吕尚出身东夷部族，还曾经一度侍奉过帝辛，但他看到帝辛既残暴又不理国政，就辞职出走，跑到了周原——为什么来周原呢？因为听说周文王是当代难得的贤君，仿佛当年的成汤一般，所以想找机会面见周文王，为周国服务。

然而奇怪的是，吕尚的姓却是姜。咱们知道，周人的老祖宗姜嫄就姓姜，姜和羌原本是同一个字，来源于西戎部族。或许吕尚本来就是周人，或者是与周人同源的西戎某部族的人吧。

> 明朝许仲琳写了本把姜子牙作为串场主人公的奇书《封神演义》，以姜子牙辅佐周室讨伐纣王的历史背景，描写了阐教、截教诸仙斗阵封神的故事，包含了大量民间传说和神话内容。

不管是来自东方，还是西方，不管是不是周人，总之，吕尚就这样被周文王给相中了，带回城去担任重臣，还给他加上一个尊号，叫做"太公望"，意思是太老爷（太公）就盼着（望）的贤人——所以民间才有"姜太公"的说法。

太公望可能是中国历史上第一位军事专家，后人假借他的名字写过兵书《太公兵法》，尊他为军事家，甚至是权谋家的始祖。在他的辅佐下，周国的实力提升得更快了，军队战斗力也逐渐凌驾于商朝之上。

可是对于这一切，商王帝辛却丝毫也不加防备。据说有位大臣名叫祖伊，曾经提醒帝辛注意："周的力量越来越强，恐怕将不利于我朝。"然而帝辛却只是一撇嘴，冷冷地回复说："天命在商，他再有本事，又能如何？"

帝辛有个哥哥，名叫启，因为被封在微地，所以又叫微子启或微子。据说帝乙最喜欢微子启，一度想要立他当太子，可惜微子启的母亲并非王后，只是一个妃子而已，按照规矩，不是王后所生的王子是没有继承商王的资格的，帝乙最终只得作罢，把王位传给了帝辛。微子启是个聪明人，看出了商朝的危机，知道跟着兄弟帝辛，迟早会倒霉，于是就打算逃跑。他去找叔父箕子商量，箕子回答说："我也知道这条船会翻，然而我等乃是商的王族，怎么忍心逃走呢？"

微子启劝箕子："帝辛无道，残杀忠良，恐怕不等国家灭亡，他就会伤害叔父，您若不逃，怎样保全性命呢？"箕子摇摇头："我有办法，你要走，就自己走吧。"

箕子有什么办法呢？原来他害怕帝辛惩罚，干脆装疯卖傻，跑去跟奴隶们混在一起。帝辛听说了此事，大为恼怒，立刻下令把箕子给囚禁起来——这也是箕子的目的所在，不怕你把我关起来，起码你不会杀我的头，也不会架我上炮烙了。

有位元老名叫比干，可能也是商的王族，见到箕子被囚，就跑去质问帝辛。帝辛恼羞成怒，下令杀死了比干，甚至还剖腹挖心，警告元老重臣们不得再非议商王的决定。

文明的曙光
——从三代到春秋

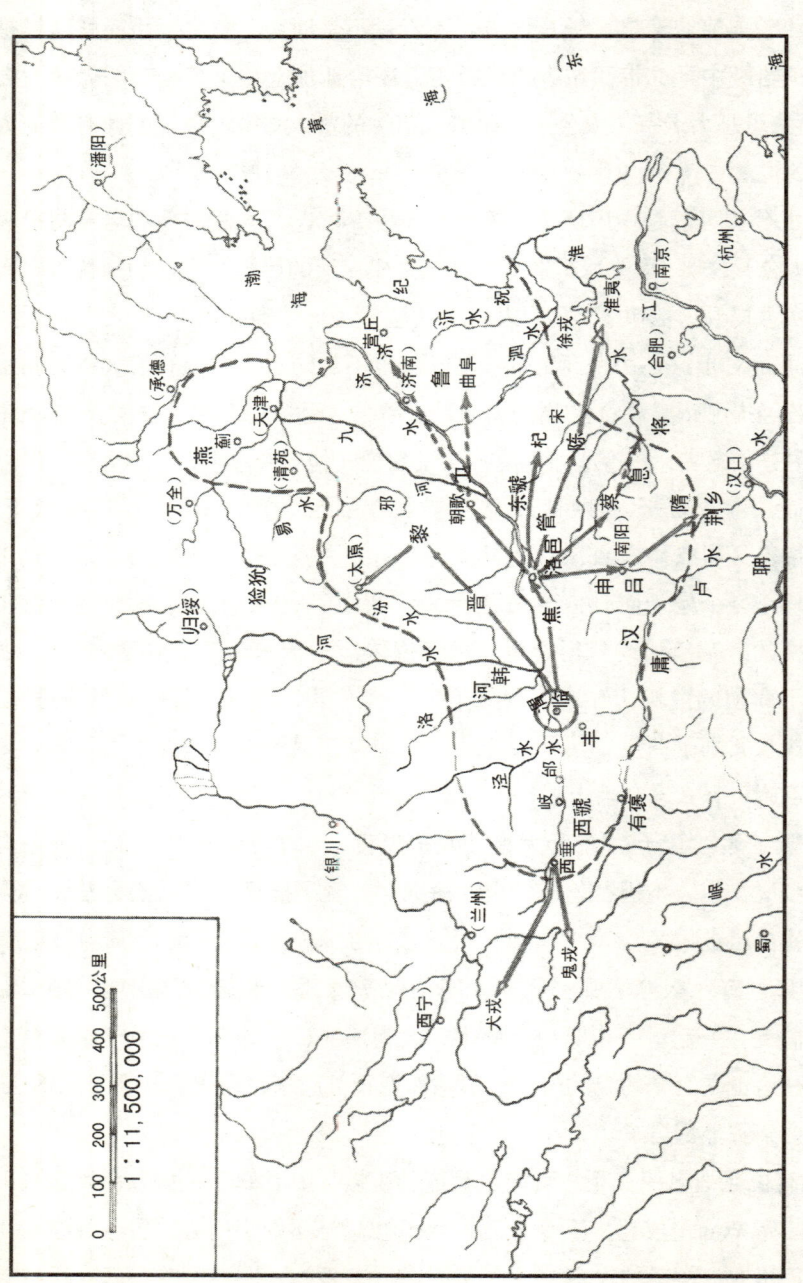

西周势力发展概况图

罢免商容、炮烙梅伯，冷了大臣们的心；剁碎九侯、处死鄂侯、逮捕周侯，使得诸侯们离心离德；现在又吓跑微子、囚禁箕子、挖了比干的心，就连王族也都不和商王一条心了。商朝到了这个时候，似乎真的走到了无可挽回的末路。

军事实力强大以后，周文王就发兵进攻崇国，杀死了那个曾经在帝辛面前说过自己坏话，导致自己在羑里蹲了好一阵子大牢的崇侯虎。随即他就把都城从周原迁到了原属崇国境内的沣水西岸，新都叫做丰，距离大邑商又近了好几十公里。

看到周的国力昌盛，诸侯们纷纷前来朝见——表面上那只是对"西伯"的拜望而已——据说周的实际控制范围已经超过了商朝。眼看时机成熟，可以起兵伐商了，然而迁都到丰的第二年，周文王却因年老而去世，未能完成夙愿。

周文王死后，传位给儿子周发，后世则称为周武王。正是这个周武王，继承父亲的志向，起兵造反，终于灭亡了"大国商"，大大振兴了"小邦周"。

烂龟壳哪有灵性

周发继承周王之位（周昌晚期就已经自称为王了），后世称为周武王。主要辅佐周武王的重臣，有如下四位：太公望、周公旦、召公奭和毕公高。

周公旦一般写作姬旦，咱们前面说过，那是以姓加名，秦汉以前没有那么称呼的，只能称呼他周公旦或者周旦。周是他的封地，指的是周原，周文王把都城迁到丰以后，就把老祖宗的周原之地封给了自己的儿子、周武王的弟弟周旦——由此可见，此人的地位有多么重要了，权势有多么煊赫了。

召公奭，也可以叫他周奭或者召奭，召是封地，在周原的西南部，他

文明的曙光
——从三代到春秋

是周文王的侄子、周武王的堂兄弟。

毕公高，也可以叫他周高或者毕高，毕是封地，在丰都的东北方，据说是周文王的陵墓所在地。毕公高也是周文王的儿子、周武王的亲兄弟。

由此三人来推算，或许太公望也是周的王族出身吧，或许说他的氏是"吕"，是指周文王在西方给他的封地吧。出身东夷、祖先的封地是吕等等，大概都是后世的附会。

周武王继位九年以后，前往毕地去拜祭父亲的陵墓，趁机在黄河岸边的孟津搞了一次阅兵，即所谓"观师孟津"。据说听到消息的四方诸侯纷纷带了兵马前来会合，竟然达到八百多家。大臣们都说："看起来人心所向，我军必胜无疑，立刻展开伐商的行动吧！"然而周武王却摇摇头："还有很多诸侯没来，可见时机未到。"

于是原路退回，不再刺激商朝。又等了两年，等一切都准备充分了，他才正式起兵。

起兵前，按照规矩先得占卜吉凶。鬼神之事当然无稽，或许龟甲上的裂纹实在导不出好的推算，也或许是负责的巫师不同意伐商，故意曲解，总之，占卜的结果是"大凶"。

大臣们都慌了，纷纷劝说周武王："看起来上天不同意咱们起兵，还是再等一段时间看看吧。"众议难违，周武王也有点动摇了。就在这个时候，太公望突然大步迈到火旁，一把抢过龟甲来扔到地上，然后两三脚就给踩碎了，同时大呼：

"一切都已准备停当，现在发兵，是最合适的时机，怎么能犹豫呢？虽然龟能够活千年万年，是种灵物，但既然已经死了，几块烂壳哪有灵性？要我说，听信烂龟壳的话，贻误了大好时机，那才是违背上天的旨意哪。帝辛无德，上天要我们去惩罚他，这才是真正的天意！"

一通怒喝，大臣们全都吓得目瞪口呆，再也没有人敢反对出兵了。于是周武王就点集兵车三百辆、虎贲（敢死队）三千人，以及步兵四万五千

第五章　青铜时代·周朝的勃兴

人，再次浩浩荡荡地开到了孟津。

商朝西北、北方、西南、南方各处的诸侯们纷纷领兵前来会合，当各路人马到齐以后，周武王举行了誓师大会，并且发表演说：

"各位诸侯、各位将士，你们听我说。天地是万物的父母，人是万物之灵，只有特别聪明、特有才干，比所有人都强的人才能做天子，天子就好比是人民的父母，要爱护人民。可是现在的商王不敬上天，祸害百姓，沉湎于酒色；他听信妇人之言，不祭祖宗；他遗弃同族兄弟，却任用有罪之人；他囚禁和杀害忠良，浪费民力，大修宫殿。这般暴虐之人，上天要他灭亡！希望大家和我同心同德，一起来消灭他！"

> 据说武王伐纣的时候，还抬着周文王的"木主"，也就是周文王的牌位，跟随大部队进军。这也是武王出兵的一大借口——我老爹的遗愿呐，我得替他完成呀。

诸侯联军在孟津渡过黄河，折而北上，直取商朝的陪都朝歌。这时候商军的主力部队还驻扎在东夷地区，仓促间来不及回调，帝辛只好把大邑商，以及朝歌、沙丘等陪都的守军全都集中起来，一点人数，只有一两万而已。可是周光本部兵马就有四五万呀，更别提还有诸侯的援军了，这仗可怎么打？

也不知道是哪个笨蛋给帝辛出的主意，说："在王畿种地、做工的奴隶还有好几十万，不如发给他们武器，让他们去抵挡叛军吧。"帝辛皱皱眉头："奴隶又没有经过军事训练，怎么能打仗呢？"对方回答说："只要人足够多，总有胜利的希望。况且，只需要顶住敌军一两个月，等征伐东夷的大军回来，那就什么都不怕了。"

帝辛没有办法，只好依计而行，果然聚集了大量奴隶，史书上说有七十万之众，肯定是夸张啦，但对应诸侯联军近十万，就数量上来说，肯定不落下风。

两军在朝歌南郊一个叫牧野的地方列开阵势。商军把奴隶们排在阵

文明的曙光
—— 从三代到春秋

前，想要拿他们当炮灰，阻挠联军前进，可那些奴隶本来就对奴隶主们恨之入骨，哪儿还肯为帝辛作战呢？于是战斗才一展开，就有大群的奴隶突然倒转武器，反而帮助联军杀向列在阵后的商军——"倒戈"这个词，就是这么来的。

在奴隶们的倒戈下，商军瞬间崩溃，联军顺利攻入了朝歌。帝辛眼见四面八方都是敌人，知道自己跑不了了，为免被俘受辱，他就登上鹿台，点一把火自焚而死。

听到消息的周武王立刻乘车驰到鹿台之下，在诸侯和兵将们的注视下，完成了一系列代表战胜的仪式：首先，朝着鹿台连射三箭；然后跳下车来，拔剑对鹿台连挥三下；第三步，把帝辛烧焦的尸体搬出来，周武王亲自挥舞黄钺（代表君主权威的黄色斧钺），砍下帝辛的头，挂在大白旗上。

部将来报，说帝辛的两名宠妃——妲己和有莘氏之女——也都自缢了。周武王冷哼一声："都是这些妖妇蛊惑商王，祸害天下。"下令把二女的尸体搬来，他把仪式再做一遍：先射箭，再挥剑，然后用玄钺（黑色斧钺）砍下二女的首级，挂在小白旗上。

翻看中国古代史，我们会发现，几乎每个昏君或者暴君身边，总有一两名妖异的宠妃——似乎没有女人的迷惑，男人就不会变坏。这当然是歧视女性的传统在作祟，反正昏君也好，暴君也罢，只要已经成年，身边不会没有女人，脏水总有地方可泼。

传统所谓女主内、男主外，国家大事，那是男人的专利，女人是不能干预的。倘若干预了国家大事，不管说的话、插的手有没有道理，都算是女人的大罪。女人要是不干预国事呢？也还有帽子可戴，比如"妖媚惑主"。

不过在这些表面上污蔑女人，事实上是为男人开脱的故事中，还存在着一个特色，那就是迷惑君主、万世唾骂的女人，基本上都不会是正妻，而是小妾。因为在古人看来，夫妇之道至高至大，为的是延续后嗣，尤其对于君主来说，那肯定不能欠缺。除非有实在难以原谅的大罪，古人是绝对不鼓励夫妻离婚的。小妾就不一样了，虽然妾也有生育后嗣的责任，但那是锦上添花，多你一个不多，少你一个也不少，妾就如同一件物品一般，可以随时抛弃，甚至可以送人。所以脏水往往都朝这些小妾泼过去。

夏有妹喜、琬、琰，商有妲己、有莘氏之女，就都是这种偏见的牺牲品，可怜地背负上了千古骂名。

周公篡位的谣言

根据夏商周断代工程的考证，周武王伐商是在公元前1046年。

周灭商与商灭夏的情况有所不同。成汤在灭夏以后，基本吞并了夏地，但周武王只是趁虚而入占领了商朝的王畿而已，商在东方和北方还有大量同族或友好的诸侯存在，帝辛灭人方，驻扎在东夷地区的军队据说也有数万甚至十余万人，小邦周是没法一口把大国商给彻底吞并了的。

怎么办呢？要怎样才能站稳商朝故地，使这个统治时间长达六百余年的大国不再死灰复燃呢？

在和兄弟周公、毕公等人商量过以后，周武王最终决定依靠分封制来逐渐消除商朝的影响。

> 宗法制度据说就是在周朝完备的，一个宗族分为大宗和若干小宗。周天子是全天下的大宗，天子除嫡长子以外的其他儿子被封为诸侯，诸侯相对天子而言是小宗，但在他自己的封国里就是大宗。诸侯除嫡长子以外的儿子被封为卿大夫，卿大夫对诸侯而言是小宗，但在他的采邑内却是大宗，以此类推。

首先，因为在中原地区还有大量商人不肯服从，周在代商成为"天子"以后，就封帝辛的儿子武庚为诸侯，让他统治商的王畿地区。当然，这只是权宜之计，周武王不会放心武庚的，于是就把自己的亲兄弟叔鲜（叔是指君王的兄弟）封在管（今天河南省郑州市）、叔度封在蔡（今天河南省上蔡县），名义上是让他们辅佐武庚，治理商民，实际上充当监督之职。管叔鲜、蔡叔度，加上武庚，就统称为"三监"。

此外，周武王一方面承认很多原本臣服于商的诸侯的地位，只要他们转换门庭，向周进贡，就绝不剥夺他们世袭的领地；另一方面大封兄弟和同族，除了管、蔡以外，还新封了康、霍、曹等一大群诸侯。

商朝的同族诸侯太少啦，封地也不够广大，倘若在自己突袭朝歌的时候，那些同族诸侯有力量赶来救援的话，恐怕自己没那么容易得手。这个教训必须汲取，只有大封同姓诸侯，"以藩屏周"，也就是说当天子的辅佐，当王畿的屏障，才能保证周的江山千年万代，永远繁荣，不会被外族给夺了去——周武王肯定是这样筹划的吧。

可谁想到，诸侯就是诸侯，不管是否同族同姓，他们力量强大以后，就都不把周天子放在眼里了，周最后就是亡于诸侯之间的争斗的。无论是周武王、贤明的周公旦，还是计谋无双的太公望，当时肯定都没有预见到。

周武王灭商以后，在沣水东岸建造了一座新的、更符合他天子身份的都城，与旧都丰隔着沣水遥遥相望，这座新都名叫镐，又称镐京、宗周。

新都建立起来了，新的分封制度逐渐完善，社会重新安定下来，可还没来得及享受这安定的世道，周武王就突然因病辞世——距离灭商才仅仅四年的时间而已。

周武王临终前把王位传给了儿子周诵，也就是周成王。传统认为周成王继位的时候还没有成年，无法治理国事，所以周武王就委派兄弟，同时也是最得力的助手周公旦摄政。这种说法可能是不准确的，根据对一些比较古老的文献的研究，周成王继位前应该就已经行过冠礼了。

古代的贵族男子，二十岁行成人礼，由长辈给起一个字，并且得到了戴冠（束住发髻的小帽）的资格，所以叫"冠礼"。相对的，贵族女子是

第五章　青铜时代·周朝的勃兴

十五岁行成人礼，把原本披散的头发扎束起来，插上一支笄（发钗），所以叫"笄礼"。对于周成王来说，继位时已经超过了二十岁，并不存在年幼而无法管理国家的说法。

可是不管周成王是不是年幼，周公摄政却是事实，他在朝堂上说一不二，权威太重，自然就引起了别人的不满。第一个不满的是周成王本人，他总觉得自己被叔父给架空了，像是个提线木偶；周武王的其他一些兄弟也怀有怨言，尤其是管叔和蔡叔——

"你在朝里吆五喝六，作威作福，我们倒在遥远的东方当'狱卒'，都是武王的兄弟，为啥待遇差那么多呢？"

受到这两人监视的那位商王子武庚，一直想要寻找机会复国，他敏锐地察觉到了管、蔡的心思，于是就跑去怂恿："周公擅权，一定是想要篡位，您二位都是武王的兄弟、当今天子的叔父，可不能坐视不理呀。"管、蔡听了这话，觉得有道理，于是就和武庚商量，不如咱们联兵一处，杀向镐京，除掉周公吧。

在起兵之前，三监先做了大量的舆论工作，派人到处去散布谣言，说周公想要取代当今天子，自立为王。谣言传到周成王的耳朵里，周成王越想越是害怕，于是就跑去祭祀周武王，想请父亲在天之灵指点迷津，要怎样才能保住王位。

他来到宗庙里上香设祭，突然发现在周武王的牌位后面摆着一方小木匣，就问左右侍从："那是什么？"侍从回答说："当年先王病重，周公斋戒沐浴，前来占卜病情，完了就把整个过程记录下来，封在匣子里，关照说有关天意，谁都不可以打开来看。"

周成王听了这话，心里不禁"咯噔"一下，心想难道叔父想要篡位，那么早就起了意，还趁着先王病重之际去向上天求问吉凶吗？立刻下令："我是天子，可以不理周公的严令，马上把匣子打开，看看写的什么。"

等打开木匣，一看记录，周成王不禁喟然长叹。原来记录的内容是周公向上天和祖先祷告，请求祖先不要召去周武王，倘若一定要有后辈子孙去天上服侍的话，那就取走他的性命吧——"我愿意用自己的性命来代替兄长。"

"原来叔父如此忠诚，不惜抛弃生命，也要保护先王。我错疑了叔父呀，他是一定不会篡位的。"周成王又是感激，又是惭愧，急忙召见周公，把自己先前的忧虑和所听到的谣言向周公和盘托出，请求周公的原谅。

周公连连磕头，回答说："都是臣的过失，陛下才会怀疑臣，错不在陛下。然而，某些人到处散播谣言，居心叵测，希望陛下能够追查来源，预做准备。"

于是顺藤摸瓜，很快就查到了谣言的源头是三监，并且查到他们正在召集人马，密谋反叛。于是周公急忙找来召公、毕公和太公望，商讨对策。太公望一拍桌案："还需要什么对策？发兵讨伐就是。正好趁着这个机会，把商人的势力连根铲除！"

东征和分封

周朝灭亡商朝，并非一蹴而就，而是分为两个阶段。第一个阶段，周武王在孟津大会诸侯，然后直取商朝的陪都朝歌，杀死了帝辛（也就是商纣王）；第二个阶段，周公旦、召公奭和太公望等人率军东征，讨伐商王子武庚，以及党同武庚作乱的管叔和蔡叔。

三监还没有做好万全的准备，讨伐大军就汹涌杀来，吓得他们魂飞魄散，好不容易召集起来的军队，眨眼间就四散奔逃了。于是周公下令处死武庚和管叔，把蔡叔处以流放之刑。

周成王随即亲自跑到东方来巡游了一番，把朝歌封给了自己的叔父周封（康叔），国名为卫，并且找到流落民间的帝辛的哥哥微子启，封他做诸侯，以表示不绝商朝的社稷，来笼络商人——这个微子启看起来老成持重，也没啥野心，想来不会像武庚那样寻机造反吧。

第五章 青铜时代·周朝的勃兴

微子启的封地在今天的河南省商丘市——听商丘这个地名，就知道和商朝有关了——封国名为宋。不过这时候的宋国，实际控制区域非常狭小，和曾经统治整个中原地区的商朝不可同日而语，哪怕比起当年武庚的封地来，也要缩水好多倍。

为了牢固地控制商朝王畿，周成王还下令给周公，在洛水北岸修建一座陪都，名字就叫洛，也称为洛邑、成周——也就是今天的河南省洛阳市。

洛邑建成以后，周公继续率军东征，前去讨伐和商人关系较为密切的东夷、淮夷各部族。

东夷部族大约生活在今天河南省东部、河北省中南部，以及山东半岛；淮夷是东夷的分支，主要生活在淮河下游，今天的江苏、安徽一带。当时在山东地区有两个强大的方国，一个叫奄，一个叫薄姑，拥戴一个名叫禄父（一种说法，禄父就是武庚；还有一种说法，他是武庚的儿子）的商人贵族为王，与周军对抗。

在周公的统率下，在太公望的谋划下，周军一路势如破竹，很快就灭亡了奄和薄姑，周公还派召公转道北上，把山西、河北北部地区也彻底平定了。然而，虽然奄和薄姑灭亡了，在王朝东部和东北部地区仍然存在着不少同情商人的方国，虽然势力普遍不大，但要是得着机会联成一气，还是难免会闹乱子的。于是周公上奏周成王，请求再封诸侯，以稳定这些地区。

经过考虑，周成王就把周公旦封在奄，国名为鲁；把太公望封在薄姑，国名为齐；把召公奭封在东北边境，国名叫匽；把兄弟叔虞（曾一度反叛，被召公征服）封在唐，改名为晋。

按照传统的说法，周朝分封诸侯，分为五等爵位，也就是公、侯、伯、子、

> "封建"原指一种分封的政治制度，即"封邦建国"，天子把爵位、土地分封给亲戚或功臣，使之在该区域内建立邦国。所谓封建社会只是借用"封建"一词而已，事实上封建社会并不一定实行分封制度。

男，高低秩序有别。公爵有宋公、周公、召公、毕公，等等；侯爵有鲁侯、卫侯、齐侯、陈侯，等等；伯爵有郑伯、燕伯、秦伯、杞伯，等等；边远地区的外族大多封为子爵，比如楚子、吴子；还有少量男爵，比如许男。

然而这种说法，恐怕都是后世的附会。

事实上，当时周朝只有两等爵位而已，并且不分高低。我们知道，周在灭商前后，在其统治中心，也即王畿内，就分封有诸侯，比如周、召、毕，等等。周公东征以后，周的王畿以宗周和成周为中心，包括陕西南部和河南省大部分，受封在王畿内的，都是在朝中做官，直接侍奉周天子的重臣们。

但是经过周武王灭商和周公两次东征、召公北征以后，周的实际控制区域越来越大，超过王畿很多倍，王畿外的土地倘若全都归于原本商朝的诸侯，实在太不让人放心了。于是从周成王开始，就大肆分封同族和功臣到偏远地区去，这些王畿外的诸侯，包括鲁、齐、匽、晋，等等。

王畿内的封地大多切割得很小，称为"采"，王畿外的封地则相对较大，称为"国"。采是真正意义上的封地，国则兼具守土和监视周边方国之责。所以王畿内的诸侯们不允许互相串联和会盟，王畿外的诸侯们，为了抵御外寇，或者讨伐外族，则可以串联和会盟。

某些大家族，在受封之日起就分为了两支，一支继承王畿内的采，另一支则领受王畿外的国。比如周公受封在鲁，可是并没有因此剥夺他周公的头衔和在周原的采，周公也不必要离开周成王身边，跑到遥远的山东去。事实上，鲁国第一任诸侯乃是周公的长子伯禽，周公之位，则由别的儿子继承下去。

再比如，召公仍然拥有召地的采，匽国的首任诸侯是他儿子，根据考古发现，这个人可能叫旨，或者克。顺便一提，匽也写作郾（右侧的阝，本写作邑，也就是城），汉朝以后，把这个名字改写成了咱们熟悉的"燕"。

至于齐国，太公望倒是亲自前往就封，披荆斩棘，好不容易才在林立的东夷各小国中杀出一条血路来。

公、侯、伯、子、男，都是因应不同情况、背景，对贵族男子的尊称而已，并非指爵位的高低。

包括新封和承认旧有，周朝一共分封了多少诸侯呢？可惜，并没有确切的总数可查。不过古书上记载了几个数字，可作参考：

《左传》上说，周武王的时代，分封他的兄弟十五人，其他同姓诸侯四十人；《荀子》上说，周公分封了七十一国，其中同姓的五十三国。《吕氏春秋》上的数字最吓人，说周朝新封的诸侯有四百多，旧有而臣服于周的诸侯有八百多。

总之，周代分封的诸侯，包括王畿内和王畿外，大大小小，起码在一百以上，那应该是不会有错的。

顺便再说一说曾经被帝辛囚禁起来的那位箕子，古史记载，箕子在朝歌被攻破以后逃出生天，一路朝东北方向流亡，最后聚集了不少商人，一直逃到朝鲜去了。周武王曾经下旨召箕子来朝，箕子不敢不遵，就携带大量贡品来到镐京，表示愿意接受周天子的领导，从此也成为周朝的一镇诸侯。

不过这种说法很可能并不确切，以当时周朝势力的辐射区域来看，顶多达到河北东北部和辽河上游，不会进入朝鲜。箕子若真的跑去了朝鲜半岛，天高皇帝远，他还会搭理周武王的召唤吗？

种种记载都表明，箕子不可能逃去朝鲜半岛那么遥远的地方，因为据说他确实到镐京去朝见周武王了，还在回国途中路经殷墟，哀伤垂泣，大大概叹了一番。还据说当周成王把兄弟叔虞封在晋的时候，箕子曾经有预见性地说了一句："晋是一定会强大的。"倘若远在朝鲜半岛，他能够准确地得知这一消息吗？就算得知此事，他说的话会再顺利地传回中原来吗？

很可能箕子最终落脚的地方，只是河北东北部和辽河上游一带，要等数百年后，燕昭王整兵经武，极大地扩展了燕国的势力，才终于灭亡了箕子国，把其遗民赶到辽东地区和朝鲜半岛去了。

中外历史大事对照表（一）

世界	中国
约前3500年，两河流域形成苏美尔诸城邦	
约前3100年，美尼斯统一上下埃及，前王国建立	
约前2686年，埃及古王国开始	
约前2500年，印度河流域产生哈拉帕文化	约前25世纪，在山西陶寺产生了最早的城市
约前2371年，两河流域出现阿卡德王国	
约前2133年，埃及中王国开始	
约前2000年，克里特岛产生王权	约前21世纪，禹死启继，传说中的夏朝开始
约前1894年，巴比伦第一王朝诞生	
	约前18世纪，偃师二里头出现可容纳两万人的巨城
约前1674年，喜克索斯人占领埃及	
约前1600年，希腊出现迈锡尼文明	
约前1595年，赫梯攻灭巴比伦	
约前1570年，埃及新王国开始	约前16世纪，商汤放桀，商朝建立

续表

世界	中国
	约前 14 世纪，盘庚迁都到洹河流域
约前 1296 年，埃及和赫梯缔结和约	约前 13 世纪，武丁在位，商朝的国势达到顶峰
约前 1200 年，希腊多利安人南下，灭亡迈锡尼王国	
	约前 1046 年，周武王伐纣，西周王朝建立
约前 1000 年，大卫建立犹太王国	

第六章　青铜时代·西周的衰亡

楚人的诡计

从周公开始摄政，到他完成东征，把政权交还给周成王，前后一共七年的时间。根据考古发现，周公曾经用天子的口吻来自称，所以也有人说他事实上当了七年的周天子。

周公旦在中国历史上，一直有"圣人"之称，并不仅仅因为他辅佐周武王攻打朝歌，其后又两次东征，彻底灭亡了商朝，而在于据说他是礼乐制度的制定者。这套礼乐制度，后来经过儒家学派的鼓吹，成为几千年来中国上层社会的行为规范，对于中华民族文化思想的形成和发展，影响相当巨大。

商和周，是完全不同的两个民族，两个朝代，文化差异有如天渊之别。商人极端迷信和追求华丽，商代的青铜器装饰华美、纹样细腻、构思精巧，充满了神秘感；与之相对，周人的迷信色彩较薄，周代的青铜器非常质朴，花纹很少，更显端庄。

商人一年到头，几乎每天都有祭祀活动，几乎每做一件事都要占卜，巫师在国家政治中的地位很高。所以商朝统治百姓和诸侯国，主要靠的是神权，是六百年基业所积累的商王得天独厚、至高无上的神话，以及由神权所产生的严格的法律制度。

周以小邦，瞬间灭亡大国，周王的神性还不突出，如果学商朝那一套，恐怕东施效颦，反而会弄巧成拙。怎么办才好呢？除了完善法律制度以外，就只能靠宣扬礼乐了。

所谓礼乐，就是一整套礼仪和音乐制度，上起国家祭祀，下到个人修养，无所不包。法律虽然有效，但法律从来只能约束奴隶和平民，却往往约束不了贵族，只有礼乐才能约束贵族，从而维持良好的统治秩序。

法律有强制性，有惩罚，礼乐则靠自觉，靠舆论引导，其实更像是社会道德，只不过是国家所规定的，贵族们才有权遵守的官方道德而已。

让出摄政之位，甚至也有可能是让出王位的周公，回到采地周原养老，不久后就去世了。他遗命要安葬在成周

> 西汉的景帝、武帝之际，河间献王刘德从民间征得一批古书，其中一部名为《周官》，儒生又取《考工记》补文。到王莽时，《周官》被列入学官，并更名为《周礼》，托名到"圣人"周公的名下。

也就是洛邑，大概希望自己在死后也能继续为周朝镇定东方吧。但是周成王却下令把周公安葬于毕，在周文王陵墓的旁边，表示不敢以周公为臣，把他当做先王一般来看待。

据说周成王在亲政后，又当了三十年的天子，才辞世而去，传位给儿子周钊，也就是周康王，并且任命召公、毕公担任辅佐——有可能是召公奭和毕公高，更可能是他们的继承人。

据说太公望死于周康王六年。民间传说姜太公七十岁得遇周文王，其后周武王在位十一年伐商，又四年驾崩，周公摄政七年，周成王在位三十年，也就是说，这位周朝的开国大功臣，起码活了有一百二十八岁……这真是异想天开的事情。或许周文王当年在渭水旁遇见的那个钓鱼人（倘若真有此事的话），根本就不是一位老者吧。

文明的曙光
—— 从三代到春秋

周康王也是一代贤君,在位大约二十六年。经过周成王、周康王两代比较开明的统治,周的国力大为增强,这个新兴王朝呈现出前所未有的蓬勃生机,史称"成康之治"。

周康王以后是周昭王。周朝起于西垂,即便不和西戎各部族是一家,经过多年的共处,也都相处融洽了;周公东征,又大致平定了东夷各族;召公北伐,给了北狄部族以沉重打击;所以周昭王想要对外扩张,就把进攻矛头指向了南方。

南蛮部族主要生活在长江中游和汉水流域,其中势力最大的是荆蛮。

荆蛮因为居住在今天湖北省北部、汉水流域的荆山一带而得名,商代叫做荆方。据说当年周文王曾经亲自跑到荆山去见荆蛮的首领鬻熊,商定联合伐商。但在周武王进攻朝歌的时候,诸侯队列中却看不到荆方的身影——此时鬻熊已经去世,或许正在世代交替的混乱之中,所以未能协同出兵吧。

等到周成王时代,突然想起了这个老盟友,于是就派遣使者,前去册封鬻熊的玄孙熊绎为诸侯。

这个荆国刚建立的时候,势力还并不大,并且和南方的楚蛮各国矛盾重重,经常爆发战争。这回有了周朝做靠山,荆国大抖起了威风,很快就打败了楚蛮各国,并吞了他们的领土,从此,这个国家也被称为"楚国"。

楚国的文化深受商人影响,一样的迷信鬼神,和周朝的礼乐制度格格不入,所以总被中原各国看不起。加上地处偏远,生活相对贫困,周天子也就不要求他们进贡什么好东西,每年送上一定数量的苞茅、桃弧和棘矢就可以了。

所谓苞茅,乃是一种茅草的嫩芽,在祭祀典礼上用来过滤酒的原浆,这样滤去杂质的发酵酒又清又醇,才能拿来敬献上天和祖先。桃弧就是桃木弓,棘矢就是荆棘箭,都是辟邪之物,也都是宗教用品。

在周天子大会诸侯的时候，因为传说楚国的祖先乃是火神祝融，历来都崇拜火，所以楚国国君就受命守护祭天的火炬——熊绎本人是颇以这种职务为荣的，但他的后世子孙却认为这是中原人对自己的欺辱，反倒以之为耻。

就在周昭王在位的时候，楚国的势力逐渐膨胀，对于周天子也不那么恭敬了，不仅一连多年不肯进贡，就连周天子大会诸侯，楚国国君也经常借故不肯出席。于是周昭王就点集兵马，南下伐楚。

一开始战事还算顺利，周昭王一路走，一路大封诸侯，把夺取的土地都封给了同族显贵，也就是所谓的"江黄十二国"。可是当他就地征集船只，南渡汉水的时候，却上了楚人一个大当。

原来楚国人把好几条船都给拆散了，用一种遇水即溶的胶水重新再粘合起来。出生黄河流域的周昭王根本看不破这种诡计，得意洋洋地就上了船。结果船到江心，胶水溶化，突然间毫无征兆地就四分五裂了，周昭王翻身落水，等到被救上来的时候，已经脸色发青，呼吸微弱，没多久就一命呜呼了。

天子丧命，周军只好垂头丧气地回了国。因为天子竟然是中了楚人的毒计淹死的，说出去实在有损威信，所以只声称周昭王是因病而亡，把这件事暂时给含糊了过去。

穆天子西游

周昭王以后是周穆王，他是个充满了传奇色彩的周天子。

周穆王时代，一方面继续南征，把楚国彻底压服——鉴于父亲被淹死的教训，没敢过于深入——另一方面开始把扩张的矛头转向西面，派兵攻打犬戎。

犬戎是西戎部族的一支，游牧在今天陕西西部和甘肃南部一带。这个

文明的曙光
——从三代到春秋

部族的名字，音译是猃狁，因为比较靠西，也叫西戎，犬戎很明显是周人对他们的蔑称，说他们像狗一样，是畜生。周穆王西征犬戎，打了几个大胜仗，并且就此衍生出"穆天子西游"的传说来。

据说周穆王是个喜欢狩猎、喜欢旅游的天子，为了能够跑更远的路，他非常重视良马的饲养，并且找到了一位养马高手，名叫造父。

> 中国历史上最出名的有三次"西游"，周穆王西游可以说是第一次，玄奘法师前往印度求法是第二次，长春真人丘处机远赴中亚细亚则是第三次。

造父姓嬴，他的祖先名叫大业，据说是一个名叫女修的女子，在织布的时候吃了颗燕子蛋而怀孕生下的——这明显是商人神话的翻版。大业的儿子大费（即伯益），据说曾经协助过大禹治水。

造父进入周穆王的宫廷以后，花了不几年的时间，就培养和训练出八匹良马，据说都能日行千里，奔跑起来比风还快，称为"八骏"。周穆王非常高兴，就把王畿最西面的一块土地封给他做采，其后犬戎入侵，王畿向东方收缩，这块采就改成了国，协助周军镇守西境，定名为秦。

放下日后大放异彩的秦国暂且不提，先说这位造父，不仅马养得好，还善于驾车，跑起来又快速又平稳。周代的马车技术，比起商代更为进步，商人基本上还是两马拉车，周人却已经普及了四马拉车，这在世界历史上都是绝无仅有的。驾驭四马，技术难度很大，但四马若真能步调一致，跑起来当然比两马要快得多。

周穆王西征犬戎的时候，就让造父为他驾车——他当然不可能把八骏都拴上，八马不是不能拉车，但只能慢走，根本跑不起来，想要八匹马步调一致，实在是太困难了——可别小看这驾车夫的职务，当时贵族必须要学习六门技艺，就是礼、乐、射、御、书、数，御就是驾马车，平民是不会驾车的，尤其是四马拉车，所以给天子驾车的，肯定是高级贵族。

第六章　青铜时代·西周的衰亡

据说周穆王在打败犬戎之后，兴致不减，就命令造父快马加鞭，继续西行，一直跑去了昆仑山，见到了昆仑山上的女神西王母。今天昆仑山脉在新疆维吾尔自治区的南部，周穆王真能跑那么远去吗？恐怕不见得。据专家考证，周代的所谓昆仑山，很可能是指的甘肃西部的祁连山（也有说是四川峨眉山的），根据当时周朝的疆域来判断，这种说法比较可信。

堂堂天子，总不可能真的离开国境数百甚至数千里去。

西王母大概是游牧在祁连山附近的西戎部族的一支吧，有可能这个部族还处在母系社会阶段，由女人当家作主，所以传下了西王母这个美丽的名字。

周穆王和西王母的女首领会面，把酒痛饮，非常开心，几乎都不想回镐京去了。然而就在这个时候，突然有部下来报："东方出事了，请陛下即刻回师！"

东方出了什么事呢？原来当年周公东征，仅仅打垮了奄和薄姑两个大的方国，对于东夷部族其他的小国，就交给鲁、齐两家诸侯去逐渐蚕食。可是随着周军后退，鲁、齐的位置又比较靠北，南方的淮夷部族逐渐壮大起来了，其中势力最强的是徐国。

徐国的位置，大约在今天江苏省徐州市附近，周穆王时代徐国的国君，名叫徐偃王——不管这是他当时的称号，还是死后的尊称，都说明徐人敢于称王，想和周天子平起平坐了。

徐偃王趁着周穆王西征犬戎，甚至乘坐着造父所驾的马车越跑越西的时候，突然召集淮夷和东夷各部，发兵北上，据说一直打到黄河流域，直取成周洛邑。消息传到昆仑山，周穆王大惊失色，急忙辞别西王母部族的女首领，跳上马车，吩咐造父："不必等待从人，立刻回镐京去！"

造父把鞭子一挥，驾车的四匹千里马撒开十六只蹄子，风一般驰向东方。他的本事果然高超，没日没夜地疾奔，竟然短短数日内就回到了宗周镐京。然后周穆王立刻调遣直属部队，并且召集各地诸侯前来相助，大军浩浩荡荡地直向成周洛邑开去。

徐偃王根本料想不到周军的主力会来得这样快，惊慌失措之下，不免一败千里。随即周穆王下达命令给南方才刚臣服的楚国："徐的问题，就交给你们了！"

楚国得到了天子的旨意，也算是得到了向东方扩张的许可令，立刻如同潮水一般，一阵又一阵地扑向徐国。徐偃王又气又急，没几年就咽了气，在他死后，徐国日益衰败，终于被楚国，以及逐渐南下的齐国给打服了。楚军在回师之际，顺手还征服了周朝分封在他周边的江、黄等国。

周穆王以后是周共王，周共王以后是周懿王，周懿王以后是周孝王。周孝王的时代，犬戎部族的势力有所恢复，于是为了镇守西境，他就加封造父的后代非子，让他在西境牧马，以组织兵车部队。

周孝王以后是周夷王，周夷王派同族的虢公进攻犬戎，又打了几个大胜仗。可是西方才刚稳定一点，南方又闹腾了起来。原来楚国一贯不服周天子，国君在对周朝进贡的时候，自称诸侯，在自己国内，可老实不客气地自称为王。你自己称王也就罢了，周天子睁一只眼，闭一只眼，只当看不见，可到了熊渠当楚王的时代，因为陆续平灭了徐国和江、黄各国，一时头脑发热，就分封他三个儿子一律称王——

长子熊康为句亶王，次子熊红为鄂王，小儿子熊执疵为越章王。

消息传到镐京的时候，舆论哗然，大臣们纷纷要求再次发兵去进攻胆敢僭称王号的楚国。这时候周夷王才刚去世，他的儿子周胡继位，就是周厉王，周厉王先礼后兵，派使者去责问。熊渠害怕再次引发战争，才不情不愿地让三个儿子把王号去掉了，同时还敷衍和辩解说：

"我们是蛮夷，我们的称号和中原人是不同的。我根本就没有僭称王号的意思，全都是误会呀。"

第六章 青铜时代·西周的衰亡

防民之口，甚于防川

堂堂大周朝的衰落，根子可能在好大喜功而又喜欢旅游的周穆王时代就种下了，但最早露出苗头来的，还是他的玄孙周厉王。

从周孝王时侯开始，谥法制度逐渐普及开来。所谓谥法，是指贵族们去世以后，要给他们加上一个名号，以纪念他们的功业，周文王的"文"、周武王的"武"、周穆王的"穆"，就都是谥号，是死后才这么称呼的。谥法起源很早，但在周孝王之前，还没有成为严格的、必须遵守的礼乐制度。

那么周厉王的厉是啥意思呢？厉的本意，现在写作砺，意思是磨刀石，此后衍生出很多含义来，比如祸患、恶鬼、瘟疫，等等，基本上都不是好意思。这个厉字用做谥号，称为"恶谥"，不是好谥号。

因为这位周厉王，实在太不像话了。

周厉王宠信一名奸臣，叫荣夷公，不但只知道吃喝玩乐，还拼了命地搜刮民脂民膏。大臣们反复进谏，周厉王都当耳旁风，最后连世代做重臣的召公都忍不住了，报告周厉王说："老百姓受不了您的统治，国人都在纷纷说您的坏话，您可得警惕着点呀。"

所谓国人，是指居住在城里的人，绝大多数都是贵族或者身份比较高、财力比较充裕的平民；相对国人来说，在城外种地的平民（贵族基本上都在城内），就称为野（田野）人。

召公嘴里的国人，当然是说住在宗周镐京城内的贵族和平民。

周厉王一听，国人们竟敢说自己坏话，这还得了？于是他眼珠一转，想出了一条自以为得计的主意，立刻派人去卫国找了名巫师回来。咱们知道，卫国的首都是在朝歌，统治下的商人很多，商人最信鬼神，所以卫国的巫师，据说是比较灵验的。

找卫国巫师来干嘛呢？周厉王派他占卜和监督国人们，到处撒出密

文明的曙光
—— 从三代到春秋

探，看看究竟谁在说天子的坏话，一旦有所发现，宁可错杀，绝不放过。这么隔了一阵子，果然坏话越来越少，可是国人们并非因此就不再憎恶周厉王了，他们在路上碰见，不敢开口，只好互相使眼色——这就留下来一个成语，叫做"道路以目"。

周厉王本人丝毫也没有意识到危机在一步步向自己逼近，他还向召公炫耀："看，我能阻止国人胡说八道，他们现在不敢再讲我的坏话了。"召公苦笑着回答说："防民之口，甚于防川。您只知道一味防堵，一旦堤坝决口，大水泛滥，灾害更要严重上百倍、上千倍，死的人会更多。所以治水不能靠堵，得靠疏导，对于国人的言论也是如此，天子应当倾听这些言论，改正自己的过错，那才是正确的方法，而不是只知道去防堵。"

对于这些良言规劝，周厉王根本听不进去，仍旧我行我素。他可料想不到，国人们明着是不敢再说话了，但暗中串联，找了个机会突然一哄而起，各持武器，直朝王宫冲去。

那时候没有国家常备军，国家军队都是由贵族供应，由平民组建的，所以这些都城内的贵族和平民闹起暴动来，周厉王想要镇压，都找不到人手。于是他吓得翻墙逃走，一直跑到一个叫彘的地方（在今天山西省霍县），才算勉强站住了脚。

这时候镐京城内正闹得凶呐，国人们逮不着切齿痛恨的周厉王，就嚷嚷着父债子还，去砍了王太子来泄愤吧。周厉王的太子名叫周静，吓得躲到召公家中，也不知道怎么的，消息泄露了，国人把召公的府邸团团围住，要他交出太子来。

召公不敢违背国人的意愿，又不愿意牺牲太子，最终只好把心一横，让自己的儿子出去假冒太子，结果眨眼间就被国人们乱棍给打死了。

国人闹腾完了，大家聚在一起商量下一步怎么办才好。国家总归需要有一个领导者，我们当然不能放天子回来，可是又一时冲动，把太子给打死了，这得找谁来主事才好呢？想来想去，他们决定推选一两位有能力的贵族出来，暂代天子之位。

第六章 青铜时代·西周的衰亡

国人暴动的这一年（公元前841年），史称"共和元年"，乃是中国历史有确切纪年的开端。

为什么叫共和呢？一种说法，是因为国人找周公和召公这两位德高望重的元老来共同执政。从周文王时代起，这两家就已经执重臣的牛耳了，虽说现在的两位继承人，和老祖宗周公旦、召公奭根本没法比，终究家族名声响亮，人心所向，大家都乐意拥戴他们。两位元老共同执政，和平共处，所以叫共和。还有另外一种说法，推举出来的人不是两位，而是一位，乃是周厉王驾前的重臣共伯和。

> 共和元年，即公元前841年，是中国历史确切纪年的开始。此后的历史，基本可以用确切的年份串联起来，而此前的历史，即便在殷墟以后（即商朝中晚期），也仍然无法准确确定年份，而只能靠历史文献和考古文物进行推测。

有人说，这位共伯和就是卫武公，这种说法有一定的可信度。我们知道，周武王的很多兄弟、重臣，家族都有两块封地，一块在王畿内，继承人世代为王卿士（重臣），另外一块在王畿外，建国为侯，守卫国防。有可能共就是卫在王畿内的采，而卫是共在王畿外的国吧。

推举周公和召公执政，能够得到国人的拥戴，却未必能服诸侯之心，倘若推举共伯和，则外有强大的卫国撑腰，诸侯们也就不敢说什么话了吧。

周厉王逃到了彘，他还是名义上的周天子，但什么事情都管不了，只好混吃等死。共和行政一直延续了十四年，好不容易熬到周厉王驾崩，国家也重新稳定下来了，召公才宣布说王太子仍然在世，应当继承先王的事业。于是共和行政结束，周静登上王位，就是周宣王。

还有一种说法，咱们今天"中华人民共和国"的"共和"一词，就是从这段历史故事中产生出来的。

文明的曙光
——从三代到春秋

山桑弓、萁草袋

周宣王想要恢复天子的权威，振兴国力，所以多次对外用兵，先后打过犬戎，以及同样属于西戎部族的条戎、奔戎和太原之戎、姜氏之戎，还打过东南方的淮夷和徐夷（徐国的孑遗），结果十仗里要输九仗，周朝的国力反而越打越弱。

此外，在周宣王执政时期，还发生过两件大事，直接影响了日后的政局。一是"不籍千亩"，一是册封郑国。

什么叫"不籍千亩"呢？在此咱们先得说说周朝的生产关系和生产制度。

商代是典型的奴隶社会，奴隶没有人身自由，没有工具，得由奴隶主分给他们工具，然后强迫性地组织他们去劳动。周朝属于奴隶社会还是封建社会，历来说法不一，倘若已经是封建社会，就是说社会生产的主体是农民而非奴隶（奴隶制度消亡了，但并不是说一个奴隶都没有了），他们有人身自由，有粗劣的工具，甚至还可能拥有小片土地，虽然同样为了生存而劳作，但已经不用奴隶主用鞭子来驱赶了。

从奴隶制转向封建制，不是一蹴而就的事情，而是经过了长时间的演变，也经历过数个阶段。最初的阶段是劳役地租制，就是说农民不仅要向封建主缴纳地租，还必须像奴隶一样到封建主的私有土地上协助耕种。

按照周朝初期的"井田制"，把土地划分为多个小块，某些小块属于贵族和平民，某些小块属于"王田"，农民必须先在王田上耕种，然后才能回自己田里耕种，其实很像是劳役地租制。当然，也有可能是各贵族家的奴隶必须先去王田上耕种，然后再为贵族们耕种，仍然属于奴隶制。

不管属于哪一种制度，总之随着周天子威信的下降，农民也好，贵族们的奴隶也罢，都不肯卖力在王田上耕种了，王田的产量日渐减少，甚至直接抛荒，周天子的收入越来越少。周宣王到处打仗，还老打不赢，手头缺钱少粮，真是愁得不行。

于是他下令把王田直接分给农民或者贵族去打理，我不要你们服劳役，但要你们交地租，这就是"不籍千亩"。倘若是奴隶制，这一制度就是开始向封建制转化；倘若是封建制，这一制度就是从劳役地租制转向实物地租制。但不管怎么说，这一制度的出台，一方面增加了周天子的收入，另一方面却使得周天子直接控制的土地量减少，为日后的崩溃埋下了伏笔。

土地就算抛荒，总还摆在那里，算份不动产；地租要是收不上来，那就彻底一分钱都捞不到呀。

论起生产力来，周朝比起商朝来又有了很大的进步。一般情况下，世界各国的生产工具都是由石、木逐渐改为铜制，再改为铁制，随着工具日趋先进，生产力有了很大的提高，社会制度也就相应改变。但是就考古发掘来看，中国社会有所不同，青铜长期被贵族所垄断，用来制造兵器和祭器，而很少有做成劳动工具的。

到了周朝，中国终于逐渐迈入了金属工具的时代，但这金属工具不是铜，而是铁。古人称呼铜为金，而叫铁为"恶金"，这是因为铁的开采和锻造都比铜要难，早期的铁器脆而易崩，比工艺成熟的青铜要差上很多倍。所以这些恶金才不入贵族们的法眼，得以被制造成部分生产工具。

> 金文是指商周时期铸刻在青铜器上的铭文，也叫钟鼎文——从西周开始，礼乐制度逐渐完善，青铜器的礼器以鼎为代表，乐器则以钟为代表，"钟鼎"由此成为青铜器的代名词。

那时候，铁制武器也已经出现了，但大多是用陨铁所造，陨铁中所包含的其他金属杂质，有可能使铁的质地变得更柔韧，所以才能做兵器。

随着铁器被运用在农业生产上，生产力提高了，土地产出更多，能够养活更多的人，社会制度也就相应地会发生改变。但这改变是否就发生在

文明的曙光
—— 从三代到春秋

周初，还是周朝中期，还是春秋战国时代，甚至要晚到秦汉，专家各说各话，还没有统一的答案。

周宣王去世以后，把王位传给了儿子周宫湦，史称周幽王。

"幽"也并非一个好字眼，因为这位周幽王比起他的祖父周厉王来，荒诞无稽、肆意妄为，那是有过之而无不及。

按照传统的史观，这时候脏水又要往女人身上泼了。据说周幽王宠信一个美女，叫做褒姒，就是这个褒姒，最终坑害了周朝的天下。

关于褒姒的出身，还流传着一个神话故事。

据说在当初夏朝快要灭亡的时候，上天突然降下来一雌一雄两条龙，停留在夏的宫廷中不肯离开。夏后找来巫师占卜，看要怎么对待这两条龙，是杀死它们呢，还是赶走它们呢？然而占卜的结果总是大凶。后来想出种种奇怪的方法来向上天求问，终于有一种方法得到了吉兆——把龙的唾沫（据称代表了龙的精华）搜集起来，妥善保存。

这个藏有龙精的匣子从夏传到商，从商传到周，一直没有人敢打开来看，直到周厉王的时代，他一时好奇，打开来看了，只见龙精突然滑落在地，变成了一只黑色的大乌龟，到处乱窜，撞倒了一个小宫女后，就突然消失不见了。从此那小宫女就怀有身孕，十多年后竟然没结婚就产下了一个女婴。

在女婴诞生前不久，镐京的街道上突然流传起一首儿歌，说："山桑弓、萁草袋，是灭亡周朝的大祸害。"这时候是周宣王当政，就到处访查这两样东西，想要消除隐患。

恰巧，有一对从城外来的夫妇，不知道这首儿歌，正在叫卖山桑弓和萁草袋，当场就被国人们给按倒在地，想要等第二天献给周宣王。作为亡国的祸患，夫妇两个肯定会被处死的，于是他们趁半夜挣断绳索，逃了出来，在路过王宫的时候，突然在墙角发现了一个女婴。

这女婴就是小宫女所生的孩子，因为未婚先孕，所以不敢抚养，只得抛弃在了宫外。

夫妇两人可怜这个女婴，就收为养女，带着她一路逃亡，最后跑去了褒国。后来褒国国君得罪了周幽王，为了赎罪，在国内挑选美女，就找到了这个已经长大成人、容貌非凡的女子，献了上去。这个女子出身低，原本并没有姓名，因为是由褒国进献的，而褒国国君姓姒，所以按照当时的习惯，就叫做褒姒。

这个神话，当然是要说明褒姒是上天派来惩罚周朝的，本身就是祸水。从夏的妹喜、商的妲己，直到周的褒姒，这三位女性都因为得到君王的宠爱而遭到万世唾骂，其实她们有什么错呢？那些占据着天子宝座，却不干好事、荒淫无耻的男人们，才真该被永远钉在历史的耻辱柱上！

烽火戏诸侯

美女褒姒，据说是不喜欢笑的。

宫廷中虽然百物齐备，要什么有什么，可偏偏没有真正的自由和爱情。在这种情况下，民间长大的褒姒一点也不开心，无法展露笑颜，那也是很正常的事情吧。

可是周幽王为褒姒的美色所迷，一心想看美人笑。但他想出种种办法，却都收不到预期的效果，只是有一次，褒姒偶尔听到丝帛裂开的声音，清脆而古怪，才算勉强撇了撇嘴角。

她不笑还则罢了，这一笑之下，千娇百媚，看得周幽王魂飞天外。于是到处搜集丝帛，当着美人的面一条条撕碎，以博得美人再展笑颜。然而再动听的音乐，也总有听腻的一天，更何况只是枯燥的撕帛之声呢？褒姒笑了几回以后，就又重新板起脸来。

周幽王愁得酒饭不思，于是有个名叫虢石父的奸臣就趁机凑上来出了个馊主意。周幽王还真听信了这个馊主意，立刻下令，带着美人褒姒摆驾骊山。

文明的曙光
—— 从三代到春秋

骊山在镐京东面,为了防备西戎入侵,所以在山上设置了许多座烽火台。烽火台是中国古代很流行的一种报警工具,也就是在高台上堆草,一旦发生警讯,就点草生火,隔大老远都能看得见。草分两种:一种点燃了,能够在黑夜冒起冲天的火光;还有一种点燃了,能够在白天冒出浓烟,直冲云霄,风吹不散。远方的诸侯看到烽火冒起,就知道镐京出事了,必须赶紧点齐兵马,前来"勤王"。

明明什么事情都没有,周幽王却下令点起烽火,不多时,诸侯们的兵马就纷纷赶到了。周幽王派人对他们说:"其实并无警讯,天子只是测试一下你们的忠心而已,好了,你们可以散去了。"诸侯们的部队听了这话,茫然若失,士气低落,因为没有人指挥,退兵的时候乱作一团,甚至好几辆兵车还直接撞在了一起,人仰马翻。

骊山上的褒姒远远望着这一切,觉得诸侯们的行为举止都很滑稽,好像小丑似的,不禁哈哈大笑起来。周幽王心花怒放,立刻重赏了出主意的虢石父。

> 《伊索寓言》里有一则"狼来了"的故事,周幽王烽火戏诸侯就像那个放羊而撒谎的孩子,最终毁灭的是自己。

为了再次博得美人一笑,周幽王后来多次搞这种失信于诸侯的把戏,结果诸侯们前来会聚的兵马越来越少,他却一点也不担心。

终于,真的出事了!犬戎大举入侵,直杀到镐京城下。周幽王赶紧下令在骊山上点起烽火,可惜这一回,竟然没有一家诸侯肯听命前来。诸侯们见到烽火,都想:"天子又为了博取女人的笑容,来耍弄我们了,可一可二,不可再三,我可不能再去,免得被他国耻笑。"

于是犬戎攻入镐京,掳走了褒姒,周幽王也变成了敌军的刀下之鬼。

多次遭到周军征讨的犬戎,为什么有能力一直杀到镐京城下呢?其实犬戎不是主动来的,而是被内奸引进国门的。

周幽王的王后是申侯之女，生下一位王子，名叫周宜臼，被立为太子。可是当褒姒为周幽王生下一个儿子伯服以后，周幽王就打算废掉申后和太子宜臼，把褒姒扶上王后宝座，立年幼的伯服为太子。

申侯听到这个消息，赶紧上书进谏，说："从前夏后桀宠爱妹喜，商纣王宠爱妲己，都导致了亡国。请天子千万引以为鉴，不要贪恋女色而废黜贤德的王后。"周幽王见了这份上奏，勃然大怒："这老家伙，他怎么敢用亡国之君来比我呢？！"于是下令让虢石父整备兵马，前去讨伐申国。

申侯听说天子要发兵来打，不禁大惊失色，他病急乱投医，就联合了同盟的缯国，打算武力抵抗，还准备了大批财宝送给犬戎首领，约定东西夹击。按照申侯的意愿，是想借着犬戎的力量逼周幽王下台，把王位让给太子宜臼。

他可没想到，因为诸侯的救兵不到，犬戎很轻松地就攻克了镐京，大肆抢掠一番，还把周幽王和新太子伯服的脑袋给砍了。好在周幽王的其他几个儿子及时逃出城去，没有遭难，其中太子宜臼逃去了外公申侯那里，另一个儿子余臣则逃去了虢国。

虢国君主拥立余臣为王，却遭到了广大诸侯的反对——申侯所作所为虽然可恶，但天子既然已死，论起继承顺序来，当然首先是申侯的外孙——太子宜臼，怎能轮到余臣呢？于是在申、卫、郑、缯、许、晋等诸侯的主导下，拥戴宜臼登基，就是周平王——数年后，余臣被晋人所杀，谥号为周携王。

镐京遭到犬戎的抢掠，十室九空，已经很难居住了，更别说充当一国之都，况且，藏在镐京的历代相传的财宝也都被犬戎搜刮一空，就算想重新盖房子，也没有那么多钱。没有办法，周平王只好放弃镐京，改居陪都洛邑。

镐京在西，而洛邑在东，所以历史上称呼周平王以前的周朝为西周，周平王以后的周朝为东周。东周开始于公元前771年，从第二年开始，历史迈入了空前混乱的春秋时代。

文明的曙光
—— 从三代到春秋

为什么叫春秋时代呢？原来东周朝的前中期，天子逐渐丧失了威望和权柄，诸侯之间肆意攻伐，打得不可开交。诸侯各国都藏有历代文献，根据这些文献撰写自己的史书，其中鲁国史书因为后来得到孔子的编定，进而得到儒家学派的宣扬，虽经数百上千年一直没有失传。这部史书名叫《春秋》，春秋时代就是因此而得名的。

顺便一提，到了公元三世纪，突然在汲郡发现了古代墓葬，墓中藏有魏国史官所撰写的历史书，因为是纪年体，又记在竹简上，所以定名为《竹书纪年》。魏国的史书《竹书纪年》和鲁国的史书《春秋》，角度不同，观点各异，可以相互印证，史学价值相当高。可惜，《竹书纪年》到了宋朝就失传了，现在只能从宋以前的人在其他古籍中所引用的片段，来探查其原貌。

第七章　春秋时代·最初的霸者

黄泉下相见

东周开始以后，第一个有记载被灭掉的国家，是郐国。

灭郐的郑国，本是一家新兴诸侯。郑国的始祖是周宣王的弟弟周友，周宣王把他分封在郑地，大约在华山和骊山之间，属于王畿之内，史称郑桓公。郑桓公在周幽王的时候，官至司徒，负责生产和财政，权力很大。可是周幽王宠信奸臣虢石父，整天胡作非为，郑桓公多次规劝，天子总是不听，郑桓公预料到将会发生大灾祸，就去找太史伯商量。

以太史为氏，这人应该是周朝宫廷里的最高史官吧。

郑桓公问："我打算离开风雨飘摇的王畿，请天子允许，在王畿外立一个封国，你认为什么地方比较合适呢？"太史伯回答说："最好在东方，靠近虢和郐。"

西周分封过两个虢国，始祖都是周文王的兄弟，一个在郑的旁边，叫西虢；一个在今天河南省荥阳附近，叫东虢。太史伯所说的虢，当然是指东虢了——后来拥立周携王的，则大概是指西虢。

郑桓公又问："那地方为什么好？你说说看。"

文明的曙光
—— 从三代到春秋

太史伯分析道："虢、郐两国的君主都贪财好利，老百姓不愿意依附他们。现在您在朝中当司徒，权威很盛，要求在他们附近立国，他们不敢不答应，还会献出一部分土地来讨好您。有了土地，您就可以招聚百姓，虢、郐的百姓都会抛弃旧主来投奔您的，那样国家很快就会富强。"

郑桓公觉得此言有理，果然向周幽王请求，在虢、郐之间建立封国，国都就叫新郑，虢、郐之君也果然献出十座城来给郑，郑国因此逐渐强大起来。

犬戎攻入镐京的时候，郑桓公并没有前往他的新封国，而仍然留在都城当官，结果不幸也丢了性命。郑国人拥立郑桓公的儿子掘突为国君，就是郑武公。郑武公帮助周平王复国成功，一方面领受着王畿内的郑地，一方面兼管着王畿外的郑国，权势比他父亲更盛。

于是他就趁着机会，干脆把郐国给灭了，隔了两年，又灭掉了东虢。

郑武公的夫人乃是申侯之女，申侯姓姜，所以按照当时的规矩，用丈夫的谥号和娘家的姓连在一起，称呼她为"武姜"。武姜为郑武公生下两个儿子，长子名叫寤生，次子名叫段。

寤生是什么意思呢？寤指的是睡眠，寤生的本意是梦中得子。当然，这只是一种美好的愿望而已，事实上武姜头一胎生得非常艰难，这位寤生公子几乎要了老娘的性命。所以武姜一直不喜欢寤生，却偏爱小儿子段。

作为正室夫人所生的头一个儿子，按照礼法，寤生是当然的继承人，称为"世子"。武姜一直请求郑武公废黜寤生，改立段为继承人，但郑武公不愿破坏规矩——寤生又没什么大错，怎能随便废黜呢——始终也不肯答应。郑武公死于公元前774年，世子寤生就顺利地接替了郑君之位，史称郑庄公。

这可让他娘武姜非常不爽。

武姜一心想让段登上国君之位，就跑去哀求郑庄公："你现在风光了，可不能忘记一奶同胞的兄弟呀。你弟弟的封地实在太小，应该把京封给他，这样才合乎他王弟的身份。"郑庄公一口答应："您说怎么好，那就怎么办吧。"

于是把段封在京邑。段因为是小儿子，当时习惯上称为"叔段"，他哥哥当上国君以后，就加一个字，称为"太叔段"，因为封在名叫京的城邑，所以时人敬称为"京城太叔"。

大夫（贵族的官称，低于卿士）祭仲听到这个消息，急忙跑去提醒郑庄公："京的规模比都城新郑还要大，城墙比新郑还要高，这么重要的城邑，哪怕亲兄弟也不应该分封，请您收回成命。"郑庄公皱着眉头回答："这是母亲的意愿，寡人又能怎么办呢？"

> 先民认为祖先的在天之灵可以保佑子孙，由此发展出对父母的孝道。在中国古代的宗法社会里，家国同构，一个君王如果不孝，就会使国家的道德根基动摇。所以即便郑庄公个人已经丧失了对母亲的感情，在表面上却仍然不得不与母亲和解。

"寡人"是国君的自称，相近的自称还有"孤"、"余一人"、"不穀"、"朕一人"，等等。

祭仲说："太夫人姜氏最宠爱太叔，她的意愿就仅仅是要一座京吗？恐怕没那么简单吧。您难道一直退让，由得他们贪得无厌，索取无度吗？"郑庄公点点头："寡人明白你的意思，过一段时间再说吧。"

太叔段离开国都新郑前往封地的时候，武姜秘密地和他商量："你应当积聚实力，寻找机会把你哥哥推下台，由你来做国君。如果一切准备停当，就派人送信来，为娘会做你的内应。"因此段到京以后，立刻招兵买马，预作造反的准备，他还试探性地威胁周边几座小城，把这些小城原本属于郑庄公的赋税，全都收入自己囊中。

得到消息的郑国臣子们纷纷前去劝谏郑庄公，要他早作准备。郑庄公笑着回答说："多行不义必自毙，你们毋须担心。"其实郑庄公根本就没有放松警惕，一直在盯着母亲和兄弟的一举一动呢。

文明的曙光
—— 从三代到春秋

终于，等到了太叔段决意造反的那一天，郑庄公预先得到情报，立刻先下手为强，一方面把母亲武姜软禁起来，不让她通风报信，一方面派遣公子吕（公子是指诸侯，也即"公族"的后裔，吕是他的名）领兵前往，杀了太叔段一个措手不及。最终太叔段抛弃封地逃亡去了卫国，郑庄公下令把武姜赶到外地去，还声称："不到黄泉，永不相见！"

黄泉就是死后的世界，他的意思很明确，再也不打算搭理这个煽动兄弟造反，想把自己赶下台的母亲了——我也是你的儿子，你毫无爱子之心，还能被称为母亲吗？！

后人都评价说，郑庄公此人天性凉薄，十足的阴狠，丝毫也不讲亲情。其实他完全可以预先约束和教育太叔段，那么也就不会闹到亲兄弟反目成仇的地步。先是放任兄弟胡来，继而派兵讨伐，最后连母亲也给流放了。他在责备母亲的同时，就不摸着自己的良心想想，母亲不像母亲，儿子难道就像儿子吗？

不认母亲，就是不孝，这是有悖传统礼法的，郑庄公这么一搞，国内外嘘声四起，大家都瞧不起他。他这才有点后悔了，可是话已出口，要怎么收回呢？

好在这时候，突然跑来一个小官，居住在颍谷，所以以颍为氏，叫做颍考叔。颍考叔来向郑庄公进贡，郑庄公赏赐他酒饭，他吃到一半，突然跪下来请求："小人有老母在堂，从来也没吃到过国君赏赐的美食，您能让我带点回去给我娘吗？"

此言一出，触动了郑庄公的心事，不禁喟然长叹："你回去就能见到娘，寡人可再也见不到啦。"颍考叔假装不明白，问："姜氏太夫人不是还在世吗，怎会见不到呢？"于是郑庄公就把自己"不到黄泉，永不相见"的誓言告诉了颍考叔。

颍考叔笑笑回答："这个好办。"于是他建议郑庄公在黄土地上挖一个大坑，一直挖到泉水涌出——这不就是"黄泉"吗？谁说黄泉一定要指死后的世界？在这地方，您不就可以和太夫人相见了吗？

靠着颍考叔的计谋，这一对天性凉薄的母子——害怕从此再无依靠的母亲和担心自己名声受损的儿子——才装模作样地重归于好。郑庄公大为感激颍考叔，立刻提拔他做大夫。

一箭射中周天子

公元前720年，周平王驾崩。因为太子周泄父比他老爹早死，所以太孙周林继位，就是周桓王。

如前所述，郑桓公在周幽王时代就当司徒，后来犬戎入侵，他和周幽王同日殒命；其后郑武公拥戴周平王登基，既是忠臣之后，又劳苦功高，周平王就任命他做卿士。郑武公去世以后，郑庄公继位，同时继承了在畿内的采和在畿外的国，仍然为王卿士，权倾一时。

可是不知道为什么，周桓王却不喜欢郑庄公——或许那般天性凉薄，手段又狠的家伙，没人会喜欢吧——反而宠信另一位卿士西虢公，逐渐把西虢公抬到了郑庄公头上。郑庄公一怒之下，派大夫祭仲领兵，去抢割了温地的麦子。

这位祭仲，本名祭足，仲是他的字。他曾经提醒郑庄公，不要把京封给太叔段，也算是位足智多谋之士了。温地在今天河南省温县西部，论产权是属于周天子的，也就是说，那些麦子，本该都是周桓王的收入，郑国派兵去抢割，分明就是想挑事儿。

大概周桓王也觉得有点对不起郑庄公，郑人抢点粮食去，不算什么大事，也就睁一只眼闭一只眼了。可他料想不到，小小的退让却换来更大的损失——祭仲割完温地的麦子，一看天子没反应，竟然大着胆子跑到成周的郊外，把还没成熟的作物也全给割了。

这不是抢东西，抢没熟的作物对自己根本没啥好处，这只是示威，要让周天子下不来台。

文明的曙光
  ——从三代到春秋

可是周桓王继续忍着。现在的周天子，已经没有足够震慑诸侯的权威了，原本王畿千里，比哪一家诸侯都大，可自从犬戎攻入镐京，周平王迁都洛邑以后，基本上算把西部的三分之一领土全都丢了。周平王干脆把岐山以西的土地都赐给了秦人——你们自己去从犬戎手里抢回来吧。

况且，咱们别忘了，王畿内也东一块采，西一块采，封了不少诸侯，这时候周天子的直辖领地，不见得就比郑国大多少。

所以周桓王继续忍耐，这一忍就是整整十三年，直到公元前707年。

郑庄公虽然打败了太叔段，坐稳了国君之位，但他很快就身陷重围。就在抢割了温和成周郊外的粮食后的第二年，也即公元前719年，突然宋、陈、蔡、卫四国联起手来，连续两次侵入郑国。

为何会如此呢？原来当年太叔段战败，逃去了卫国，为此郑庄公曾经发兵攻卫。等到了这一年，卫的公子州吁谋杀了国君卫桓公，自立为君，随即为了抬高自己的人望，就说动宋、陈、蔡三国一起伐郑复仇。

中原地区，就这么着大乱了起来，上述五国，再加上齐、许、鲁、息等国，三天两头捉对厮杀。周桓王一看情况不错呀，郑国连番恶战，想必实力大损，于是在公元前707年，正式剥夺了郑庄公卿士的职务——回封国去吧，我这儿用不着你了。

郑庄公怒而归国，并且从此以后不再向周天子朝贡。周桓王就以此为借口，召集蔡、卫、陈三国，联兵伐郑。郑庄公急忙整军来迎，双方在一个名叫长葛的地方列阵相对。

周桓王亲自率领本部兵马在中，派西虢公率领蔡、卫两国军队在右，周公黑肩率领陈国军队在左。郑庄公看到这种情况，就向大臣们问计，公子元回答说："周天子一声令下，按道理各国都应该派兵响应，可实际上只来了陈、蔡、卫三国兵马，对于这种局面，即便天子还没感觉到危机，那三国之人心里肯定在发颤吧。咱们不如也分为三队，先击败两翼的诸侯军，则中央的天子之兵就不足为惧了。"

郑庄公点头称善，于是自己带领中军，派太子郑忽率领右军，大夫祭仲率领左军，抵挡王师。

按照当时的打仗规矩，双方都在平原上列成方阵，兵车在前，步卒在后，打一通鼓，前进十来步，再打一通鼓，再前进十来步，直到双方战车都进入冲锋范围，然后一拥而上。比起后世的种种阴谋诡计、偷袭、设伏、抄后路，虽然简单得多，但对于战斗节奏的掌握，仍然需要相当娴熟的技巧。

无疑，在这种技巧的掌握上，郑军将领们明显要强过王师——郑庄公肯定也要强过周桓王。所以两军一接战，正如公子元所计划的，蔡、卫、陈三国兵马首先崩溃了。周桓王还在率领中军死战不退，突然一辆战车冲近面前，车上一将瞄准了他的面门，突然拉弓放箭——

> 中国古代，战车一度是战争的主力和衡量一个国家实力的标准，到春秋时期，出现了"千乘之国"、"万乘之国"。所谓"乘"，就是指一辆战车，秦汉以后，随着骑兵的兴起，战车逐渐退出了战争舞台。

这时候的兵车，四马牵拉，车上定员是三人：一名驭手（驾驶员）、一名指挥、一名战士（车右）。倘若是将领的指挥车，那么指挥员就得专心擂鼓，控制战斗节奏；倘若只是普通的战车，那么指挥员就手持弓箭，负责远程攻击。

这回驰近周桓王的郑国兵车，指挥员名叫祝聃，他瞄准了天子一箭射去。周桓王及时把头一缩，那支箭狠狠地插入了他的肩膀，穿透皮甲，深入皮肉。周桓王不禁惨叫一声，一头栽倒在车厢里。驭手见此情形，不待天子下令，自然驭转车头，落荒而逃。天子的指挥车一走，王师全线崩溃。

祝聃一箭射中，不禁大喜过望，喝令驭手："快追！"可谁想到就在这个时候，突然阵后响起了敲钟的声音。

按照军规，擂鼓则进，敲钟或者敲锣（鸣金）则退，祝聃虽然心不甘、情不愿，可是不敢违抗命令，只得停止追击。回到大营以后，他气哼哼地问:"谁呀？是谁下令敲钟的？我差一步就要逮着天子了呀！"

祭仲瞪他一眼:"真是无脑的莽夫！逮到天子以后，你打算怎么处置他？杀了他吗？那是弑君！我国会成为众矢之的的！送他回去吗？那又何必逮他？"郑庄公也笑笑说:"算啦，算啦，把天子赶跑，给他个教训，也就足够了。何必要赶尽杀绝呢？"

世道真的彻底乱了，天子的权威至此丧尽。从此在广袤的中原大地上，真正说话算数的就不再是周天子了，而是强有力的诸侯，是霸主们——郑庄公首开先河，后人称他为"小霸"。

瓜熟而代

完全不把周天子放在眼里的"小霸"郑庄公死于公元前701年，在他死后，两个儿子郑忽（郑昭公）和郑突（郑厉公）争权，搞得国家四分五裂，郑国就此衰弱下去。

随着中原地区郑国的衰弱，东夷地区的齐国逐渐强盛起来。

齐国的始祖，就是周初大军事家吕尚，又名太公望、师尚父，俗称姜太公。周公东征以后，把太公望封在东夷旧国薄姑故地，位置大概是在今天山东省博兴县的东南方，后来迁到南面的营丘，因为这座新都城靠近淄水，又名临淄。

齐国秉持着周天子镇定东夷的命令，顽强不懈地向东方进军，经过数代人的努力，先后灭亡莱、夷等东夷部族，几乎吞并了整个山东半岛。

到了公元前698年，齐僖公去世，传位给儿子齐诸儿，就是齐襄公。这位齐襄公是个荒淫而残暴的君主，他曾经与妹妹文姜私通，还暗杀了妹夫鲁桓公，名声非常糟糕。但在治国方面，倒还不算无能，在他的统治下，齐国多次插手中原事务，灭纪，定卫，攻郕，势力又得到了进一步的扩展。

第七章 春秋时代·最初的霸者

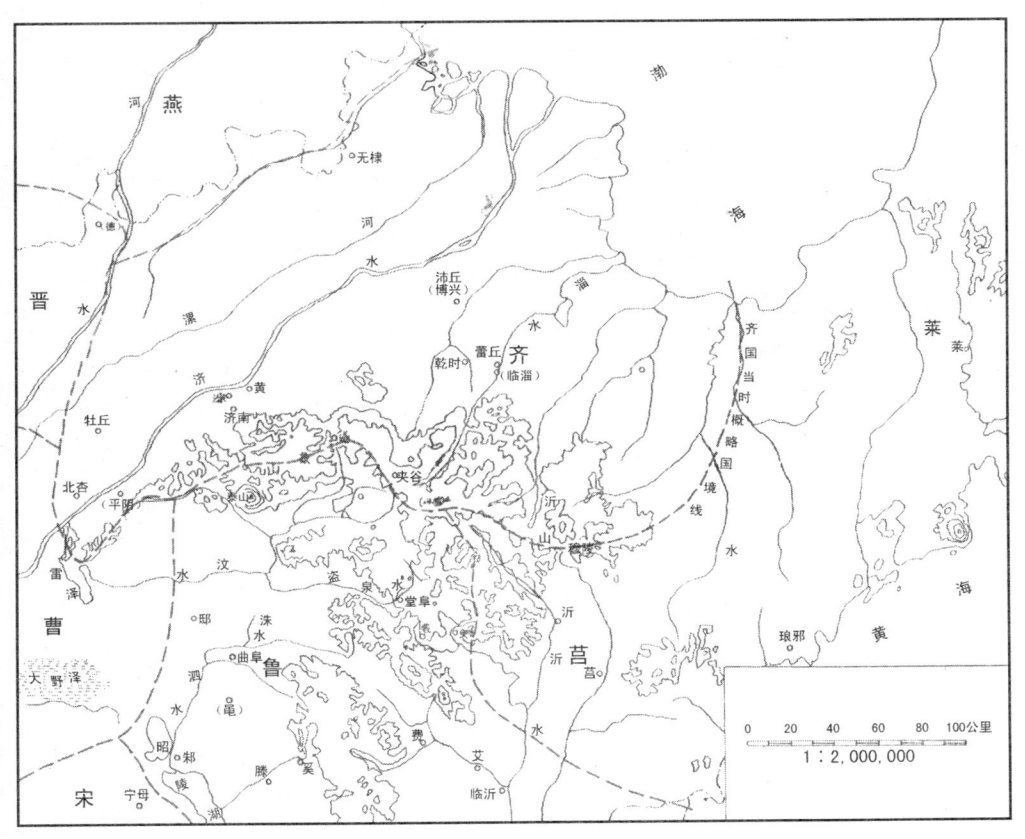

齐国形势图

眨眼就来到了公元前687年，齐襄公派大夫连称和管至父前去守备葵丘。两将请问齐襄公："葵丘在边境线上，距离临淄如此遥远，您派我们去，我们不能不去，但请设定一个期限，啥时候才能回来呢？"正赶上齐襄公吃瓜，顺口就许诺："等瓜再熟了，寡人会派人去替换你们的（瓜熟而代）。"

等瓜再熟，那就是一整年。出外公干一整年，时间倒不算长，于是两将躬身而退。时间过得很快，到了第二年，也即公元前686年的秋季，眼看瓜已经熟透了，却左等右等，不见国君召回自己的文书，也不见有前来

123

文明的曙光
—— 从三代到春秋

替换的将领。

"大概国君事忙,把咱们给忘了吧?"连称和管至父一商量,不如在临淄找个熟人,帮忙提醒一下齐襄公吧。

他们可料不到,不提醒还则罢了,提醒之下,齐襄公拍案大怒:"这才一年呀,他们着什么急?等着,寡人不下令,不准回来!"

有期限的出差是出差,这没有期限的出差,就和流放没啥两样。连称和管至父闻讯是又羞又气,私下商量:"言而无信之人怎能为一国之君呢?不如宰了他,换一位来当。"换谁来当齐君好呢?想来想去,他们想到了公孙无知。

公孙无知是齐僖公的侄子、齐襄公的堂弟,此人聪明多才,当年甚得齐僖公的喜爱,经常拿他跟儿子相比。就因为这样,齐襄公上台以后就疏远了公孙无知,公孙无知也一直怀恨在心。

> 齐襄公和他的妹妹文姜有私情,甚至因此而杀掉了妹夫鲁桓公。在《诗经》里有好几首关于他和文姜感情生活的诗,可见古人的八卦之心并不输于今人。

于是连、管和公孙无知就密谋杀害齐襄公。他们首先派人暗中联络上了连称的妹妹——此女嫁给齐襄公做妾,但是很不得宠爱——许诺说:"你把国君的一举一动都汇报给我们,一旦事成,拥立公孙无知为君,就把你改嫁给无知,做齐国的君夫人。"

就这样,残暴无信的齐襄公一步步迈向了自己的末日。

公元前686年,正好是齐襄公在位的第十二年,这一年的腊月,他离开临淄,前往沛丘去打猎。

打猎过程中,车前突然跑来一只大野猪,齐襄公一箭射去,没想到这野猪带着箭,不但不倒,反而像人一样立起来,大声嘶叫。齐襄公吓坏了,一个倒栽葱翻下车来,不佳摔伤了腿,还踢飞了鞋子。

暴君总看不见自己的错误,喜欢迁怒他人,齐襄公也不例外,他当即

第七章　春秋时代・最初的霸者

下令把管鞋子的小吏按倒在地，狠狠抽了三百鞭子。

既然受了伤，当然无法再打猎，当晚只好暂宿于附近的行宫之中。消息通过连称的妹妹传递了出去，于是连、管二将和公孙无知就率领兵马，突袭行宫。他们来到行宫门口的时候，正赶上那个管鞋子的小吏出来，见势不对，就蒙骗连、管说：

"不要急着杀进宫去，万一昏君趁乱逃走，事情就麻烦了。我先进去稳住昏君，到时候给你们打暗号，你们再进去。"

连称问："你要是进去通知昏君逃走，怎么办？"

小吏露出身上的鞭伤，故意咬牙切齿地回答："这昏君刚打过我一顿，我对他恨入骨髓，怎会通知他逃走呢？"连、管二将一验伤，也就相信了小吏所言。

但这小吏进宫以后，却立刻就把齐襄公藏了起来，然后召集行宫中的守卫、仆人，一起杀出来抵挡叛军。可是他再如何忠勇，终究比不上连、管这两位本就是带兵的大将，经过一番恶战，叛军占了绝对的上风，随即杀入宫内。

行宫就这么大，齐襄公能藏到哪儿去呢？他本想趁着恶战之际逃走的，可惜脚上有伤，又跑不快。就这样，叛军很快就发现了他的踪迹，乱剑砍下，把齐襄公斩成了肉泥。

杀害齐襄公以后，公孙无知就得意洋洋地登上了齐国的君位。可是他屁股还没坐热，就在第二年的春天，出游到葵丘的时候，被当地守官雍廪给除掉了。

齐国的大臣们虽然没人喜欢齐襄公，可是更反感弑君篡位的公孙无知。

雍廪捧着公孙无知的首级回到临淄，召集贵族们来开会，说："我不敢以功臣自居，对于下一任齐侯找谁来当好，我不发表意见。你们商量吧，只要是公议，我无不遵从。"

说是公议，难道叫大家投票吗？那是不可能的，肯定是最有威望的几位贵族说了算。要说齐国一等一的显贵,共有两家,一家是高氏,一家是国氏,都是世卿,也就是说,世代担任齐君的卿士。当下大家一商量,齐襄公的兄弟们在去年腊月的动乱中纷纷逃到外国去了,咱得找一个回来,拥戴为君才好。高氏的族长高傒向来和公子小白关系不错,就推荐这位公子小白,国氏率先表示赞同,两家说定了的事情,其他贵族们也就不敢再有二话。

装死的公子小白

齐襄公有好几个兄弟,其中名声最好的有两个,大的叫公子纠,小的叫公子小白。连称、管至父叛乱之前,明眼人就已经看出危机来了,相信在齐襄公这般无信寡恩的人治理下,齐国迟早会大乱。于是为了避祸,公子纠逃去了鲁国,公子小白逃去了莒国。

齐人前往莒国去迎接公子小白。但莒国在齐国的东南方,鲁国在齐国的西南方,从齐都临淄到莒都计斤和到鲁都曲阜,距离差不多远,齐使才到莒国,鲁国方面也同时得到了消息。公子纠闻报,立刻找来师傅管仲和召忽,问他们:"小白就要当国君了,我该怎么办?继续流亡生涯吗?"

管仲本名管夷吾,仲是他的字,在春秋早期,他可谓是数一数二的智谋之士。听了主公公子纠的询问后,管仲回答他说:"您的岁数比公子小白大,更有资格继位为君,咱可不能让莒人和公子小白占了先。"于是前去游说鲁国国君鲁庄公,请求协助。鲁庄公一想,对呀,如果公子纠当上齐君,我是他的大恩人,再有谁敢欺负鲁国的话,齐国肯定会发兵相助的。于是立刻点集兵马,护送公子纠回国。

一行人才刚离开鲁都曲阜,管仲就对公子纠说:"请让我先去探查一下公子小白的动向,别让他们抢了先。"他率领数乘兵车,以最快的速度驰向东方,很快就发现了公子小白和护送他的莒国军队。

管仲这家伙心够狠的,为了主公能够继位,根本不在乎谋杀一位公子。于是他埋伏在暗处,拉弓瞄准了公子小白,然后突然松开弦,一箭射去。

这一箭来势好准,正中公子小白的腹部,公子小白惨呼一声,口吐鲜血,立刻栽倒在车厢里。

管仲飞驰回去禀报:"公子小白八成已经死了,即便不死,重伤之下也无法行路。"护送的鲁将一听,大喜过望——公子纠当齐君是十拿九稳了,也就不必再急于赶路了。

结果鲁军走了整整六天,才终于进入齐国境内,可还没能到达临淄,却先听闻惊天霹雳:公子小白已经继位为君了!

公子小白是个聪明人。那天他正得意洋洋地往临淄赶呢,突然不知道从哪儿射出来一箭,正中腹部,于是大叫一声,吐血而倒。护送的莒将,以及公子小白的师傅鲍叔牙大惊失色,急忙跑过来查看,却见公子小白倒在车厢里,微睁开双目,轻轻摆手,示意自己并没有受伤。

管仲的箭法是很准,但无巧不巧,这一暗箭竟然射中了公子小白的带钩(腰带的钩环,一般以玉或金属制作),卡在带钩上,没有入肉。

公子小白心里明白,肯定是公子纠派人来暗杀自己,倘若自己不死,暗杀行动就不会停止,躲过一次,未必能躲过以后的很多次。所以他咬破舌尖,假装吐血而倒,却趁机关照鲍叔牙:"我就躺着不起来了,以麻痹敌人。咱们加快速度,赶紧赶路!"

所以公子小白早一步赶回了临淄,随即就在高傒等人的拥戴下,继位为君,也就是历史上大名鼎鼎的齐桓公。

听到消息的鲁庄公心里这个气呀:不但没能靠拥戴齐君来拉近两国之间的关系,反倒会因为支持公子纠和谋害公子小白,从此和齐国势不两立;齐大鲁小,日后的政局将会风雨飘摇,步步坎坷,这可怎么办才好呢?

文明的曙光
—— 从三代到春秋

一不做,二不休,鲁庄公立刻派兵攻打齐国,想趁着齐桓公还未能稳定齐国政局的时机,一举把他给赶下台来。

公元前685年,齐鲁两军在乾时展开激战,结果鲁军一败涂地,不但如此,还被齐军隔断了回国的道路,眼看着就要全军覆没。齐桓公随即写了一封信给鲁庄公,说:

"齐鲁交战,罪魁祸首是公子纠,但他终究是寡人的兄长,寡人不忍加刑,就交给你们来办吧。至于公子纠的两个帮凶——管仲和召忽,你们押送回来,寡人就退兵。"

鲁国接到信以后,大夫施伯对鲁庄公说:"管仲乃是当世的大才,齐君要您逮捕他,押送回国,不是要处罚他,而是要重用他。倘若齐因为重用管仲而变得更为强大,鲁国就危险了。不如杀死管仲,把尸体还回去吧。"

鲁庄公连连摇头:"你想多了。管仲曾经箭射齐君,齐君定要杀之而后快,怎么还会重用他呢?况且,倘若违背了齐君的意愿,我国兵马就再也回不来了呀。"于是立刻杀死公子纠,并且逮捕了管仲和召忽。

> 管仲出名以后,就有了一本名叫《管子》的书,古人说是管仲写的,这当然是附会。现在看来,此书是战国时期各学派的言论汇编,内容很庞杂,包括法家、儒家、道家、阴阳家、名家、兵家和农家的观点,有很高的史料价值。

召忽一方面哀痛主公之死,另一方面也知道回临淄后等着自己的终究是死路一条,与其到时候受辱而死,不如现在有尊严地跟随主公于地下吧,于是横剑自刎。管仲犹豫着不肯自杀,结果被鲁人绳捆索绑起来,塞入了囚车。

管仲一到临淄,正如施伯所料,齐桓公亲自为他解开绑缚,并且请他担任上卿之职。

这是怎么一回事呢?原来当时齐鲁乾时大战的时候,鲍叔牙问齐桓公:"等咱们打赢了,您打算怎么处置召忽、管仲等人?"齐桓公咬牙切齿地说:"本来各为其主,他们的行为可以原谅。但寡人可以赦免召忽,却绝对不能放过管仲!当日倘若这小子射的箭略偏一点,不中带钩却中了肉,哪还有今天的寡人呢?"

鲍叔牙闻言,急忙劝阻道:"我和管仲是同乡人,曾经在一起念书,我最了解他了,他的才能强我百倍。倘若您只想着治理好齐国,那么有高傒和我两人辅佐也就够了,倘若有争霸天下的雄心,非得依靠管仲不可!"

正是因为听取了鲍叔牙的谏言,所以齐桓公才会写信给鲁庄公,要他把活的管仲给押送回来。

齐桓公一开始想任命管仲为上卿,但管仲认为自己出身低,骤然压在高、国两家之上,恐怕引起朝野的动荡,所以推辞不受,只肯担任大夫。名义上虽为大夫,实际上的权力却是齐桓公之下第一人。

一朝权在手,管仲立刻在齐国推行他的政策,一方面重新规划行政、严肃法制,一方面大兴鱼盐之利,并且由官方垄断重要物资的流通。他的制度,其实是一种原始的军国主义,用各种条条框框来约束贵族和平民,全民努力,主要目标是富国强兵。强兵的用途是什么呢?就是"尊王室、攘夷狄",也就是说哄抬周天子已经逐渐丧失的威望,进而代替周天子行使权柄,称霸中原。

曹刿和曹沫

齐桓公始终对鲁国扶持公子纠和他争位耿耿于怀,乾时之战本来能把鲁军彻底打垮,但因为想趁机要回管仲,所以他勉强退兵,但心里的火可一直没消。等到第二年,即公元前684年的春季,他再也憋不住了,不顾管仲的劝阻,派鲍叔牙率领大军,主动进攻鲁国。

文明的曙光
—— 从三代到春秋

鲁庄公明知道自己不是齐人的对手,但没有办法,只好硬着头皮顶上。他才打算发兵,突然有个名叫曹刿的平民求见,自称有本事打败齐军。

据说当曹刿前去见鲁庄公的时候,他的邻居都劝:"军国大事,自有那些吃肉的人来负责,你何苦要插嘴呢?"

那时候食物缺乏,一般情况下只有贵族才能在逢年过节和祭祀的时候吃点肉,平民是没有资格,更没有财力吃到肉的。所以所谓"吃肉的人",就是指那些世袭贵族。

听到邻居的询问,曹刿微微而笑:"吃肉的人都短视,无远谋,所以才需要我出马呀。"等到见了鲁庄公,他先问:"您想依靠什么来聚拢人心,与齐人交战呢?"

> 西周初建时,"礼乐征伐自天子出",周天子的地盘最大,有实力进行战争。进入春秋,周天子的实力已经衰微,"礼乐征伐自诸侯出",等到春秋后期,诸侯也不管用了,变成了"礼乐征伐自大夫出"。

鲁庄公回答说:"衣服、食物,寡人都不敢单独享用,有剩余一定会分给别人,这种恩德足够吗?"曹刿摇摇头:"这是小恩小惠,无法聚拢人心。"鲁庄公说:"祭祀用的牛羊、玉帛,寡人从来不敢虚报数目,总以诚信以待上天,这足够吗?"曹刿还是摇头:"这是小信用,上天未必会因此而保佑您。"鲁庄公又说:"大大小小的案件,就算不能每件都了解清楚,寡人也尽量做到合情合理,这总可以了吧?"曹刿才终于点头:"这才是尽了国君的本分,可以和齐国人打一场了。作战的时候,请您千万要带上我,听我的主张。"

齐鲁两军在一个叫做长勺的地方对峙。按照传统的战争法则,一方擂鼓前进,另一方也必须同时前进,可是那边齐人已经擂鼓了,鲁庄公才刚提起鼓槌,却被曹刿扯住了袖子。结果齐军前进了十来步,鲁军却一动不动。

130

第七章　春秋时代·最初的霸者

齐军没有办法，只好第二次擂鼓，可曹刿还是不让鲁庄公下令。一直到齐军擂罢了三通鼓，通常情况下两军该要接触，战车该要冲锋了，但因为鲁军不动，双方距离仍然相差得很远。齐军个个面面相觑，不知道该怎么办才好。直到这个时候，曹刿才终于点头："请国君擂鼓进攻！"

鲁庄公一通擂鼓，鲁军朝前推进，竟然一次冲锋就把强大的齐军给打败了。鲁庄公随即就要下令追击，却再次遭到了曹刿的阻拦。曹刿先跳下兵车，在地上摸索了好一会儿，然后又跳上车，扶着车栏望了好一会儿，才点头说："可以追。"

鲁军全面追击，齐军大败亏输。

这就是历史上以弱胜强的著名战役——齐鲁长勺之战。

战斗结束以后，鲁庄公对曹刿的智谋是心服口服，于是恭恭敬敬地请问战胜的原因。曹刿回答说："打仗靠的是勇气，勇气可鼓而不可泄。所谓一鼓作气，再而衰，三而竭，齐军的勇气衰竭了，我军的勇气尚存，所以能打赢。但齐是大国，军队数量很多，我怕他们后面还有埋伏，所以先查看一番，见他们兵车的辙印混乱，旗帜全都伏倒，可见是真败，不是诈败，这才让您赶紧追上去呀。"

其实曹刿还有一个重要理由没有解释，那就是他根本改变了传统的作战法则。时代在进步，军事技术和法则也在相应地转变，仍然执着旧时的堂堂之阵、正正之旗、两军对垒同时冲锋的那一套，恐怕是很难再取得胜利的。

当时诸侯林立，齐、晋、楚是超级大国，鲁、宋、卫之流是二流国家，此外还有很多弱国，各国间攻伐不休，战事不断，但即便超级大国也无法把二流国家一口吞下。长勺之战正说明了这一点，鲁国只要上下一心，指挥得法，就连齐国也无可奈何。

这一仗给了齐桓公当头一闷棍，也使得他更为倚重管仲，想要尽快增强实力，称霸中原了。好在管仲的新政策很快就见了成效，齐桓公的腰杆重新硬挺起来。到了公元前682年，宋国大乱，齐桓公就于翌年（公元前681年）在北杏会合宋、陈、蔡、邾等国的诸侯，商量平乱之策。

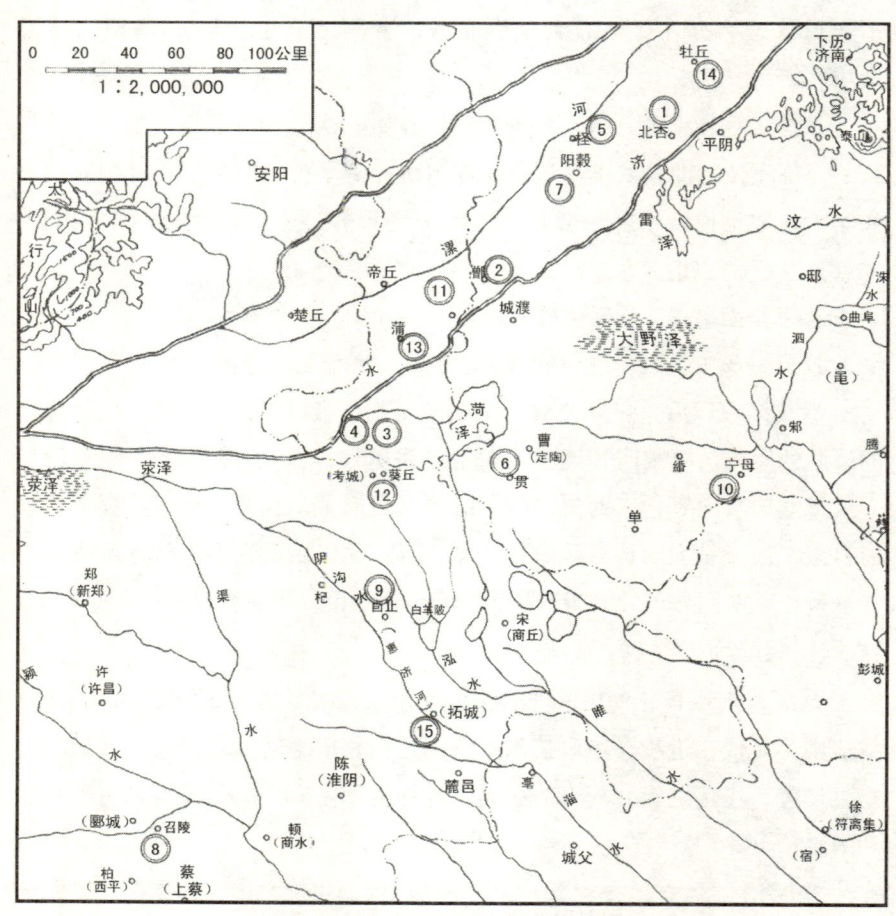

齐桓公争霸历次会盟地点图

这是春秋时代第一次诸侯会盟，标志着齐国将以盟主也即霸主的身份横空出世。

齐国召集诸侯开会，鲁、遂两国接到通知，却没有派人前往，于是齐桓公就以此为借口，首先发兵灭掉了遂国，然后再次攻打鲁国。鲁庄公派大将曹沫前往抵御，结果三战三败，被迫割地求和。

两国君主在柯地会盟。齐桓公报了长勺之仇，得意洋洋，鲁庄公却垂头丧气，正打算签署屈辱的协议，却不料曹沫突然冲上前去，手持匕首，劫持了齐桓公。他责问齐桓公说："齐强而鲁弱，您恃强欺弱，实在太过分了！您说怎么办吧！"齐桓公没有办法，只好答应把侵占的领土归还给鲁国。

曹沫得到了齐桓公的许诺，这才抛下匕首，退回队列，面不改色。齐桓公脱离险境，就想反悔，管仲劝他说："君无戏言，您可不能为了贪图一点小利就失信于诸侯呀。"坚持要求齐桓公兑现承诺，交还鲁国领土，与鲁和好。

后人认为这个曹沫，其实就是当年长勺论战的曹刿，然而曹刿多谋，曹沫有勇，看他们的行事风格，应该不是同一个人吧。

公元前679年，齐桓公与宋桓公、陈宣公、卫惠公、郑厉公在鄄城会盟，这四位二流国家的君主都一致推举超级大国齐国为盟主，商定同盟国之间共同进退，遇难相互救援。从此开始，齐桓公就成为了中原的霸主。

此后的许多年中，齐国仿佛世界警察一般，打着周天子的旗号，协助各国解决冲突，并且攻伐不肯服从的诸侯，在齐国的强力威慑下，中原原本纷乱的局面变得相对平稳下来。到了公元前667年，周惠王派遣卿士召伯前往齐国，封齐桓公为"伯"，正式承认了他的霸主地位。

尊王攘夷

管仲辅佐齐桓公称霸，口号是"尊王室，攘夷狄"。为什么要攘夷狄呢？原来当时周朝的疆域还并不稳定，没有一条明确的边境线，中原周边，甚至中原内部，还有很多东夷、北狄、西戎、南蛮各部族存在，除了楚国等有数的几家以外，都没有正式向周天子称臣，被封为一镇诸侯。这些部

文明的曙光
—— 从三代到春秋

族的生活习惯、礼仪风俗，都和华夏人大不相同。而随着周朝的衰弱，诸侯互相攻伐，这些部族开始侵略、骚扰周朝及其诸侯，所以齐国打算集合诸侯之力，"攘"也就是排斥这些异民族。

公元前663年，也就是齐桓公在位的第二十三年，突然传来消息，说游牧在今天河北北部一带的山戎部族大举向燕国发起进攻。燕，本名匽，乃是周初召公的后人所建立的国家，和分封在东方的齐、西方的秦不同，燕国虽然受命镇守北境，但在对外族的战争中始终落在下风，一直也没能发展起来，实力相对弱小。于是齐桓公就会合诸侯，点集兵马，前去抵御山戎，救援燕国。

这一仗打了很长时间，诸侯联军不仅仅把山戎赶出燕国，还追杀到河北东北部的孤竹，这才凯旋而归。不过那地方太过遥远，道路也很不好走，回途中，大军竟然迷失了方向，差点就摸不到家门了。

还是管仲聪明，他对齐桓公说："军中有很多母马，它们急着回到还在中原的小马身边，不如解开缰绳，放它们在前面认路吧。"果然，大军跟随着这些母马，顺利回到燕国首都蓟城，也就是今天的北京市。"老马识途"这个成语，就此流传了下来。

燕国国君燕庄公对齐桓公感激得不得了，一路送齐桓公南下归国，总觉得礼数不周，不肯告辞，结果越送越远，竟然越过了燕、齐的边境。齐桓公这个人很大度，说："按照礼法，诸侯之间相送，是不能越境的。"干脆把燕庄公越过的那些齐国领土，全都送给了燕国。

既消除了山戎之患，向东北方向开疆拓土，如今又得到了南面的大片土地，从此燕国逐渐强盛起来。

救燕的第三年，也即公元前661

> 春秋时期，其实同时存在过两个燕国，一是后来发展成为战国七雄之一的北方的燕国，还有一个在今天河南省境内，据说是黄帝的后裔，也可能是召公之子的原封地，不过这个燕国没能存活到战国时代就消失于历史长河中了。

第七章　春秋时代·最初的霸者

年，齐又打败赤狄，援救了邢国。再过一年，又败狄救卫。

卫国乃是周武王的小兄弟康叔所建立的国家，传到此时，国君是卫懿公。这位卫懿公有个特殊的爱好，非常喜欢仙鹤，从各处搜罗来很多仙鹤养在院子里，甚至每天亲自喂食，连国家大事都懒得管了，老百姓怨声载道。结果赤狄入侵，卫懿公想要点将发兵抵御，大臣们却都没好气地回答说："国君那么喜欢仙鹤，那就叫仙鹤去御敌好了，关我们什么事？"一哄而散。

仙鹤当然不能抵敌，于是赤狄顺利攻入卫都，把这个玩物丧志的卫懿公给宰掉了。仙鹤们也四散分飞——人都有各自的爱好，但倘若沉迷于爱好而疏忽了本职工作，最终肯定连爱好都保不住。

齐桓公听到消息，急忙联络了宋国前去救卫，把卫国的移民都迁徙到黄河南岸，并且派兵驻守。其实他完全有能力趁此机会一口吞并卫国，但为了表示自己并无贪欲，彰显霸主的德行，他并没有那么做。

如此重视声誉和礼法，也就只有管仲辅佐下的齐桓公会这么做了，其后的几代霸主，兼并别国就跟家常便饭一样，周初分封的起码有几百家诸侯，数量逐渐变得越来越少。

可是要"攘夷狄"，要消除外族侵略中原的隐患，山戎、赤狄终究都是些小角色，最大的外族就在南方——也就是曾经设计淹死过周昭王的楚国——倘若不能压服楚国，齐桓公的所谓"霸业"就要打个大大的问号。

楚国的势力实在是太庞大了，通过兼并周朝分封在汉水、长江流域，以及淮河南岸的各家诸侯，如今楚的疆域比中原任何一家诸侯国都大，兵马也多，以齐一国之力，恐怕很难打败楚国。会合诸侯前往讨伐吧，也必须先找一个借口，否则诸侯凭什么出兵出力，就为了抬高你齐桓公的声望呢？

好在机会总能等到，只看有没有能力把握了。齐蔡两国间的一点小摩擦，最终给了齐桓公南征的借口。

齐桓公这个人，其实也非常喜欢游乐，不肯上心管理国政，好在他极

文明的曙光
—— 从三代到春秋

度信任管仲,把国家大事全都托付给了管仲,靠着管仲兢兢业业的治理,齐国才能称霸诸侯。就齐桓公本人来说,他只要在大政方针上把握一下,只要亲自出马去率领诸侯之兵攻伐夷狄,或者主持盟会,任务就算圆满完成了,自有大把的时间去享乐。

其实这是中国数千年来儒士们心中一种理想的政治状态,那就是享有世袭权、无法替换的君主并不需要有多高才能,只要有识人之明,可以任用贤人就行了,主持国政的,则必须是那些有德行、肯努力,却又没有世袭权的贤人。世袭君主管理天下,靠的是声望,多做多错,少做少错,不做不错,只要"垂拱而治",不使声望下降就行;贤人没有世袭权,就不会把权力传给未必贤能的子孙,他们只要干实事,出了事情肯担责任,就不会影响君主的声威。

当然,这只是一种彻底理想的状态而已,比如齐桓公和管仲就是一个好例子,但这种好例子在历史上凤毛麟角,掰着手指头都能数得过来。

拉回来说,有管仲、鲍叔牙等贤臣治理国政,齐桓公只要不太出格,大可随心享乐。某一次,他带着蔡姬去乘船游湖——蔡姬是蔡国的公主,嫁给齐桓公做妾,因为蔡国君主姓姬,所以叫蔡姬——蔡姬年纪轻,玩心大,而且不知轻重,竟然两手抓住船舷,不住地摇晃。齐桓公大概有点怕水,连声说:"别闹,别闹,船会翻的!"然而他越是惊慌,蔡姬越是觉得好玩,晃船晃得更起劲了。

好不容易靠了岸,齐桓公竟然吓出浑身冷汗,一怒之下,他没有考虑后果,就把蔡姬赶回娘家去了。

蔡国的先祖,乃是周武王的弟弟蔡叔,后来因三监反叛而遭到流放,但蔡叔的儿子蔡胡非常贤德,受到周公的表彰,就向周成王进言,恢复了他的封地。传到这个时候,蔡国的国君乃是蔡姬的哥哥蔡穆公,一看妹妹给赶回来了,气得暴跳如雷:倘若妹妹犯了什么大罪被赶,我也只好认了;但竟然只为这点小事,就如此损害我家的形象,破坏妹妹的幸福,是可忍,孰不可忍?!

蔡穆公一寻思，你齐国仗着国大兵强，还是诸侯盟主，就这样侮辱我家，我也不能对你客气，我也得在你脸上抹抹黑。于是不等齐桓公正式休掉蔡姬，转头就把蔡姬嫁给了别人。

没有正式休书，蔡姬就还算是齐桓公的妾，竟然把齐国君主的妾嫁给别人，等于往齐桓公脸上扇了个巴掌，齐桓公当然不能善罢甘休。于是在公元前656年，齐桓公会合了鲁、宋、陈、卫、郑、许、曹各国兵马，南下伐蔡，轻而易举就捉住了蔡穆公，灭掉了蔡国。

诸侯们帮蔡国求情，说："蔡君做得是很不对，但错只在于他一人。蔡的祖先，乃是武王之弟蔡叔，家系源远流长，就此绝灭实在太可惜了。"好说歹说，齐桓公才答应让蔡复国，但他也趁机要挟诸侯们："既然已经到了此处，不如继续南下，去攻打楚国吧。"

召陵大阅兵

东周开始的时候，楚国的君主名叫熊仪，按照他们的方言、习俗，自称"若敖"。若敖死后，传位霄敖，霄敖死后，传位蚡冒——都是他们的称号。蚡冒死后，他的弟弟熊通篡位为君。

公元前706年，熊通带兵北上，攻打随国。随国遣使询问："我国无罪，为何来伐？"熊通老实不客气地回答说："我是蛮夷，不管你们那一套。如今诸侯互相攻伐，我多少有点兵力，就打算到中原来转转，请求周天子提升我的名号。"他的意思很明确，要周天子承认楚君为王。

随国没有办法，只好代为转奏。周天子当然不肯答应这种无理要求，熊通不管不顾，干脆自己称起王来——就是楚武王。

楚武王以后是楚文王，然后是庄敖，再然后是楚成王。这位楚成王本名熊恽，是位贤君，对内开发生产，对外结交诸侯，扩张的势头有所减缓。齐桓公会合诸侯伐楚的时候，楚国就是楚成王当政。其实说起来，除了僭称王号外,没什么可讨伐的实际借口。

所以齐桓公才要借着灭蔡的机会,要挟诸侯们继续南下伐楚。

楚成王闻讯,大吃一惊,就先派使者去问:"您在北海,我在南海,咱们两国风马牛不相及,您干吗要打过来呢?"管仲代替齐桓公回答说:"你们很久都没有向天子进贡苞茅了,缺了臣礼;而且,想当年昭王南征,没能活着回国——因为这两条理由,所以来讨伐你们。"

进贡苞茅本是小节,周昭王被淹死,那是好几百年前的事。楚国兼并南方各诸侯国的事情全都不提,光提这两件小事,说明了什么?说明齐国并没有一战而打败楚国的实力,只想凭借诸侯联军压服楚国——你只要肯退让,齐桓公攘夷的美名就传扬天下,再难撼动了。

使者回来禀报楚成王,楚成王一听,啥,齐人就提了这两条理由?好吧,别为了这点小事得罪中原诸侯,我们暂且退让一步,又有何损失?他立刻派大臣屈完前去谈判。

> 阅兵式是指对武装力量进行检阅的仪式,目的是为了展示自己的力量,顺便震慑敌人。中国的阅兵式历史,如果从孟津观兵算起,少说也有2000多年了。

屈完见了齐桓公,不卑不亢地回复说:"您提的两条理由,我们诚心接纳。对于进贡苞茅一事,错确实在我楚国,我们承诺从今往后,定当年年向周天子进贡。至于昭王南征不还之事,太古老了,我们也不清楚原因,您可以派人去问问汉水(周昭王淹死在汉水中)。"

既然楚国肯服软,齐桓公也就不能太过分,率领诸侯之军后退到了召陵(在今天河南省郾城东面),在那里搞了次大阅兵,还特意请屈完来参观。屈完和齐桓公乘坐同一辆马车,远远地一望,好家伙,只见兵车密布、旗帜飘扬,少说也有十来万人——楚国虽强,也比不上这多国联军呀!

齐桓公得意洋洋地问屈完:"您看,这么雄壮威武的军队,倘若用来作战,谁能够抵御?倘若用来攻城,什么城池攻不下呢?"屈完绵里藏针地回答说:"您若是以德行号召诸侯,谁敢不服?倘若想以武力服人,我楚国地方广大,汉水不过是内河而已,您的人马再多,也无法奈何得了我楚国呀。"

召陵的这一场阅兵,同时向齐楚双方都提供了信息。楚人看到中原诸侯的力量有多么强大,意识到不可与霸主正面为敌;而齐桓公也意识到光靠诸侯联军武力的强大,是无法使楚人甘心臣服的。两大强国倘若互斗,胜负难分,只可能鹬蚌相争,渔翁得利,算了,还是各自后退一步,别再顶牛了吧。

公元前651年,齐桓公在葵丘大会诸侯,达到了他中原霸主权威的顶峰。葵丘盟会,诸侯们签订誓书,约定五项条款:

一、不可废立太子,不可以妾为妻;

二、尊敬贤人,重视教育;

三、敬老爱幼;

四、公职不可兼任,重用贤才,不可任意杀害大夫;

五、不可随意筑堤,不可禁止邻国来采购粮食,出事要禀报盟主。

这些规章条款,很明显是应当时的局势而定,反过来看,说明当时中原各国普遍性地废立太子、杀害大夫、以妾为妻、荒废教育、排斥贤才、不敬老爱幼。此外,各国还随意修筑堤坝,治好了本国的水患,却伤害到下游国家(黄河下游的齐国,受害肯定最为严重),以邻为壑,还采取原始的贸易保护主义,不管不顾他国的饥荒。齐桓公想要使中原各国都和平相处、和平往来,互通有无,共同治水,从而达到共荣的局面。

当然,那只是美好的理想而已,事实上是办不到的。

齐桓公也就管管郑、蔡、鲁那些二流国家和更多的弱国而已,就在葵丘大会前后,北方强大的晋国闹成了一锅粥,齐国就鞭长莫及,根本无力协助平定。

齐桓公的霸业,很大程度是建立在管仲、鲍叔牙等贤人努力的基础上，等到这些贤人一死，喜欢玩乐的齐桓公就被一群奸臣所包围，齐国开始走上了下坡路。

这些奸臣，最重要的有三个：一是厨师易牙，据说他曾经把自己的儿子煮熟献给齐桓公，说可以治齐桓公的病；二是卫国的公子开方，他放着公子的显贵地位不要，主动要求侍奉齐桓公的起居；三是竖刁，他阉割了自己后，进入了齐桓公的内宫。

公元前645年，管仲身染重病，眼看着就要咽气了。齐桓公来到管仲身边，握着他的手，泪汪汪地问："你死以后，可以辅佐寡人的只有鲍叔牙了，可是鲍叔牙也已年老，恐怕支撑不了几年，到那时候，寡人该找谁来辅佐呢？你看易牙如何？"

管仲连连摇头："一个人连自己的儿子都不爱，真能爱护国君吗？"齐桓公愣了一下，又问："那么公子开方如何？"管仲苦笑着说："一个人不爱自己的国家，真能爱护国君吗？"齐桓公再问："竖刁如何？"管仲还是摇头："一个人不爱惜自己的身体，真能爱护国君吗？"

管仲随即就咽了气，第二年，鲍叔牙也去世了。齐桓公没有听取管仲的遗言，还是重用了那三个奸臣。到了公元前643年，齐桓公也得了重病，他的几个儿子为了夺取继承人地位，开始内斗不休，易牙和竖刁趁机大开杀戒，搞得国中大乱。他们甚至把宫门也给封闭了，还在外面再造一座高墙，禁止任何人出入。

不知道哪儿来了个女人，也不知道是什么目的，翻过墙进入内宫，正好撞见了已经饿得半死的齐桓公。齐桓公伸手指指自己的嘴，对女人说："寡人想要点吃的。"女人一摊手："没有。"齐桓公又哀求："寡人想要点喝的。"那女人还是摊手："也没有。"

齐桓公诧异地问道："为什么会这样呢？"女人就把外面的情况一说，齐桓公这才长叹一声："寡人后悔不听管仲的话，就算死了，哪儿还有脸去见他呢？"于是把袖子蒙在脸上。九合诸侯，一霸天下的齐桓公，就这么给活活饿死了。

中外历史大事对照表（二）

世界	中国
约前814年，迦太基城邦建立	
	前841年，国人暴动，开始共和行政
前776年，古希腊举行第一届奥林匹亚赛会	
	前771年，犬戎攻入镐京，西周灭亡
	前770年，周平王东迁洛邑，东周和春秋时代开始
约前754年，罗马城邦建立，王政时代开始	
前722年，亚述灭亡以色列王国	
	前707年，长葛大战，郑军射伤周桓王
	前678年，周僖王被迫承认曲沃代晋
前671年，亚述帝国征服埃及	
	前656年，齐桓公联合诸侯伐楚，退而在召陵阅兵
	前651年，葵丘大会，齐桓公称霸诸侯

第八章　春秋时代·坎坷争霸路

大力士南宫长万

公元前643年，齐桓公去世，齐国大乱。奸臣易牙、竖刁赶跑了世子齐昭，拥立公子无亏为君——可怜齐桓公被活活饿死以后，尸体竟然停了整整六十七日，始终无人过问，直到尸体腐烂，长了蛆，蛆一直爬到门外，才被发觉。

齐国既然大乱，齐桓公的霸业自然就此终结。中原各国长年来自相攻伐，别说那些弱国朝不保夕，就连鲁、宋等二流国家，也每日担惊受怕，防备遭到外族和别的诸侯国的侵略。齐桓公称霸的时候，虽然不能真正使天下太平，起码勉强建立起来一套松散的秩序，诸侯们都知道，只要服从于霸主齐国，就有齐国撑腰，不怕再遭逢灭顶之灾了。如今连齐国也濒临垮台，他们又该找谁去求告才好呢？

南方的诸侯国们就此陆续倒向楚国，中原地区的诸侯生怕文化不同、习俗有异的楚国趁机把势力向北推进，就迫切希望拥戴一位新的霸主，好会合诸侯，与楚国分庭抗礼。可是超级强国齐国已经靠不住了，北方的晋国也大乱方息，正和秦国打得不可开交，谁还能担此重任呢？

终于，一位雄心勃勃的人物迈上了历史前台，他就是宋国国君宋兹甫，后世称为宋襄公。

宋人的祖先乃是商人，第一位国君是商朝的末代王子微子启。商曾经是一个迷信而善战的部族，但宋人臣服周朝已久，接受了周朝的礼仪制度，风俗习惯和周人已经毫无两样了。微子启的后裔代代相传，齐桓公登基前后，国君正好是宋湣公。

> 春秋时期，原本大周的亲族和属国都开始礼崩乐坏，而据说保存礼制最完好的国家反倒是商人后裔的宋国，这不能不说是个讽刺。

前面说过，公元前684年，齐桓公进攻鲁国，结果曹刿论战，鲁军在长勺大败齐军。此后不久，齐、宋又联合侵鲁，鲁军首先在乘丘打败了宋军，齐桓公一看情势不妙，就主动退了兵。

宋国有一员大将，名叫南宫长万，武艺高强、力大无穷，可是战阵之上，光靠着力气大是没用的，大军溃败之际，就连这个南宫长万都做了鲁军的俘虏。战后，宋湣公派使者前往鲁国，献上许多珍宝，好说歹说，鲁人才答应释放南宫长万。

第二年的秋天，宋湣公带着南宫长万出外打猎，两人各驾兵车在原野上驰骋，比试看谁射到的猎物多。南宫长万武艺高强，宋湣公哪里是他的对手，输得相当难看。宋湣公丢了面子，怒气不息，就羞辱南宫长万，说："寡人曾经挺尊敬你的，但今天不一样了——你，不过是鲁国的俘虏而已！"

南宫长万是火爆脾气，听了这话怒不可遏，没隔几天，就找个机会把宋湣公给谋害了。宋大夫仇牧听闻此事，率领自己的私兵就去找南宫长万报仇。两将恶战一场，最终南宫长万的本事更高一筹，揪住仇牧，狠狠地摔在宫门上，仇牧牙齿都给磕碎了，就此一命呜呼。

接着，南宫长万又谋害了宋国的执政官（太宰）华督，拥戴公子游做国君，自己独揽大权。

经此大乱，宋湣公的兄弟、儿子们（群公子），大多离开都城商丘，

文明的曙光
—— 从三代到春秋

逃去了萧邑，他还有一个兄弟公子御说则逃去了亳邑。南宫长万派自己的兄弟南宫牛领兵攻打亳邑，群公子带着萧邑的兵马赶来解救，杀死南宫牛，进而挺进商丘，赶跑了南宫长万，杀死傀儡公子游，拥戴公子御说继位——就是宋桓公。

南宫长万跑到哪儿去了呢？他逃出宋国，跑到陈国去了。宋桓公派遣使者前往陈国，献上珍宝，请求陈国交出逆贼南宫长万来。陈国顾虑南宫长万的力大无穷，就设下计谋，找美女来陪南宫长万喝酒，把他灌醉以后，用皮革严严实实地裹起来，送回了宋国。

宋人痛恨这个大力士，乱剑齐下，把南宫长万斩成了肉泥。

宋桓公在位三十年以后，身体状况越来越差，准备考虑继承人问题。他有多个儿子，其中封为世子的是嫡出的小儿子宋兹甫，但声望最高、最受人爱戴的，却是年岁较大的庶子宋目夷。

在周朝的礼法中，对于嫡庶的区分非常严谨。嫡，就是正妻所生的子女；庶，就是妾所生的子女。一般情况下，只有正妻所生的嫡子才有继承权，除非没有嫡子，否则是轮不到庶子的。

世子兹甫的性情非常温和，为人忠厚，他知道自己的才能不如哥哥目夷，就主动前去向父亲恳求，还是让哥哥当世子，将来继承宋国国君之位吧。但是宋桓公基于嫡庶明确区分的礼法，否决了他的提议。第二年，也就是公元前651年，宋桓公去世，就把国君之位传给了兹甫——也就是大名鼎鼎的宋襄公。

宋襄公一继位，立刻拜哥哥目夷（习惯上称为公子目夷）为左师。左师是宋国的专有官位，相当于最高执政官，因为公子目夷的字是子鱼，所以他的后代就以鱼为氏，鱼氏此后世代担任左师这个高官。

这一年，齐桓公在葵丘大会诸侯。按照道理，宋国既有丧事，宋君可以不必出席盟会，只要派名大臣前往就可以了，但宋襄公认识到这是安定中原的大事，所以老爹宋桓公的灵柩还停在那里，没有下葬，他就戴着孝亲自跑到葵丘去了。齐桓公为此大加称赞这位宋国的新君，而宋襄公也对齐桓公服气得不得了。

葵丘之会，可以说决定了宋襄公此后的人生轨迹，他以齐桓公为榜样，一心想要成就霸业，安定中原。数年后，齐桓公去世，齐国大乱，宋襄公当仁不让，立刻挺身而出，想要继承齐桓公的事业，把宋国树立为新时代的霸主。

上了楚人的大当

公元前642年，宋襄公召集曹、卫、邾三国兵马，浩浩荡荡杀向齐国，以平齐乱。

齐国人本来就不服篡位的公子无亏，宋兵才刚入境，他们就杀死无亏，接回了齐桓公时代的太子齐昭。可是齐桓公还有另外四个儿子呢，人人都争当国君，不服齐昭，他们联兵一处，攻入临淄，又把齐昭给赶走了。

宋襄公闻讯，二度发兵，赶走了这四位公子。齐昭就此在宋兵的保护下继位为君，就是齐孝公。

宋襄公平定齐国的内乱，一方面是为了报答偶像齐桓公的赏识之恩——齐昭是齐桓公的爱子，世子已经当了很多年了，他不做齐君，岂不违逆了齐桓公在天之灵吗？另一方面，宋襄公也想趁此机会争霸中原。

在他想来，齐国是霸主，但如今齐国新君是自己拥立的，霸主之位，自然就应当从齐转移到宋来了。

翌年，也就是公元前641年，宋襄公首先试探性地召集几个弱国会盟。结果滕君拒绝前来，鄫君姗姗来迟，宋襄公为了立威，就首先发兵擒获了滕君，进而在盟会上逮捕鄫君，砍下脑袋来做了祭品。左师目夷慨叹说:"齐桓公先后救援和保护了三家诸侯（燕、邢、卫），天下还有人说他德薄，不当为霸；如今您召集一次会盟，就残害两个国家的君主，还打算称霸诸侯，这不是痴心妄想吗？"

文明的曙光
——从三代到春秋

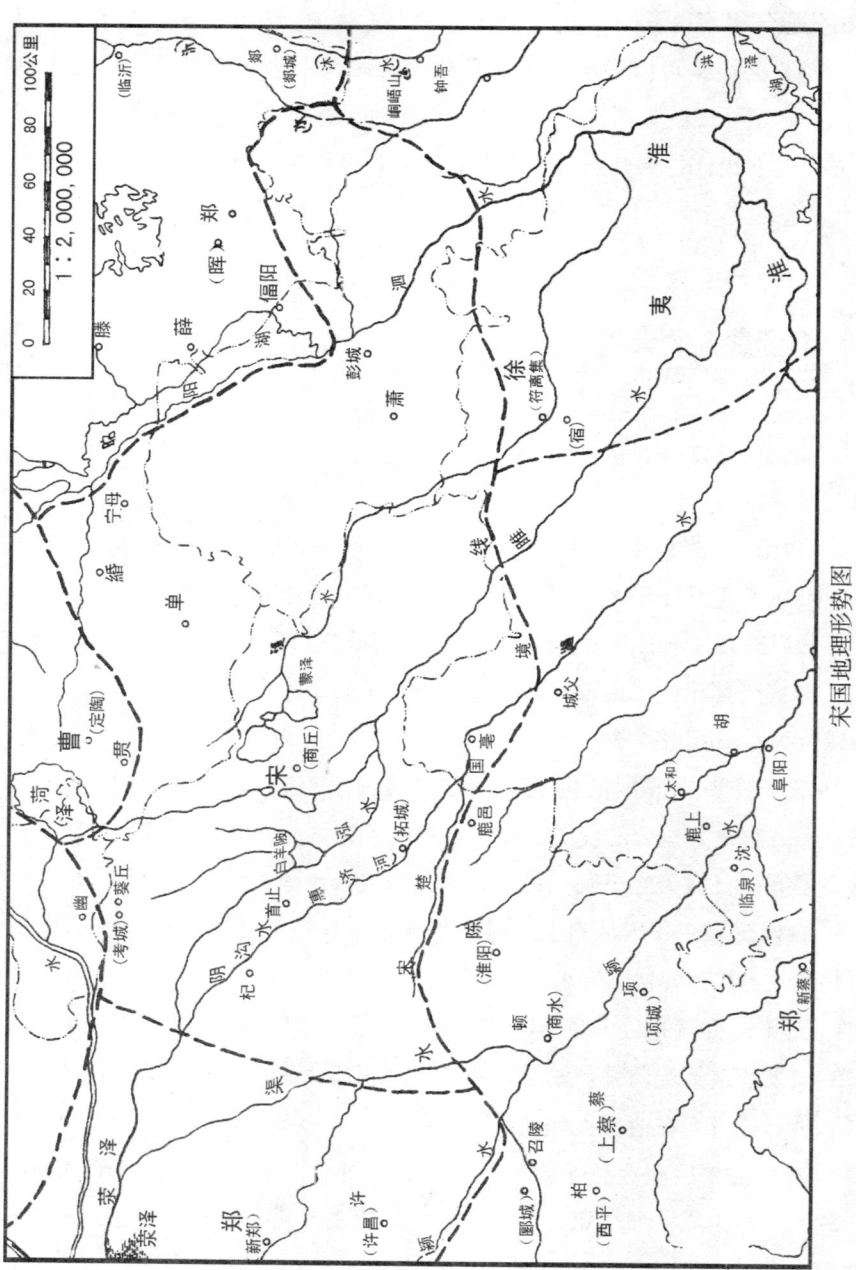

宋国地理形势图

后人都说宋襄公极其仁德，甚至到了迂腐不化的地步，但从这件事来看，他也有作威作福的一面，恐怕算不上真正的仁人君子。

结果这场会盟，事实上只有宋和曹、邾、滕、鄫四家弱国参与，在重新动荡起来的中原大地上，掀不起一点涟漪。

当然，会盟曹、邾等国，只是宋襄公投石问路的第一步而已。隔了两年（即公元前639年），他在鹿上会见齐孝公和楚成王，请求两国允许宋国称霸。齐是传统的中原霸主，仆从国很多，但齐孝公是宋襄公所立，不能不给宋国面子，宋襄公要齐国召集中原各国，听从自己的号令，齐孝公虽然有点不情愿，最终也只好答应了。

中原南方的诸侯国，在齐桓公死后大多倒向楚国，楚和齐一样，都握有真正的实权。所以宋襄公也请求楚成王给南方诸侯们下令，请他们听从自己的领导。出乎他意料之外的是，楚成王竟然也一口答应了。

得到了齐、楚两个超级大国的承诺，宋襄公觉得时机已到，于是就在当年秋季，召集各地诸侯都到盂地（在今天河南省睢县境内，是宋国的领地）来，再次会盟，以推举新的霸主。

楚成王虽然不像前几代楚王那般骄横跋扈、肆意扩张，却也并非毫无野心。原本齐桓公称霸中原，楚成王无隙可乘，又担心一旦和齐国对立起来，则战火蔓延，难求胜算，所以才勉强退让。如今齐桓公已死，称霸中原，楚成王自以为是不二人选，对于宋襄公不久前的请求，他只是随口敷衍而已，其实并没有真的把宋国扶上霸主之位的意愿。

等到宋国召集各诸侯在盂地会盟，左师目夷劝宋襄公："比起齐、楚来，宋算是小国，小国而想当霸主，难度太大了，请您重新考虑。"宋襄公不以为意地笑笑："齐、楚都已经答应寡人了，你不用太担心。"左师目夷又劝："楚乃蛮夷，其心难测，不如让我带领兵车埋伏在会场附近，以防万一。"可宋襄公还是摇头："会盟是为了和平，怎能妄动刀兵呢？万一消息泄露，会有损寡人的声望。"

他只带了礼仪所规定的少量随从，得意洋洋就奔盂地去了。结果楚、

文明的曙光
—— 从三代到春秋

陈、蔡、郑、许等国君主全都来到会场，一开始人人面带笑容，气氛似乎相当融洽，可一谈到霸主的问题，蔡、郑等诸侯竟然开口推举楚成王。

宋襄公闻言吃了一惊，心说当日和齐、楚开会，不是这样答应我的呀。于是急忙站起身来呵斥众人："楚虽然是大国，终究是南方的蛮夷，怎能为中原霸主呢？我宋国有定齐的大功，会盟盟主，还应当由我宋国来当才是。"说着话，注目楚成王，示意楚成王开口附和自己。

他根本料想不到，楚成王却把面孔一板，说："大国不能为霸，反而轮到小国，哪有这种道理？"随即将手一挥，埋伏在会场周边的楚军立刻汹涌开到，把会盟的高台给团团包围了起来。几员楚将更是直接冲上高台，各持兵器，扣押了宋襄公。

楚军就这么绑着宋襄公，直向宋都商丘挺进。国君在别人手上，就算左师目夷再怎么得人心，再怎么能征善战，终究投鼠忌器，只好一路后退固守商丘。打败宋军以后，楚成王就在宋城薄邑召集鲁、陈、蔡、郑、许、曹等国诸侯会盟，诸侯们在大军威压之下，被迫众口一词地推举楚国为盟主。

不过，宋不管怎么说也是中原的二流国家，倘若楚国趁着这个机会灭掉宋国，等于直捣中原腹地，唇亡齿寒，鲁、曹等国也终究难逃厄运。于是他们反复劝说，好不容易才说服楚成王释放了宋襄公。

不但遭到楚人欺骗，还当了好一阵子的俘虏，回到商丘的宋襄公越想越是羞愧、恼怒，无法咽下这口恶气。他知道以宋国的兵力，是无法伐楚复仇的，于是就在第二年，即公元前638年，联合了卫、许、滕三个最早拥戴自己的小国，南下伐郑。

在春秋初期，郑庄公曾经煊赫一时，

> 居中调停宋楚纷争的主要是鲁国。鲁国作为周公的封国，可说是地位最为崇高的诸侯，虽然本身实力弱小，但在诸侯们不想打仗而要讲究礼仪的场合，还是有一定话语权的。宋襄公被楚人俘虏以后，就是在鲁僖公的调停下才得以回到宋国的。

但郑国的地理位置实在太糟糕了，正当中原的咽喉要道，楚人北上、齐人西进，都得从郑国走，所以郑国三天两头遭逢兵灾，国势越打越弱。齐桓公去世以后，郑国为了活命，最早倒向楚国。

宋襄公想要利用伐郑来削断楚国的臂膀，更想利用一场胜仗来重振声威——上当受骗，做了楚人的俘虏，声威降到了底点，倘若不能重新振作的话，中原各国都将瞧不起宋国，还怎么可能称霸呢？

既然这时候郑是楚的仆从国，宋军伐郑，楚成王当然不能坐视不理，于是他立刻亲率大军，北上救郑。春秋时代著名的战役——泓之战，就此拉开了序幕。

落后于时代

公元前638年11月，楚成王救郑，大军向北挺进，一直杀到泓水南岸。

周朝分封的诸侯，最东面是齐，最南面是楚，东北有燕，正北有晋，西方有秦。宗周镐京和成周洛邑之间，属于王畿，封了很多采，并没有国，更不可能有大国，比较大一点的国家，都在洛邑的东面。距离洛邑最近的大国，北有卫、南有郑，略微远一点，北为鲁、南为宋。

所以郑在宋的西面，宋襄公伐郑，就是向西方进军。

泓水的位置，大约在今天河南省拓城县西北方，拓城县属于商丘市管辖，可见这地方距离宋都商丘很近，属于宋国，不属于郑国。

"围魏救赵"的成语虽然比较晚才出现，但楚成王的军事策略和围魏救赵并无两样，他不直接挺进到郑国，反而攻打宋国，以逼迫宋军后退。

听到禀报，宋襄公果然慌了，急忙从郑国境内撤兵，后退到泓水，目的是为了保护自己的国都商丘。

文明的曙光
——从三代到春秋

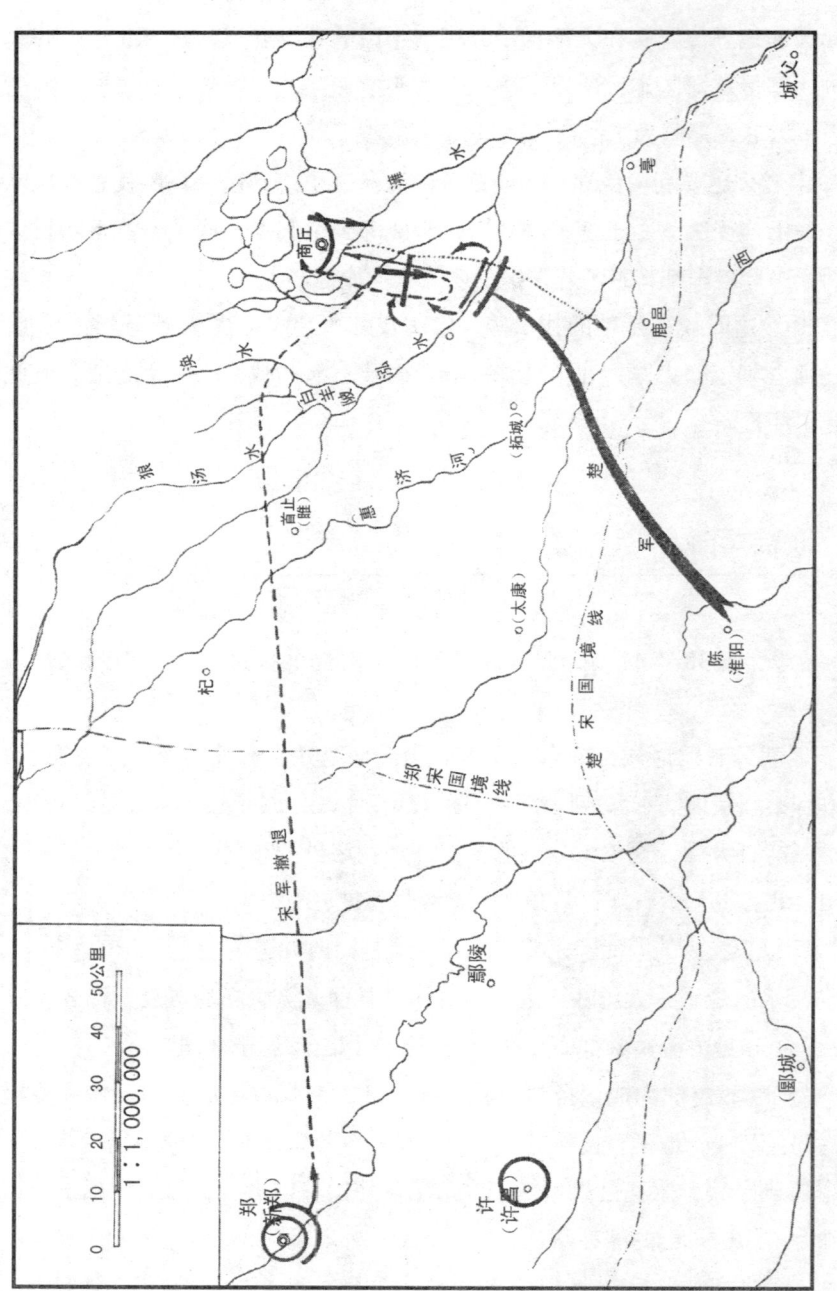

宋楚泓之战形势图

150

第八章 春秋时代·坎坷争霸路

左师目夷建议宋襄公派人去和楚成王谈判，稍作退让，请求楚国退兵，他说："上天放弃我商族已经好几百年了，重振太难，还是放弃吧。"可是一心称霸的宋襄公否决了他的提议，还是把全国兵马都布列在泓水北岸，准备着跟楚军恶战一场。

宋军是内线作战，以逸待劳，楚军才刚开到泓水南岸，北岸的宋军已经阵形齐整，随时可以进入战斗状态了。左师目夷看到这种情况，突然间灵光一现，急忙跑去对宋襄公说：

"您看到了，楚军数量众多，比我军要多好几倍，倘若正面对敌，咱们非输不可。不如趁着楚军还没能涉渡泓水，率先发起攻击，让他们根本上不了岸。如此，则胜券在握，楚军人数再多，也会被迫后退的。"

宋襄公一个劲儿摆手，不赞成左师目夷的主张。

终于，楚军开始过河了——泓水只是一条小河沟，根本不必造船，淌着水就能过河。才上岸的楚军队列散乱，还来不及列阵，左师目夷看到这种情况，急忙再去对宋襄公说："这也是个好机会，趁着楚人队列不整，咱们赶紧杀过去吧！"

宋襄公还是摇头。左师目夷不明白了，就请问宋襄公："您究竟打算怎么打这一仗，说给我听听吧。"宋襄公捋着胡子，一板一眼地回答说："按照礼法，打仗就应当堂堂正正地列阵而后战，不该玩什么诡计。真正的君子，应当不凭借地势的便利，不攻打列阵没完成的敌军；敌人若已受伤，就不应该再补上一剑；对于年岁大、头发花白的敌人，也不应当抓为俘虏……"

他这一大套礼仪规矩，听得左师目夷是目瞪口呆。最终左师目夷只好长叹一声："打仗的目的就是要取胜，都像您这么做，那么多规矩限定，还打什么仗，直接认输就好了！"

古时候打仗，因为落后的武器装备和军事制度的限定，逐渐形成一系列不成文的规矩，比如说必须排列方阵，战车在前，步兵在后，必须先擂鼓，再挺进，接近到一定距离再开始冲锋，那本是没有办法的事情，并非

文明的曙光
——从三代到春秋

战争的天然法则。时代演进到春秋乱世，士兵数量越来越多，武器装备越来越好，这些没办法才必须遵循的法则早就应该被打破了——倘若见对方擂鼓，自己也必须得擂鼓前进的话，还怎么会有曹刿论战赢得的长勺大胜呢？

至于周朝礼仪所规定的所谓"君子"（也就是贵族）的种种行为准则，比如不伤害已经受伤的敌人，不俘虏头发花白的敌人等等，到了春秋乱世就更行不通。按照礼仪，诸侯国之间就根本不该有什么争斗，偶有争斗，也应当上奏，由周天子定夺，可事实上谁还遵守这些规矩呢？

> 根据《周礼》所载，周天子有六军，诸侯中大国有三军，中小国家有二军或一军。但实际上，到了春秋中期，周天子凑不齐六军，而诸侯中三军、二军的所属人数超过天子六军的，倒比比皆是。

宋襄公不见得有多仁德，但他确实是迂腐，无论战争指导原则，还是社会准则，全都落后于时代。落后于时代就必将被时代所淘汰，宋襄公恐怕是中国历史上给人留下印象最深刻的一个活例子。

既然宋襄公秉持着那些让左师目夷目瞪口呆的落后法则，那肯定谁都能猜得到泓之战的结果——在楚国优势兵力的攻击下，宋军全面崩溃，连宋襄公本人都中箭受伤，差点就再次做了楚人的俘虏。左师目夷领兵顽强抵抗，好不容易才把宋襄公救出，残兵败将陆续逃归商丘。

这一来，楚国的声威大震，宋国，尤其是宋襄公的声望彻底跌到了谷底，就连他本人也终于认识到了：宋国再想称霸，完全是痴人说梦。

可是更糟糕，更让宋襄公难以接受的事情还没结束。第二年春天，趁着宋国被楚军打得元气大伤的机会，齐国突然发兵，包围了宋国的缗邑。

这个时候，被宋襄公扶上台的齐孝公已经去世了，奸臣卫公子开方杀掉齐孝公的儿子，拥戴齐孝公弟弟齐潘登基，就是齐昭公。虽说齐孝公已死，但宋对齐的恩惠还没有彻底消散，齐昭公乘人之危，攻打对本国有恩的宋国，实在太过卑鄙了。

然而乱世中的法则就是如此，人人利字当先，包括礼仪在内的道德准则全都约束不了。希望恢复周朝礼仪，希望靠会盟迎来和平秩序——宋襄公的迷梦也总该从这件事上，好好清醒一下了吧。

理想的破灭，再加上在泓之战中受了重伤，宋襄公一回到国都商丘就倒下了，一连病了好几个月，再也爬不起来。恰巧就在这个时候，大臣来报："晋公子重耳流亡到我国，求见国君。国君既然有病，就打发他离开吧。"

宋襄公虽然病卧，却还是急忙摆手："不可，不可。公子重耳的贤名遍于各国，当年他逃亡到齐国，齐桓公待以上宾之礼，还把宗室的女子嫁他为妻。齐桓公都这么敬重他，我等怎能怠慢呢？"

于是强撑着病体爬起来，以迎接国君的最尊贵礼节，盛情款待了公子重耳一行。在见面恳谈以后，宋襄公点头说："中原缺乏霸主，难以抵御楚人，这个重担寡人是挑不起啦，倘若上天果真有灵，就让公子重耳来承担吧。"仿佛终于找准了接班人放下心来一般，公子重耳离开没多久，宋襄公就两腿一蹬，咽了气。

假途灭虢

晋这个国家，第一任君主是周武王的儿子叔虞。

据说叔虞还在娘胎里的时候，周武王做了一个梦，梦见上天对他说："我给你一个叫虞的儿子，把唐地封给他吧。"等到小孩子降生，手心里掌纹纵横，似乎是像一个"虞"字，于是武王就给他起名为虞，通称叔虞。

传说周成王刚登基的时候，年纪还小，和弟弟叔虞一起玩过家家，把桐树叶子裁成珪（一种上尖下圆的玉器）的样子，装模作样地说："封你做

文明的曙光
—— 从三代到春秋

诸侯。"史官听说此事，赶紧跑来请问周成王："您打算把叔虞公子封在何处呢？"周成王笑着摇摇头："只是开玩笑而已，不必当真。"史官板着脸回答说："天子无戏言。天子一言既出，史官记录在案，相应的礼仪制度立刻施行，还要有歌谣传诵。您可不能用开玩笑来搪塞！"

周成王没有办法，只好把戏言变成了诺言。碰巧北方的唐国叛乱，周公刚平定，于是就把叔虞封在唐国，从此称为唐叔虞。

当然，咱们前面说过，周成王继位的时候虽然年轻，应该已经成人了，不再是小孩子，也肯定不会和兄弟玩过家家，这个说法并不可靠。

但唐叔虞被封在唐地，也就是今天山西省南部的事情，却是真实的，并且到了唐叔虞的儿子继位的时候，不知道为什么把国名给改了，改称为晋国。

传了几代，传到周宣王当天子的时代，晋国国君是晋穆公。晋穆公的正室夫人生了两个儿子，大的起名叫仇，小儿子起名叫成师。当时就有人说："仇虽然是配偶的意思，但是和'雠'（仇恨之仇，旧写作雠）同音，太不吉利了。成师却是个吉利名字。大公子当为世子，继承君位，却没有好名字，小公子的名字倒很好，将来必起祸乱。"

迷信之所以成为迷信，就因为在偶然情况下会得到一定程度的证实，使得古人相信那不是碰巧，而是通例——比如这个故事或许就提示当时的人们，一个人的名字是具有魔力的。

因为后来晋仇继承君位，然后传位给他的儿子，就是晋昭公，晋昭公把叔叔成师分封在曲沃，史称曲沃桓叔。曲沃是座大城，规模比晋都翼城还要大——咱们还记得，当初郑庄公把太叔段封在比都城还大的京邑，就曾经遭到大臣们的反对——结果传了几代，曲沃的势力越来越强，晋国公室（指国君的势力）却逐渐衰弱。

按照当时的说法，晋国好像一棵大树，公室就是树干（本），又细又小，曲沃就是树枝（末），又粗又大，本末倒置了，怎么可能不倒掉呢？

第八章 春秋时代·坎坷争霸路

周平王三十二年，也就是公元前739年，晋大夫潘父谋杀了晋昭公，想迎接曲沃桓叔来当国君，结果阴谋失败，潘父被杀，曲沃的兵马被迫退去。从此以后，晋公室和曲沃就内斗不休，三天两头打仗。

到了公元前679年，那一年齐桓公和宋、陈、卫、郑四国君主在鄄城会盟，开始称霸诸侯，曲沃桓叔的孙子曲沃武公彻底打败了晋公室，还把掳获的各种宝物上呈周天子，请求周天子允许他继承晋国君位。这时候的周天子已经又穷又没人搭理了，得到这些宝物，大喜过望，于是立刻答应了对方的请求。

曲沃武公就这么摇身一变，成为了晋武公。晋武公以后是晋献公，他把原本晋公室的公子们全都杀了，废弃翼和曲沃两城，迁都到绛，也就是今天山西省侯马市附近。

晋原本就是北方大国，其势力在晋献公的时代又有了大规模的扩张。当时晋献公最痛恨的诸侯国是虢（西虢），因为在他大开杀戒，诛灭旧公室群公子的时候，不少漏网之鱼都逃去了虢国，并且鼓动虢国兵马攻打晋国。晋献公想要伐虢复仇，但可惜晋、虢之间并不相邻，中间还隔着一个虞国呐。

想要伐虢，就必须向虞国借道，借道总得送点礼物，于是大臣荀息就建议晋献公取出最喜欢的产自屈产之地的良马、产自垂棘之地的宝玉，去献给虞君。虞君一见这些宝物，大喜过望，立刻承诺说："你们啥时候想去打虢国，说一声就行了，寡人会派兵给你们做向导的。"

公元前658年，晋献公派里克、荀息为将，借道虞国，率军伐虢，攻克了虢国的都城，虢人被迫搬迁。隔了三年，也就是公元前655年，晋又二次发兵。

消息传到虞国，虞国的大夫宫之奇劝说虞君："您可不能再借道给晋人了，他们在灭掉虢国以后，一定会掉转矛头，来灭咱们虞国的。"虞君不以为意地摇摇头："我国和晋国都是周王室的后裔，同样姓姬，他们怎么可能攻灭同姓诸侯呢？"

宫之奇听了这话，多少有点哭笑不得："您说得没错，咱们和晋确实是同姓，但晋和虢难道就不是同姓吗？虢国难道就不是姬姓诸侯吗？晋侯能够追杀同姓的群公子，能够灭亡同姓的虢国，凭什么我国就独能幸免于难呢？虞国和虢国，就好像牙齿和嘴唇的关系，一旦嘴唇没有了，牙齿难道不会感觉寒冷吗（唇亡齿寒）？"然而他的正确意见，虞君却一点都听不进去。

当年冬季，晋军浩浩荡荡通过虞国，果然顺利地把老仇家虢国给灭掉了，然后原路返回，顺便就突袭了虞国都城，俘虏了虞君——宫之奇不幸言中。大将荀息随即就从虞君的后宫里找出屈产良马、垂棘宝玉，回到绛城，送还给晋献公。

> 关于虞国借道给晋国，帮助晋国灭掉虢国后，自己随即也遭灭国的故事，《左传》和《史记》中都有记载，并且从这个故事中产生了三个千古流传的成语——"假途灭虢"、"唇齿相依"、"唇亡齿寒"。

晋献公得意洋洋地摸着良马的脖子，笑着对大臣们说："这马终究还是寡人的呀，只是年岁老一点罢了。"

这就是历史上著名的假（假就是借的意思）途灭虢的故事。

骊姬的阴谋

晋献公时代，除了灭虢、灭虞以外，还先后攻灭过霍、耿、魏三家诸侯，打败了骊戎和北狄等多个部族，扩地千里，膨胀速度极快。但是晋献公和齐桓公一样，都没能搞好继承人问题，结果他才一咽气，晋国就立刻大乱了起来。

周朝礼法所规定的继承制度，主要包括长子继承和诸子析产两个方面，也就是说，儿子们根据身份的高低（年长还是年幼、嫡出还是庶出）都可以分得一份遗产，但最主要的遗产得留给嫡长子。所以周文王把江山传给了周武王（排位老二，但老大伯邑考早死），周武王把他的兄弟们全都分封为诸侯；周武王传位给长子周成王，周成王也分封他的兄弟（比如唐叔虞）为诸侯。

坚持诸子析产，可以保证任何一个儿子都不被饿死；坚持长子继承，可以保证兄弟之间不会抢夺遗产。当然，礼法固然是这样规定的，实际情况却复杂多变，引发了无穷的祸事。

就以晋献公为例，他有很多妻妾，也有很多儿子，法定继承人是嫡长子申生，很早就被立为世子。但申生的母亲齐姜（齐桓公的女儿）死得早，晋献公很快就把骊姬从妾提升为正妻，宠爱有加，当骊姬生下儿子以后，他就突然产生了废长立幼之心。

骊姬不是华夏人，本是骊戎之女。公元前674年，晋献公打败了骊戎，抢到骊姬姐妹，全都纳入后宫。七年以后，骊姬为他产下一个儿子，起名叫奚齐，晋献公爱屋及乌，把全部心思都放在奚齐身上，却把世子申生赶出都城，赶到老家曲沃去镇守。

当然，废长立幼，违背了周朝的礼法，晋献公不敢贸然行事，只好等着看申生有什么过错，然后就能趁机放逐他了。可惜申生是个大孝子，无论对待父亲，还是对待后娘都非常恭敬，挑不出一点错来。

眼看着奚齐一天天长大，骊姬也想让自己的儿子继承国君之位，她有点等不及了，这女人眼珠一转，想出来一条毒计。于是某次她托人捎信给待在曲沃的申生，说："国君梦见了你母亲齐姜，你应当立刻在曲沃祭奠母亲。"申生不知是计，完全照办，并且在祭祀结束后，按照当时的礼法，把祭品熟肉切下一份来献给父亲晋献公。

熟肉送到的时候，正赶上晋献公外出打猎，骊姬就趁机在肉里下了毒。等到晋献公回来，想要享用这份熟肉，骊姬急忙从旁阻止，说："这东西是从远方送来的，应当先试试看是否有毒。"于是割下一块来扔给狗，狗吃了立刻倒地气绝，再割下一块来赏赐给奴仆，奴仆吃了也一命呜呼。

文明的曙光
—— 从三代到春秋

骊姬装模作样地大哭起来，说："世子的心怎么这么狠呐！他连自己亲生父亲都想要谋害，一旦您去世，他肯定不会饶过我们母子的！"

晋献公上了骊姬的当，立刻派人前往曲沃去责问申生，申生吓得逃到新城。有人就问申生，说："这事儿再明白不过了，肯定是骊姬在肉里下毒来陷害您，您干吗不辩解呢？"申生回答说："父亲已经很老了，如果身边没有骊姬，他吃不下，睡不着。我怎能为自己辩冤，而使父亲伤心难过呢？"

旁人劝他："那干脆逃到别国去好了。"申生微微苦笑："我如今身负谋杀父亲的恶名，哪家诸侯还敢收留我？"这人虽然孝顺，但受了礼法的毒害，脑筋有点不转弯，最后干脆自杀了事。

就这么着，骊姬阴谋得逞，奚齐坐上了世子之位。

前面说过，晋献公有一大群儿子，其中最有人望的共有三个，也就是嫡长子申生，还有公子重耳和公子夷吾。重耳、夷吾都是庶子，他们的亲娘都是北狄某部族狐氏之女——按照当时的规矩，嫁女儿往往嫁一双，姐姐是主嫁，妹妹算陪嫁——重耳的母亲是姐姐，夷吾的母亲是妹妹。

申生镇守曲沃的时候，这两位有北狄血统的公子也都被分封了出去，公子重耳在蒲城，公子夷吾在屈城。骊姬生怕这两位公子人望高，将来会对自己亲生儿子造成威胁，陷害完申生以后，又在晋献公面前进谗言，说："申生下毒谋害您的事情，两位公子事先都知道，却不禀报，不知道是什么意思。"晋献公勃然大怒，即刻派兵去攻打蒲、屈，逮捕二人。

蒲城首先被攻克，公子重耳逃到北狄的姥姥家去了；第二年屈城也被攻克，公子夷吾也打算向北跑，却被从人劝阻，说："重耳已经在那儿了，您去干吗？不如逃到梁国去吧。梁国距离秦国近，秦国势力强大，倘有不测，您还能往秦跑，多安全。"公子夷吾点头称是，于是逃去了梁国。

公元前651年，齐桓公大会诸侯于葵丘，晋献公本来也打算去的，但走到半道，突然得了重病，只好原路返回。他知道自己时日无多了，就召来荀息，说："寡人将传位于奚齐，但是奚齐年纪太小，得靠人保护他。你向来足智多谋,这个重任就托付给你吧。"

晋献公托孤给荀息,引发了大臣里克、邳郑等人的不满。他们一直认为申生死得冤枉,公子重耳被迫流亡,也很可怜,这都是骊姬造的孽,怎么还能让骊姬的儿子霸占国君之位呢?况且,公子重耳素有贤名,接他回来当国君,比小孩子奚齐要强一百倍。于是里克就暗中收买刺客,还没等晋献公下葬,就把奚齐给刺杀了。

> 晋国大杀公室,使得陪臣的力量日益增大,最终晋国就毁灭在昔日的陪臣手中。这在晋惠公的即位过程中已可初见端倪。

荀息得报,放声大哭:"先君把奚齐托付给我,我没能好好保护,还怎么有脸苟活于世呢?"当场就要自杀。幸好左右人牢牢扯住,建议说:"您可别自寻短见。奚齐虽死,卓子尚在,拥戴卓子当国君,也算是完成先君一半的遗愿了呀。"

咱们前面说过,骊姬姐妹两人都被纳入了晋献公的后宫,骊姬生了奚齐,她妹妹生了卓子,所以卓子和骊姬也有血缘关系,拥戴他做晋君,骊姬不会不答应,想来晋献公地下有知,也会勉强点头的。

可是他们没有想到,里克一不做,二不休,干脆发动政变,又把卓子给杀了。荀息大骂里克,里克却撇一撇嘴:"奚齐、卓子,都是先君的儿子,难道申生、重耳就不是吗?怎么不见你为他们喊冤?"一剑砍下,取了荀息的性命。

随即里克就派人去北狄迎接公子重耳,然而重耳却坚决不肯回来。里克急得什么似的——国君的位置,可不能一直空着呀——别的大臣劝他:"夷吾也是先君的儿子,虽然不如重耳贤明,也还算正直聪慧。重耳实在不肯答应,不如去请夷吾吧。"

里克没有办法,只好派人去梁国迎接公子夷吾回国为君,也就是晋惠公。里克本以为晋国的混乱到此为止,这位晋惠公将能继承晋献公的事业，治理好国家，却想不到，晋国的灾难，这才刚刚开始……

流亡公子重耳

　　公元前651年，晋国的里克、邳郑派人去北狄迎接公子重耳回国为君，公子重耳却一口回绝了。重耳的理由是："当初父亲，也是国君要逮捕我，我被迫流亡，若不能得到国君的赦免，怎能再回国去呢？况且，父亲去世，我不能尽人子的责任，参加葬礼，也没有脸面回国。还是请大夫们另选贤能吧。"

　　公子重耳难道真的没有雄心壮志，不打算做国君吗？也并非如此，重耳不打算回国，他说出口的理由只是一个方面；另一个方面是：晋国刚死了三位君主（晋献公、奚齐、卓子），国内动荡，大臣把持政权，重耳本人没有牢固的靠山，哪儿还敢回去呢？

　　既然重耳不肯归国继位，里克等人没有办法，只好把重耳同父异母的弟弟公子夷吾从梁国接回去，成为晋惠公。然而晋惠公虽然和重耳血缘最近（两人的母亲是亲姐妹），同样享有贤名，但重耳的贤名是真的，晋惠公的贤名是假的，他继位为君没多久，就搞得国中大乱，还和西方的秦国恶战数场，连番败退。老百姓全都在暗地里嗟叹："当初若是迎回公子重耳就好了。"

　　这些议论传到晋惠公耳朵里，暴虐的晋惠公又是恼怒，又是担心，急忙派人前往北狄去刺杀公子重耳。重耳听到风声，被迫逃出北狄，一路跑到齐国去了。

　　这是公元前644年的事情。公子重耳逃出晋国，投奔北狄的时候是四十二岁（虚岁），在北狄居住了十二年，如今已经五十四岁了。

　　为什么要逃到齐国去呢？原来这个时候霸主齐桓公仍然在世。晋是大国，晋君想要自己的性命，周边小国是不敢收留自己的，只有逃到齐国去，才能得到一线生机，还保不准会帮助自己归国继位。

临行前，重耳对自己的妻子说："你在这里等我，最多二十五年。如果二十五年以后，我还不回来，你就可以改嫁。"他妻子笑道："等二十五年呀，那时我不但早死了，连坟上的树苗都要长成大树了。去吧，去吧，我会等你的。"

重耳带着赵衰、狐偃等亲信——也都是贤臣——一路东行，可是跑了没多远，管账的头须就把全部钱财打个包，带着逃回晋国去了，搞得这一伙落魄贵族更加穷困潦倒，一连好几天连饭都吃不上。大家商量着，卫国就在前方，还是前去请求卫君接济一下吧。

然而卫成公害怕北方的超级大国晋国，不敢收留重耳一行人。不但如此，连酒饭都不肯周济他们。重耳实在饿得不行，只好拉下老脸来，向田里的农民求点吃的。农民们嘲笑他，讥讽他，最后搓了一簸箕土块递过去："吃吧。"

重耳气得当场就要拔剑砍人。贤臣赵衰赶紧拉住他："别呀。他们给您土，这是个好兆头，说明您必将得到国土。应当赶紧跪拜上天，恭敬地接受。"重耳听着有理，更重要的是，他现在也没有本事和心情跟农民起冲突，于是就跪下来，毕恭毕敬地接过那一簸箕土块。

当然，这又会引来农民的嘲笑。

饥一顿，饱一顿，到处央求接济，好不容易来到了临淄。齐桓公早就听说过公子重耳的贤名，立刻以贵宾之礼接待他，把一个同族女子嫁给重耳为妻，还送给他二十辆马车。重耳一行总算找到了落脚之地，得以安稳度日。

可惜这个时候管仲等贤臣都已经过世了，齐桓公壮志消磨，也没有送重耳回国的计划。第二年，齐桓公去世，齐国大乱，更没有谁愿意当重耳的靠山了。

不过，重耳在齐国活得还是挺滋润的，一待就是五年，都不想离开了。赵衰、狐偃等人就在一棵桑树下开会商量："难道就这么在别国生活

文明的曙光
—— 从三代到春秋

一辈子吗？咱得劝说主公离开齐国，先另觅安身之地，再找机会回国为君呀。"正巧重耳的齐国妻子有个侍女，出来采桑，听到了他们的密谋，赶紧回去禀报主母。

重耳这位齐国妻子倒是深明大义，不但不生气，反过来也劝重耳离开齐国。重耳摇头说："我颠沛流离那么长时间，好不容易安定下来，你对我这么好，这儿那么快乐，怎么舍得走呢？"妻子慨叹说："您不是普通人呀，您是素有贤名的公子，您的部下都是仰慕您的德行，希望能做一番事业才跟随您的。您不想着赶紧回国，好好报答他们，却光想着女人对您的好，害臊不害臊呀！"

于是她跟赵衰、狐偃等人商量，把重耳给灌醉了，抬上车去，逃离了齐国。一直跑出好远，重耳才终于清醒过来，气得抄起长戈来就要杀狐偃。这狐偃乃是重耳的亲舅舅，当下躲也不躲，逃也不逃，把脖子一梗："如果杀了我就能使你成就大业，那就杀吧！"重耳恶狠狠地骂道："要是我成不了大业，我就吃了舅舅你的肉！"狐偃笑笑："我的肉又腥又臭，恐怕你吃不惯。"

旁边赵衰等人赶紧上来解劝，好不容易才让重耳消了气。

重耳一行人离开齐国，向西南方向驶去，首先到了曹国。但是曹共公不但不肯好好接待他们，反而琢磨着："听说公子重耳是骈胁（肋条骨连在一起），寡人没有见过，得让他脱了衣服给寡人瞧瞧。"重耳不堪受辱，匆匆离开，又跑到宋国。宋襄公倒是以接待诸侯之礼会见重耳，但他刚在泓之战被楚国打败，重伤将亡，也根本没有帮助重耳回国的力量。

重耳离开宋国，打算去楚国求援，途经郑国。郑文公不肯接待他，臣子郑叔瞻规劝，郑文公却说："各国都有公子

> 南宋著名画家李唐曾绘制《晋文公复国图卷》，画是连环式的，描绘了重耳流亡直到归国的故事。北宋末年，赵构所经历的艰苦逃窜就颇类重耳，李唐画此图，自然是为了激励南宋君臣为复国而努力。

逃亡，寡人都招待吗？哪儿招待得过来？"郑叔瞻回答说："您要是不想好好接待他，不如杀了他，否则将来必为我国的祸患。"可郑文公还是不肯听。

好不容易来到楚国，楚成王和宋襄公一样，都以诸侯之礼接待重耳。欢宴之时，楚成王多喝了几杯酒，就笑着问重耳："将来您回到晋国，当上晋君，打算怎么报答寡人哪？"重耳闻言一愣，急忙回复："各种珍宝，您都不缺，我不知道该怎么报答。"楚成王一板脸："难道就不报答了吗？"

重耳想了想，只好回答说："这么着吧，万一将来晋楚两国闹矛盾，要开仗，我就命令晋军退避三舍（三十里为一舍），以报答您的恩情。"

楚成王听了这话，没什么表示，他手下大将成得臣可不干了，转头就对楚成王说："您这么隆重地接待公子重耳，他却出言不逊，其罪当杀！"楚成王摇摇头："是寡人要求报答，先说错了话，怪不得重耳。况且，他在外流浪多年，还有那么多贤臣肯于跟随，这种人得上天保佑，是杀不得的。"

在楚国待了几个月以后，突然有一位使者从秦国而来，求见重耳，说秦君愿意派兵送他入晋为君。楚成王也说："楚国距离晋国太远了，得跨过好几个国家才打得到，寡人想帮你却帮不上。秦晋两国接壤，秦君又很贤明，他愿意帮你，再好不过了，你就去吧。"于是派兵把重耳一行人送到了秦国。

秦国当时是秦穆公在位，正和晋国打得不可开交，一心想替换晋君，改立一位仁人君子，于是立刻发兵，送重耳归晋。春秋时代第二位声名煊赫的霸主——晋文公，就这样产生了。

第九章　春秋时代·秦与晋、恩与仇

五张羊皮

传统认为，秦国始封是在东周初年，因为犬戎攻破镐京，所以周平王迁都洛邑，把镐京以西都封给秦襄公，让他自己从犬戎手里去夺回来。然而秦襄公之前还有秦庄公，既有公的名号，可能早就是诸侯了，只不过是王畿内诸侯，领的是采而非邑而已。

或许，从传说中周孝王派造父的子孙非子在西境养马，或者周宣王封秦庄公为西垂大夫的时代，秦国就已经算建立起来了吧。

秦国一直坚持着周平王所赋予的使命，顽强不懈地与西戎各部族作战，势力逐渐强大起来。到了秦穆公当政的时候，不仅仅西戎各部连战连退，就连东方的梁、芮等诸侯，也都陆续派遣使者前往秦庭朝拜，事实上等于变成了秦国的附庸。

秦穆公姓嬴，名叫任好，他娶了晋国公主（晋献公之女、申生之妹）为妻，秦晋之间结为姻亲关系，可以说东方再无强敌，可以顺利向西发展。这位秦穆公雄心壮志，一心想治理好国家，称霸中原——那就得找贤人来辅佐呀，去哪儿找呢？

他派人到处去打听，终于听说自己晋国妻子的陪嫁队伍里有个奴隶，

第九章 春秋时代·秦与晋、恩与仇

名叫百里奚，学问精深、品德高尚，是个了不起的人物。秦穆公赶紧召见百里奚，可没想到百里奚已经先一步偷偷地逃走了！

这个百里奚究竟是何许人也呢？原来他并非奴隶或者平民出身，原本也是贵族，曾经侍奉过虞国国君。公元前655年，晋献公"假途灭虢"，转过头来把虞国也给灭了，百里奚被俘虏，做了晋国的奴隶；时隔不久，秦晋联姻，他又作为晋国公主陪嫁的奴隶，来到了秦国。

这真有点像是传说中辅佐商汤的贤臣伊尹了。

听说百里奚逃走了，秦穆公大感失望，急忙派人到处寻找。很快，他就得到了消息，原来百里奚一直朝南跑，逃到楚国去了。秦穆公想要派人去楚国迎接百里奚，大臣们却劝说道："现在没人知道这个百里奚是贤人，您若是大张旗鼓去迎接他，闹得沸沸扬扬，人人皆知，楚人还肯放他来我国吗？"

秦穆公一想，这话有理，于是就省下了迎接贤人的无数珍宝和盛大仪仗，改派了一名使者，光拿着五张羊皮到楚国去，对收留百里奚的楚人说："此乃我国逃亡的奴隶，希望您还给我国，这五张羊皮，就是赎金。"

五张羊皮，这赎金说轻不轻，说重不重，既不会让楚人觉得小气，也不会引发楚人的怀疑。按照礼法，逃奴必须无条件地归还给原主，更何况还带了赎金来呢？因此楚人欣然收下羊皮，就把百里奚绑起来，送回秦国去了。

百里奚此时已经七十多岁了，一个糟老头子，手不能提、肩不能扛，没人把他当一回事儿。

可是百里奚一回到秦国，秦穆公立刻摆下宴席，盛情款待，毕恭毕敬地向他求教。百里奚摆手推辞："我是亡国之臣，还能教您什么呢？"秦穆公说："虞国国君得到您这般贤人，却不能重用，

> 百里奚后来被尊称为"五羖大夫"，这个"羖"指的是黑色的公羊，当时这种羊皮一般都在贵族衣饰上使用，作为一个老年奴隶，用五张黑色公羊的皮来交换，其实已经不便宜了。

文明的曙光
—— 从三代到春秋

所以才会亡国，又不是您的过错呀。"反复问了好几遍，百里奚被他的诚恳态度所感动，这才把自己的学问、见识，毫无隐瞒地和盘托出。

两人会谈了整整三天，秦穆公大喜过望，立刻封百里奚为大夫，请他主持国政。百里奚推辞说："我有个朋友，名叫蹇叔。想当年我曾经在齐国穷困流浪，全靠蹇叔收留；后来想要侍奉齐君无知（就是那个齐襄公和齐桓公中间的傀儡国君），多亏蹇叔劝阻，才没有在齐无知被杀的动乱中丧命；我又跑去周朝，想要侍奉周王子颓（周庄王庶子，一度篡位，后被诛杀），又是蹇叔劝阻，这才幸免于难；第三回我不听蹇叔的劝说，去侍奉虞国国君，结果国家灭亡，当了奴隶。两次听了蹇叔的话，都无灾无难，一次不听，立刻倒霉，可见蹇叔的见识，要强过我百倍呀！"

秦穆公听了这话，更加高兴了："原来还有比您强的贤人在世呀，一定得帮寡人请他过来。"于是通过百里奚请来了蹇叔，加封为上大夫。

西周时代，无论是周天子的群臣，还是各诸侯国的卿、大夫们，大多是世袭贵族，这票人养尊处优，往往没什么学问，没什么本事，一辈子只会作威作福。所以在进入春秋时代以后，各国为了富国强兵，为了在动荡的时局中存活下来，进而谋求发展，就开始打破身份的界限，破格任用身份较低的贵族，或是别国贵族，前面提过郑庄公任用颖考叔、鲁庄公任用曹刿，就是很好的例子，如今秦穆公任用百里奚和蹇叔，也是一例。

当然，在那个时代，身份制度不可能被彻底打破，况且，平民百姓很少能够得到学习的机会，因此也很难爬进贵族们把持的上流社会。

一连得到两位贤臣，秦穆公励精图治，国力有了更进一步的提升。他不甘心光和西方的外族打仗，一心想要向东推进，称霸中原。可是挡在面前的偏偏是一头巨大的老虎——晋国，秦晋两国虽有姻亲关系，但为了自己国家的发展，也只好顾不得了。

公元前651年，晋献公去世，晋国爆发内乱。秦穆公正想趁着这个机会发兵攻晋，夺取一些土地，突然收到了来自梁国的一封书信，打开信一看，写信的原来是晋公子夷吾的亲信郤芮。只见信上说——

"近日有消息传来，说大夫们想要拥戴我主夷吾为君，故而冒昧地请求秦君的协助。倘若在您协助下，我主得以继位，就把黄河以西的八座晋城割让给秦国。"

秦穆公找蹇叔、百里奚来商量，问他们："寡人听说晋的公子中，重耳最为贤明，为何他们不立重耳，而要立夷吾呢？寡人是不是应当帮助夷吾登基呢？"两名重臣都认为："晋君是否贤明，与我国无关，重要的是，倘若能够因此不废吹灰之力就得到八座城池，扩展领土，那又何乐而不为呢？如今重耳没有来信要我们帮忙，夷吾却来了信，不妨帮他一下吧。"

于是秦穆公就派遣大军进入梁国，保护着公子夷吾回国继位。本以为这么一来，既能惠而不费地得到八城，又能卖晋国一个大人情，从此可以借助晋国的力量向中原进军。谁想到那夷吾根本是个白眼狼，秦国君臣很快就为自己的决策而后悔不已了。

恩将仇报

晋公子夷吾在继位之前，一方面向秦国许诺，将会割让河西八城，另一方面也向执掌国政的大夫里克、邳郑等人许诺，将会裂土分封，给予重赏。但他在继位成为晋惠公以后，却食言而肥，全都不认账了。

首先，晋惠公派邳郑出使秦国，向秦穆公道歉："原本说好了割给秦国土地的，但群臣不肯，说：'土地是先君所留下的，国君流亡在外的时候，有什么资格许给别国呢？'我国国君虽然坚持兑现承诺，却终究拧不过那些大臣，只好暂时不给了。"

秦穆公听了这个气呀，可是晋惠公的继位已是既成事实，他脚跟已经站稳，自己又能拿他怎么办呢？出兵伐晋吗？却也并没有必胜的把握。

不仅仅不肯兑现对秦国的承诺，晋惠公连对里克等大臣们的承诺也都

文明的曙光
—— 从三代到春秋

一口吞了。里克非常懊悔，私下抱怨说："早知今日，当初还是应该坚持拥戴公子重耳。"这种抱怨传到了晋惠公耳朵里，晋惠公立刻派人逮捕里克，赐他自尽。

里克为自己喊冤，晋惠公装模作样地别过脸去，叹着气说："没有你，寡人当不了国君。可是你一连杀了两名国君和一名大夫（奚齐、卓子，以及荀息），当你的国君太难了呀……"里克苦笑道："我不杀他们，您怎能当上国君呢？您想要杀我，难道还找不到借口吗？何必说这些废话！"于是自刎而亡。

晋惠公杀里克的时候，另一名拥戴他登基的功臣邳郑还在秦国向秦穆公道歉呢，听到这个消息，又气又怕，就把实话都吐出来了。他对秦穆公说："说什么群臣不答应割地，其实只有从梁国跟随而来的国君的亲信吕省、郤称、郤芮那些人不肯答应，如今这些不讲信义道德的奸臣主事，晋国不可能太平。不如让我回去贿赂奸臣们，让他们放逐国君，迎回公子重耳，重耳是个守信用的人，一定肯遵守承诺，给秦国好处的。"

秦穆公一听，这主意不错，于是立刻准备了大批珍宝，让邳郑带回去贿赂吕省、郤芮等人。但可惜消息败露，晋惠公很快就除掉了邳郑，并且逮捕里克、邳郑的所有党羽，来了场残酷的大清洗。

邳郑的儿子邳豹逃到秦国，向秦穆公哭诉，请求借兵报仇。但秦穆公并没有打败强大的晋国的把握，所以虽然收留了邳豹，却并不动兵。于是，原本关系很好的秦晋两国，也从此变成了敌人。

公元前 647 年，晋国遭逢了数十年罕见的大旱灾，土地产出锐减，国内闹起了大饥荒。晋惠公没有办法，只好派遣使者到秦国去，请求秦穆公卖粮给晋国。秦穆公召集群臣商议，邳豹说："这是天赐良机，应当立刻起兵伐晋！"但百里奚却说："哪一国永远不遭天灾呢？买卖粮食，救援邻国，这是合乎道义的举动，您可不能违背呀。"

秦穆公点点头："晋君虽有罪过，晋国老百姓有啥罪呢？寡人还是卖粮食给他们吧。"

第九章 春秋时代·秦与晋、恩与仇

于是搬空仓库，准备好大量粮食，通过渭水一船船地往晋国运，船首接着船尾，从秦都雍城一直到晋都绛城，络绎不绝，历史上称为"泛舟之役"。役本来是打仗的意思，放在这里，似乎说明秦像打仗一样，一仗就夺取了晋国的人心。

百里奚说得没错，"哪一国永远不遭天灾呢？"第二年，亦即公元前645年，晋国得了个大丰收，秦国却闹起了灾，因为多年的存粮都卖给晋国了，灾害的程度比晋国去年更为严重。秦穆公就派遣使者前去晋国，向晋惠公请求买粮。

按道理说，去年受了别人莫大的恩惠，难得很快就能报答，就该一口答应，况且晋国大丰收，也不缺这点粮食卖给秦国。可是晋惠公却朝秦国使者摆摆手："寡人得先和群臣商议一下。"

召开大会商议，大夫庆郑说："这还商量什么，当然答应他们啦。"可是晋惠公的舅舅虢射却表示反对，说："去年我国闹灾，那是上天把晋国赏赐给秦国，秦国愚昧，不趁机攻打，反而卖给我们粮食。今年上天把秦国赏赐给了晋国，咱们岂可逆天而行呢？不如发兵去攻打吧。"

晋惠公连连点头："说得对，说得真对。"

晋惠公，还有他那票亲信们，心眼不知道是怎么长的，这种恩将仇报的事情不但能干得出来，还打着上天赏赐的幌子，干得心安理得。虽说乱世无信义，但像这么不讲信义的家伙，别说春秋乱世，就是中国数千年历史中，恐怕也找不出第二帮无耻败类，可与他们相提并论！

秦穆公对晋国可谓仁至义尽，但好心没好报，晋惠公是头彻彻底底忘恩负义的白眼狼，不但不肯报答秦国，反而派兵攻打。秦穆公再也忍不下去了，即刻亲自领兵，任命邳豹当先锋，直朝晋国杀去。

晋惠公召集群臣商议："秦军深入我国，怎么办？"庆郑冷笑道："秦国帮助您得了君位，您却违反承诺；秦国帮助我国度过灾荒，您反要派兵攻打。秦国当然会来讨伐，深入我国，这是顺理成章的事情嘛。"晋惠公就此对庆郑气恨得牙痒痒的，出兵前占卜，看谁合适和自己同乘一辆兵车的

文明的曙光
—— 从三代到春秋

时候，占卜结果说无论当御手，还是当车右，庆郑都合适，他却偏偏不用，换了别人。

等到两军在韩原交战，才一冲锋，晋惠公的兵车就陷到泥里，开不动了。晋惠公气得大叫："这个御手不行，快喊庆郑来替换。"但庆郑却不肯从命，说："您连占卜的结果都不听，当然会吃败仗，我才不管呐。"掉头就离开了战场。

晋惠公被迫换了另外一名御手，把兵车驶出烂泥，亲自指挥大军，直取秦的中军，把秦穆公给团团包围了起来——秦国这年大饥荒，并没有打胜仗的充分准备，纯粹因为愤恨晋人背信弃义才仓促发兵，眼看着就要溃败了。

然而就在这个时候，突然不知道从哪儿冲出来三百个野人——不是指原始人，而是指住在乡下的贫民——手持简陋的武器，奋不顾身地冲入重围，救出了秦穆公，反而把晋军给打败，活擒了晋惠公。

这些野人到底是哪儿来的，为何如此奋勇呢？原来他们都是居住在岐山脚下的贫民，某次偷了秦穆公放养的良马，都给烤了吃了。管马的官儿查到实情，请求把这些野人全都逮捕法办，但秦穆公却说："君子不可以因为宝贵畜生而伤害人命。寡人听说吃了良马的肉如果不喝点酒的话，对身体是有损害的。"不但赦免了这些野人，还赏赐给他们美酒。野人们感恩戴德，所以才会不要命地冲杀晋军，为秦穆公解围。

对比秦穆公宽宏大量地对待野人，晋惠公却背信弃义地杀害大臣；对比野人们知恩图报，晋惠公却以怨报德，秦晋之间交锋的胜败，不是可以一目了然了吗？韩原之战，晋惠公反胜为败，甚至当了秦国的俘虏，这不是报应，这是事物发展的必然结果，无耻之徒的必然下场！

> 秦穆公身上除了开创霸业，还有些许浪漫色彩，相传他的女儿弄玉嫁与萧史，两人吹箫引凤，双双成仙而去。

第九章　春秋时代·秦与晋、恩与仇

老来得国的重耳

秦穆公愤恨晋惠公的恩将仇报，在俘虏了晋惠公以后，就想把他宰了祭祀上天。但是有两个人不答应，一个是周天子，派人来请求说："晋是我的同姓诸侯，请您宽放晋侯。"还有一个是秦穆公的夫人，也就是晋惠公的同父异母姐姐，也一把鼻涕一把眼泪地向秦穆公哀求。秦穆公没有办法，只好释放了晋惠公。

释放虽然释放了，但秦国打赢了韩原之战，当然不可能空手而回，晋惠公被迫把黄河以西的土地全都割让给了秦国，还把自己的世子晋圉送到秦国当人质。

秦穆公看这个晋圉仪表堂堂，言辞有礼，似乎不是晋惠公一类的人物。他考虑到晋终究是北方大国，秦国无法一口把晋吞掉，倘若引发长期战争，对秦国是很不利的，既然如此，还是以和为贵。于是就把同族的一个女子嫁给晋圉为妻，希望将来晋圉继位以后，可以保证两国长久的和平共处。

韩原之战之后，过了六年，秦国向东推进，灭掉了芮国和梁国。梁国和晋国的关系不一般，晋惠公曾经流亡梁国，梁君把自己的女儿嫁给他做正室夫人——这位正室夫人也就是晋圉的母亲。听说秦灭了梁，晋圉心里很不好受。

又过了两年，晋惠公突然得了重病，眼看着就要不行了。消息传到秦国，晋圉心里就打开了小算盘："梁国是我母亲的国家，被秦国灭亡，秦与我有仇；况且我兄弟众多，一旦父亲去世，秦人必定会以我的性命来要挟晋国，晋国就可能把我撇在一边，另立君主……"他越想越不踏实，干脆抛弃了妻子，孤身逃回晋国去了。

秦穆公心里这个气呀，原来这也是一头白眼狼，我为你娶妻，待你不

文明的曙光
—— 从三代到春秋

薄，你竟然不辞而别，实在太过分了！于是到处去探访公子重耳的下落，想要给晋国换个国君。

第二年，也就是公元前637年，这一年的春季，想当霸主没能成功的宋襄公一命呜呼了，隔了几个月，晋惠公也咽了气，晋圉继位，就是晋怀公。秦穆公到处寻访公子重耳的事情，也传到了晋怀公的耳朵里，他知道自己这位伯父流亡多年，能量有限，全靠了身旁一群贤人辅佐，于是就以国君的身份下令，凡跟随公子重耳逃亡的晋国人，都得限期归国。

这些贤人，原本都是晋国的贵族，他们跟随公子重耳流亡，家属可还都留在晋国哪，按照晋怀公的命令，逾期不归的，就把他全家都杀光。

为了给众人做个榜样，晋怀公首先找到了北狄出身的老臣狐突。这位狐突的两个女儿都嫁给了晋献公，分别生下重耳和夷吾（晋惠公），也就是说，他是晋怀公的外曾祖父。可是狐突的两个儿子狐毛和狐偃，却没有帮小外甥夷吾，而是跟着大外甥重耳流亡在外。于是晋怀公找到狐突，要他写信召儿子们回来。

狐突不肯动笔，说："我的儿子已经侍奉公子重耳很多年了，对于他们来说，重耳就是他们的君主，我怎能让儿子背弃君主呢？"晋怀公一怒之下，竟然把自己的外曾祖父给杀掉了。

看起来，这位晋怀公的德行，也并不比其父晋惠公好到哪儿去。

公元前637年，秦穆公派使者前往楚国，把才流亡到楚国的公子重耳给接了回来。

这个时候，公子重耳已经61岁高龄了，从他逃出晋国、流落北狄算起，已经整整十八个年头了。但为了表示自己对重耳的看重，表示自己将尽力做他的后盾，秦穆公还是在同族里挑选了五名女子，都嫁给重耳当妾。

这五名女子之中，包括了晋怀公在秦国当人质时候娶的妻子，秦穆公这么做，就是为了泄愤，为了羞辱晋怀公。公子重耳一开始不想答应——晋怀公是自己的侄子，哪有伯父抢侄媳的道理？但他的亲信臼季却说："您都打算去抢他的国家，还在乎抢他的前妻吗？只有接受了秦君的好意，才能让秦君送您回国，为了完成大业，何必在乎小礼小节呢？"重耳听他说得有理，只好答应了。

晋惠公、晋怀公这父子两个倒行逆施，丧尽了国内的人心，晋国的贵族们一听说公子重耳到了秦国，纷纷派人去拜见，请他尽快归国，自己愿为内应。于是第二年，也就是公元前636年，秦穆公派发大军，送重耳归国。晋怀公众叛亲离之下，只得落荒而逃，没多久就被贵族们追上，给杀死了。

公子重耳就这样以花甲之年继承了晋国的君位，史称晋文公。

晋文公归国继位，晋国上下，从贵族到百姓，人人衷心拥戴，只有一伙人

> 从晋献公的女儿嫁给秦穆公开始，到秦穆公把女儿嫁给晋文公，秦、晋两国联姻数次，被称为"秦晋之好"。然而世人都明白，这不过是政治联姻而已。后来逐渐演变，男女通婚，两家亲家也被称为秦晋之好。

因为心里有鬼而暗中不满——那就是当年曾经跟随晋惠公流亡梁国，后来尽出忘恩负义的馊主意的吕省、郤芮等人。

这些家伙想要发动叛乱，冲进宫廷去刺杀晋文公，消息被一个名叫勃鞮的阉人知道了，就跑去禀报晋文公。可是晋文公和这个勃鞮有仇，不打算见他，派人传话说："当年父亲派你去蒲城捉我，你劈裂了我的袖子，差点要了我的命。后来惠公派你去北狄杀我，要求三天完成任务，你仅仅花了一天就赶到了，干吗这么着急？你一心想寡人死吗？"

勃鞮回答说："我是个阉人、残废，所以比旁人更加倍地忠诚于君主，为此才得罪了您。如今您都已经回国继位了，还老记着那些陈年往事干吗呢？当年管仲射中齐桓公的带钩，齐桓公仍然重用他，才得以称霸天下；如今我有要事禀报，您连见都不见，恐怕祸患就在眼前哪！"

晋文公听下人传来这些话，觉得确实有道理，是自己心胸过于狭窄

了，于是即刻召见勃鞮，勃鞮就把吕省、郤芮等人的阴谋和盘托出。晋文公知道这些奸臣党羽众多，自己才刚回国，根基不稳，难以力敌，就匆忙逃出了宫廷，跑去和秦穆公会合。结果乱党杀入宫廷，却扑了一个空，在撤退过程中踩进了秦军的埋伏圈，被一网打尽了。

为了表示自己将永远感念秦穆公的恩惠，晋文公当年抛弃在北狄的妻子也不要了，抛弃在齐国的妻子也不要了，迎来秦穆公嫁给他的五名秦女，挑选身份最高的作为正室夫人。同时，他还允许秦国在晋国境内驻扎三千兵马，帮助他彻底稳定政局。

秦晋两国，就此进入了蜜月期。

介之推和寒食节

晋文公在诛杀了吕省、郤芮等奸臣以后，有一天正在洗头，突然侍卫禀报说："头须求见。"

晋文公大喝一声："不见！"头须本来是他的部下，跟随他逃出北狄，他还放心地把所有财物都交给头须打理，但头须一转眼就卷财逃回国了，一行人穷困潦倒，差点没饿死在卫国。他对头须恨之入骨，哪儿还肯相见呢？

侍从出去对头须一说，头须笑一笑："国君是正在洗头吧？"侍从吃了一惊："你怎么知道的？"头须说："洗头就得把头低下，低头想不清楚事情，所以才不愿见我。他现在已贵为国君，难道还记恨着我这种小人物吗？"

侍从再把话传给晋文公，晋文公想想也是，犯不上和这种小人物怄气，不妨见了面听听他想说什么，于是召见头须。可他没想到，头须一开口竟然是要官请赏。晋文公闻言大怒，责骂头须，头须却说："因为您杀了吕省、郤芮，所以有很多惠公、怀公时候的官员，都害怕遭您报复，不敢

第九章　春秋时代·秦与晋、恩与仇

出仕，倘若您能给我官做，他们就会安心，就肯来辅佐您了。您既然原谅了勃鞮，为何不肯原谅我呢？"

晋文公听他说得有理，立刻转怒为喜，让头须为自己驾车。这么一来，果然人心逐渐安定，政局也趋向平稳。

随即晋文公赏赐群臣，那些跟随他流亡的贤臣们，比如赵衰、狐偃、狐毛，全都封给富饶的土地，赏赐大量钱财。有个跟随他流亡的仆人叫壶叔，求见晋文公，表示不满："您连下三道赏赐令，都没有我的份，难道我有什么地方做错了吗？还请您明言。"

晋文公笑笑说："你放心，寡人都会赏赐。凡是教导我做人行事要仁义的，我给上赏；出谋划策，帮我登上国君之位的，我给中赏；保护我人身安全的，我给下赏。三赏以后，就会轮到你们这些没功劳却有苦劳的人了。"

这番话不但说通了壶叔，而且流传到外面，晋国人人心服，都说我们终于得到了一位贤明的好国君。

可是终究还有人不满意。隔了没几天，突然在宫门口发现一封匿名信，上面写着："蛟龙想上天，五蛇为辅佐；蛟龙已腾云，四蛇有居所；只有一条蛇，怀怨独流落。"

晋文公看到这封匿名信，不禁大吃一惊，心想："寡人当年表过态，跟随我的人中功劳最大的是狐偃、赵衰、魏犨、臼季和介之推，就是信中所说的'五蛇'了。如今前四人都已受到重赏，寡人怎么唯独把介之推给忘记了呀……寡人一登基，他就跑掉不见了，究竟到哪儿去了呢？"

介之推也是跟随公子重耳也即晋文公流亡多年的贤臣，当年重耳在卫国境内穷困潦倒，差点饿死，全靠着介之推把自己大腿上的肉割下一块，熬了碗肉汤喂他，才使他活下来。当时重耳流着泪说："我要是有当国君的一天，一定重赏你，并且要在众人之上。"

等到公子重耳回国的时候，和亲信们乘船渡过黄河，狐偃突然说："我

175

文明的曙光
—— 从三代到春秋

跟随您跑了那么远路，经过那么长时间，肯定有很多事情做得不对，冒犯过您。为怕秋后算账，还是就此告别吧。"重耳赶紧指天发誓："我一定和你共享富贵，永不相弃！"

介之推听了这话，满眼的鄙视。回国之后，他对母亲说："献公有九个儿子，现在只有主公活着，惠公、怀公都不修德，人心悖离，只要上天不打算灭亡晋国，迟早是要让主公回国为君的。这是上天的意旨，狐偃等人却得意洋洋，以为是自己的功劳。贪别人的钱财是小偷，贪天之功又算什么东西呢？我不愿意再跟这群家伙待在一块了！"于是带着母亲离开国都，前去隐居。

因为他逃走了，所以晋文公大赏群臣的时候，竟然没有想起他来。介之推的亲戚、朋友们为他不值，所以才写匿名信，挂在宫门口，去责备晋文公。

晋文公急忙派人到处去寻找介之推，请他出山来辅佐自己，接受赏赐。但是介之推坚决不肯出山，被逼得急了，干脆背着母亲爬上绵山，再不肯露面。晋文公亲自跑到绵山去找介之推——可是山那么大，介之推究竟藏在哪儿呢？始终没能找到。

还有一个传说，也不知道是谁出的馊主意，说："介之推是个大孝子，不会让老娘受苦的。您不如放一把火，拿烟一熏，他老娘受不了了，介之推自然就会下山。"晋文公没有考虑清楚，就接受了这个提议。

于是悲剧发生了，山高林深，火烧得太大，介之推母子逃不出来，竟然抱着棵大树，被活活地烧死了。

晋文公这个懊悔呀，可是悲剧已经发生，再也无法弥补自己的过错了。于是他就下令把介之推临终时候抱着的大树砍下一截来，做成木屐，整天穿在脚

> 寒食节在古代是一个比较重要的节日，每逢寒食节，朝廷都会给各部门放假，比如唐玄宗时规定寒食节和清明节一起放假，共计四天，后来更增加到五天。

上，让介之推的魂魄永远留在自己身边。他仿佛介之推还活着似的，经常对木屐讲话，因为木屐穿在脚上，所以开口就是："足下……"

"足下"这个第二人称尊称，就是这么来的。

此外，晋文公还下令全国所有人在每年的这一天都不准点灯，不准煮饭，不准见一点火星，吃饭也只能吃冷的，以纪念介之推，同时表示自己对于放火烧山一事的悔意。这一天，因此就被称为"寒食节"，是在农历清明节前的一两天。后来寒食的习俗逐渐和清明扫墓祭祖的习俗合而为一，寒食节也就并到清明节里去了。

救宋伐曹、卫

公元前7世纪的时候，最为强大的诸侯国共有四家，东为齐，北为晋，西为秦，南为楚。齐桓公曾经称霸，但他去世以后，诸子争立，齐国大乱，短时间内难以恢复元气；秦、楚距离中原相对较远，楚是南蛮部族，秦虽然是周天子直接分封的诸侯，但管辖下的人民大多是西戎部族，这两个国家都被中原诸侯看做是外族政权，害怕他们的实力，却并不心服。中原地区，再想有诸侯称霸的话，那就只剩下北方的晋国了。

晋惠公虽然是头恩将仇报的白眼狼，但也并非荒淫愚蠢之辈，多少有点小聪明，尤其在韩原之战当了秦国的俘虏，好不容易被放回去以后，他为了报仇而励精图治，晋国的实力不仅没有衰退，反有一定程度的增长。等晋文公归国以后，很快就稳定了政局，以晋的强大，足够争霸天下了。

晋文公颠沛流离大半生，归国继位的时候，已经六十多岁，头发胡子全都白了。他当晋君仅仅九年的时间，但因缘际会，所达到的事业高峰，别的人（比如宋襄公）拼死拼活一辈子也未必能够完成。

公元前635年，也就是晋文公继位的第二年，突然传来消息，说秦穆公打算发兵东进，去援救周天子。

文明的曙光
—— 从三代到春秋

周天子究竟出了什么事情，要等人去救援呢？原来上一代周天子是周惠王，原本的王后生下一子，就是后来的周襄王，王后去世以后，周惠王续弦再娶，新王后也生下一个儿子，通称为叔带，周襄王继位以后，就变成了太叔带。就如同郑庄公母亲兄弟的故事一般，惠后（周惠王的后妻，通称惠后）万般宠爱自己的亲生儿子太叔带，一心想把周襄王赶下台，让太叔带继承天子之位。

可是这位周襄王，他比当年的郑庄公差了可不是一星半点，不但没能察觉和阻止太叔带的阴谋，反而自己挖了陷坑往里跳，把篡位的良机主动送到弟弟面前。

周襄王曾经与北狄某部族联合，想要收拾郑国，于是娶了狄人隗氏之女，立为皇后。可是这位皇后当了还不到一年，不知道因为什么和周襄王闹起了矛盾，周襄王一怒之下，就把隗后给废了。惠后趁机联合狄人，狄军攻入洛邑，赶跑了周襄王，改立太叔带为王。

周襄王急忙向诸侯们求救，可是诸侯们大多忙于内乱或者外忧，自顾不暇，没人愿意帮忙。只有秦穆公兵强马壮，又久有挺进中原的野心，于是派遣兵马，前去迎接周襄王。

消息传到绛城，赵衰急忙求见晋文公，提醒道："您若想要称霸，最佳途径就是援救和尊奉周天子。周、晋本为同姓，秦和周却是异姓，如此重要的事情，您不去做，反而让秦人占了先，以后还怎么可能有机会号令天下呢？"

晋文公听得连连点头，于是立刻派兵南下去帮助周襄王。前往中原腹地和洛邑，晋的距离较近，秦的距离较远，所以晋军后出动，却先赶到，顺利地攻破洛邑，杀掉篡位的太叔带，拥戴周襄王复位。

周襄王万分感激，于是把洛邑北面的阳樊、温、原、攒矛四座城邑都赏赐给了晋国。

援救了周襄王以后，晋文公的威望直线上升。到了第三年，即公元前633年，突然有一辆马车急匆匆地从东方驰来，进入绛城，求见晋文

第九章 春秋时代·秦与晋、恩与仇

公——原来这是宋国的使者公孙固,因为楚军北上攻宋,所以特来向晋国求救。

晋文公召集群臣商议,大将先轸首先说:"当初我等跟随您离开齐国,经过宋国,受到宋襄公的热情款待,如此大恩,岂可不报?况且,楚乃蛮夷,想要称霸中原,就必须得打败楚人。报恩和称霸,都可以靠这次救宋来完成,您还犹豫什么呢?"

晋文公轻轻摇头:"你光记得宋君的恩惠吗?楚君对咱们也有恩,怎能为了报答宋国而伤害了楚国呢?所以寡人才拿不定主意呀。"

狐偃微笑着建议说:"其实救宋,并不一定非要和楚军交战。曹国新近投靠了楚国,楚卫两国又联了姻,倘若咱们进攻曹、卫,楚军一定会放弃攻宋,前来救援的。如此一来,不必和楚人撕破脸皮,又能挽救宋国的危难,岂非两全其美之计?"

晋文公闻言大喜,于是立刻将部队编组为上、中、下三军,由自己亲自统帅,并由郤臻、狐偃、狐毛、赵衰、栾枝、先轸等贤臣担任各军将领,浩浩荡荡杀向曹、卫。

公元前632年春季,晋国大军一路势如破竹,首先攻入曹都陶丘,俘虏了曹共公。

想当年公子重耳(晋文公)路经曹国的时候,曹共公不但不肯好好招待,反而好奇心起,想要看重耳的"胼肋",大夫釐负羁苦口婆心地劝说,曹共公只当耳旁风。晋文公为此恨透了曹共公,把曹共公俘虏以后,点着鼻子大骂了一顿。他有仇报仇,有恩更报恩,下令晋军在进入陶丘以后,不得骚扰和伤害釐负羁一家人,违令者严惩不贷。

大将魏犨、颠颉不满意晋文公这条命令,心说:"他又没真帮上什么忙,有什么可报答的?"便擅自进攻釐负羁,还放火把釐家烧成一片空地。在纵火逞凶的过程中,魏犨一不小心,胸口受了重伤。

晋文公闻报大怒,但魏犨劳苦功高,又是著名的勇将,倘若按照军法处死,未免有点太过可惜了。于是他就派人去探病,看看魏犨的伤势究竟多重，还能不能再为自己效劳。魏犨听说国君派人前来，明白晋文公的意思，于是把胸部的伤口仔细包裹好了，装作若无其事的样子接待了使者，还连跳了三百来下，又做了三百多个蹲起，表示自己的伤势并无大碍。

于是晋文公就饶恕了魏犨，只把颠颉斩首示众，以申军令。

灭曹以后，晋军又杀向卫国。当年流亡的时候，卫国不肯周济公子重耳一行，晋文公得志以后，也正想报往日之仇，所以卫成公几次三番地遣使告饶，说愿意断绝和楚国的关系，与晋国结盟，但全都被晋文公断然拒绝了。卫成公被迫逃出都城朝歌，晋军夺取了卫国大片土地。

可是虽然攻克了曹、卫，楚军却仍然不肯退兵，依旧包围着宋都商丘。宋成公（宋襄公之子）急得跟什么似的，再次派遣使者突围而出，来向晋文公求告。晋文公内心矛盾万分——进兵救宋吧，肯定要和楚军起冲突，是以怨报德；不救宋吧，又对不起宋襄公当年对自己的深情厚意。这可该怎么办才好呢？

先轸出主意说："楚人料我虽取曹、卫，不能久占，所以才有恃无恐，您不如把曹、卫的土地让给宋国。宋国临近曹、卫，定然可以长久占领，楚人听说此事，就不得不退兵了。"

先轸的计谋，只取得了一定效果——楚成王闻讯，下令诸军后撤，离开宋境；但令尹（执政官）成得臣却坚决不肯后退，反而率军向曹、卫杀来——著名的城濮之战，就此拉开序幕。

城濮之战

晋文公不愿意和楚成王撕破脸皮，楚成王也同样不想破坏了自己在对方心目中的恩人形象，一听说晋军破曹伐卫，就下令楚军即刻撤除对商丘的包围，退出宋境。

然而令尹成得臣却不肯听命，他劝楚成王："你当年那样厚待晋君，如

第九章　春秋时代·秦与晋、恩与仇

今他明知道我国担心曹、卫，却偏要去攻打，这是恩将仇报，这是轻视于您，故意挑事儿！您可不能就此退让，堕了我军的威风！"

楚成王所以能够称霸南方，连齐桓公都拿他没办法，全靠了两兄弟的辅佐，一个是斗穀於菟，一个就是成得臣。斗穀於菟字子文，乃是楚国贵族斗伯比的私生子，曾被抛弃在荒郊野外，被一只母老虎喂奶长大，因为楚国方言称老虎叫"於菟"，称哺乳叫"穀"，所以才起名斗穀於菟。此人长大后被提拔为令尹，辅佐了楚成王整整二十八年。

后来斗穀於菟年老退休，就推荐其弟成得臣接替令尹之位。成得臣字子玉，乃是楚国数一数二能征惯战的勇将。

这回听了成得臣的话，楚成王摆摆手说："晋君在外流浪十九年，历经艰辛，洞察世情，才得以归国。他都那么大岁数了，上天却不让他死，还为他扫平登基的障碍，有上天的保佑，咱们是不能与他为敌的。"

然而成得臣不肯罢休，仍然请令北上攻打晋军，楚成王拧不过他，可是又心不甘、情不愿，于是只派发了少量兵卒跟随成得臣，自己统率主力回国去了。

成得臣派部将宛春前去拜见晋文公，请求说："只要您恢复曹国，迎回卫君，我就解除对宋都商丘的包围。"晋文公本想答应，狐偃却说："您是君，成得臣是臣，他一连提出两个要求，自己却只完成一件事情，实在太无礼了！"先轸也说："安定别国，乃是莫大的功绩。倘若您答应楚人所请，那就是成得臣以一己之力安定了曹、卫、宋三国；倘若您不答应楚人所请，就是抛弃宋国……"

晋文公悚然一惊，问先轸："答应也不是，不答应也不是，那你说该怎么办才好呢？"足智多谋的先轸微笑着回答道："不如咱们私下里答应曹、卫复国，但要他们断绝与楚人的来往，与我国结盟。如此一来，成得臣必然大怒来攻，错就在他，不在我国了。"

晋文公闻言大喜，于是就按照先轸所说，先扣押了楚使宛春，然后以复国为条件，迫使曹、卫两国与晋国结盟。曹、卫通知断绝外交关系的使者来到楚国军中,成得臣才知道自己棋差一着,让晋人给抢了先机,不禁勃然大怒,于是挥师北上,攻打晋军。

成得臣一走,宋国的危机总算是解除了。不仅如此,宋成公还派出兵马来支援晋文公,此外,晋已与齐、秦结盟,齐、秦两国也各点兵马,赶来相会合。晋以举国之兵前来,又得宋、齐、秦相助,成得臣只带了部分楚军,双方实力对比如此悬殊,胜负之势本来就很明显了。

可是两军才一遭遇,晋文公却下令后撤。将领们都糊涂了,纷纷前去询问缘由,晋文公说:"做人要讲信用,寡人曾经答应过楚君,万一两国无奈交兵,寡人就退避三舍,以报答楚君的恩情。"

成得臣一见晋军后退,还以为对方怕了自己呢,更加有恃无恐地朝前挺进。晋军士兵不情不愿地朝后退却,人人心中都憋着一把火。等到连退三舍之地,楚军仍然猛追不休,晋文公终于下令:"寡人已经兑现承诺了,楚人还要步步紧逼,太过无礼,不是我的错。摆开阵势,准备作战吧!"

晋军士气高昂,返身来战,经过激烈的交锋,终于把楚军给打败了,成得臣狼狈地逃回国去。这就是春秋时代的著名战役——城濮之战。

晋文公打败了楚军,声望如日中天,臣子都劝他:"可以召集诸侯会盟,称霸天下了。"但晋文公却紧皱眉头,忧心忡忡地说道:"才打一场胜仗,有什么可高兴的呢?楚是大国,成得臣智勇双全,倘若从此晋楚结下深仇大恨,战事不断,那麻烦就大了。"

好在过了几天,突然有密探来报,说成得臣因为违抗楚成王的命令,坚持进兵,结果失败,回国后遭到楚成王的责备,一时想不开就自杀了。晋文公这

> 齐桓公、晋文公和秦穆公都是周襄王在位时期的诸侯霸主,但齐桓公和秦穆公大会诸侯,周襄王只是派人到会,只有晋文公的践土之盟是由天子本人到场祝贺的。这也是周王室在春秋时期最后的辉煌了。

第九章 春秋时代·秦与晋、恩与仇

才转忧为喜,于是把城濮之战中所掳获的战利品都献给周襄王,请周襄王允许他称霸。

周襄王的王位失而复得,全靠了晋文公的功劳,又哪有不允之理?甚至他还许诺说:"你打算何时,在何地召集诸侯,我去给你站脚助威。"可是按照当时礼法,只有诸侯为周天子而动,没有周天子为诸侯而动的道理,诸侯会盟,周天子怎能巴巴地跑去助威呢?

于是双方商量定了,周襄王假装出猎,来到践土(在今天的河南省原阳县西),晋文公亲往朝见,随即就在践土召集齐、鲁、宋、郑、蔡、莒、

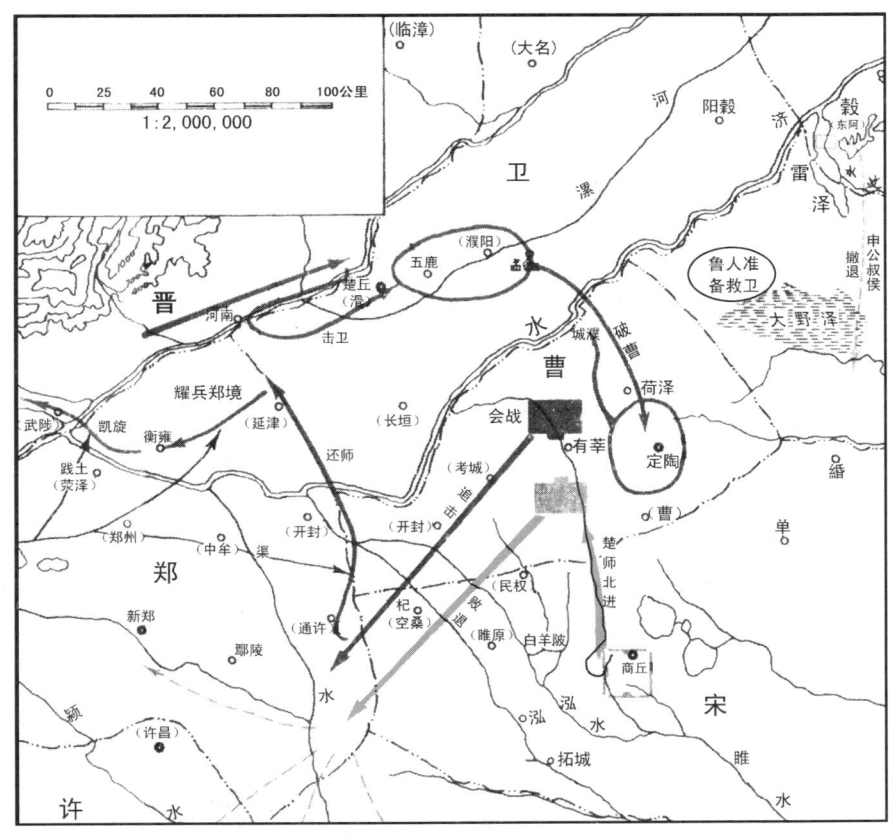

城濮之战形势图

文明的曙光
——从三代到春秋

卫等国诸侯，举行了一次盛大的会盟。周襄王赏赐多种礼器，亲自任命晋文公为诸侯霸主。

晋文公，是继齐桓公之后，春秋时代第二位实至名归的霸主。

晋文公称霸中原，这让他的旧靠山秦穆公心里很不爽。本来想稳定晋国的局势，再拥戴一位晋君，秦晋一体，向东推进，威震诸侯的，想不到晋文公恢复国力的速度那么快，抢夺了霸主的位置，一下子跳到自己头上去了。

野心勃勃的秦穆公实在难以接受这一现实，他想要插手中原事务，可是晋国在晋文公的治理下蒸蒸日上，在诸侯间的威望也越来越高，他不敢与晋为敌。可要想发兵东进，无论攻打哪家诸侯，都会伤害霸主晋国的权威，晋文公是不可能置之不理的。

这可该怎么办才好呢？自己就一辈子窝在西陲，眼看着晋国称王称霸吗？秦穆公实在不甘心。

好在晋文公年岁太大了，城濮之战和践土之会四年以后，也即公元前628年，他终于得享天年，咽下了最后一口气。秦穆公随即发兵，越过晋国去攻打郑国——秦晋之间，再次爆发大战，而春秋时代的第三位霸主，也就此呼之欲出。

第十章　春秋时代·秦霸西戎

蹇叔哭别秦军

西周的政治模式是单向辐射的，以宗周镐京和成周洛邑为枢纽，以王畿为中心，通过四方诸侯向中原以外地区辐射。东周的政治模式则是双向的，周天子的中心已不存在，诸侯们一方面向中原以外地区扩张，一方面也在向中原内部，不断发动你死我活的激烈竞争。那么对内竞争的中心何在呢？在郑。

郑的地理位置非常重要，它紧挨日益缩小的王畿，北隔曹、卫与晋相望，东隔宋、鲁与齐相望，南隔陈、蔡与楚相望，按照兵法，是"四战之地"，四方的大国都想要征服郑，只要征服了郑，一方面扩大自己的势力，同时也封住了别国觊觎王畿的通路。

从春秋中期直到战国早期，三天两头都有超级大国来打，郑人实在是再可怜不过了。

公元前630年，就又有一支大军从北而来，团团包围住了郑都新郑。

这支军队的统帅是晋文公和秦穆公，之所以联军伐郑，主要理由有两个：一、当晋文公还是公子重耳的时候，曾经流亡到郑国，郑文公不肯好好接待；二、郑国倒向楚国，不敬霸主晋国。

郑相比许、曹等国，算是个大国，但秦、晋都是超级大国，就郑国那点兵力，是根本抵挡不住的。郑文公这个愁呀，怎么办才好呢？好在大夫佚之狐向他推荐了一位足智多谋而又能言善辩的高人，名叫烛之武，说烛之武一定有办法能让秦、晋退兵。

烛之武年岁已经很大了，头发、胡子全都雪白，本来不打算出山的，可禁不住郑文公折节下士、反复哀求，只好趁着一个月暗星稀的夜晚，腰上系着绳子，悄悄地缒出城外。随即老人家就跑去求见秦穆公。

秦穆公问他的来意，烛之武直截了当地回答："我来请您退兵。"秦穆公微微一笑："新郑很快就要被攻下来了，寡人干吗要退兵？"烛之武为秦穆公剖析利害关系，说：

"倘若攻下了新郑，对秦真有好处，我又怎敢来劝您退兵呢？但郑距离秦国实在太远了，灭郑以后，土地肯定都得落到晋国手里。晋国因此更加强大，这对秦国究竟有什么好处呢？晋人从来贪得无厌，他们在东方灭郑，扩展土地以后，肯定还会想着朝西方扩张，那时候秦君您又该怎么办呢？倒不如立刻与郑结盟，和平解决争端，郑国愿意从此做秦国东方通路上的主人（东道主），无论使者，还是军队前来，我们都会打扫房舍，提供酒饭，好好招待。"

秦穆公听了烛之武的话，越想越是有理。他本想靠着扶持晋文公上台，一方面解除秦晋间的政治危机，另一方面也利用晋国的力量争霸中原，想不到晋文公励精图治，倒比他抢先一步称霸，秦国反倒像是被晋国给利用了似的。秦穆公害怕晋国进一步壮大，先别说向西扩张损害自己的利益吧，还肯定会堵住秦人东进的通路，于是他立刻答应了郑国所请，结盟退兵。

临行前，秦穆公还派将领杞子、逢孙、杨孙带领部分兵卒留下，帮助郑人守城。他的意思很明确，我退了，你晋人也得退，你要继续攻打新郑，就免不了要和我秦军交战。是否就此撕破脸皮，晋君你掂量掂量吧。

听到秦军撤退的消息，晋国兵将们愤怒异常，狐偃当即请求领兵猛攻新郑。晋文公倒还算冷静,他阻止狐偃,说:"寡人得以回国继位,全是秦君的功劳,他可以有负于我,我不能有负于他。况且,倘若继续进攻新郑,就是把盟友变成敌人,我们有克郑的必胜把握,难道有败秦的必胜把握吗?"下令即刻退兵。

就这样,靠着烛之武的三寸不烂之舌,可怜的郑国又免除了一次危机。

一晃眼两年过去了,到了公元前 628 年,郑文公、晋文公陆续去世。就在郑国新旧交替的暂时性混乱中,留守新郑的秦将杞子突然派人回国,禀报秦穆公说:"郑人很信任我们,把新郑北门的钥匙都交给我们保管,倘若国君派一支军队秘密前来的话,夺取新郑、灭亡郑国,不费吹灰之力。"

秦穆公听了禀报,颇为心动,急忙召见老臣蹇叔来商议对策。蹇叔不同意出兵伐郑,说:"郑国远在千里之外,派兵千里行军,消息怎么可能不泄露?一旦消息泄露,对方以逸待劳,咱们能有胜算吗?"

秦穆公听了直摇头:"风险肯定是有的,可晋君才刚去世,晋国不会出兵阻挠,郑人又有何可惧?这是个大好机会,寡人不想就此失去。"他召来大将孟明视、西乞术、白乙丙,命令他们立刻整备兵马,秘密伐郑。

当时有一种称呼他人的习惯,是把字放在名前,比如孟明视就是字孟明,单名一个"视"字,西乞术、白乙丙也相同,等于某(姓氏皆不详)术字西乞、某丙字白乙。也有传说,孟明视是百里奚的儿子,西乞术、白乙丙则是蹇叔的儿子。

不管西乞术、白乙丙是不是蹇叔的儿子,但老臣蹇叔确实有儿子随同出征,那是错不了的。于是蹇叔就跑去送行,并且抚着儿子的肩膀老泪长流:"可怜哪,我送你们离开,却无法接你们回家……"意思这仗输定了。他还根据地理情况分析说:"晋国一定会派兵截击你们的,我估计地点就在崤山。崤山有两个山头,我将到两山之间,去收你们的遗骨……"

听说了此事，秦穆公气不打一处来，找人传话给蹇叔："倘若您的寿命普通长，那么您墓上的小苗都已经长成大树了！"言外之意，你个老家伙，寿命竟然那么长，为啥还不死呐！

一向礼贤下士的秦穆公，话说得竟然这么狠，可见他真是被晋文公称霸诸侯给逼急了，生怕自己再不动手，有生之年大概就无法完成挺进中原的夙愿了。

崤之战

> 将军的称呼产生于春秋时期，"将军"即统领一军的意思，但并非正式官职，到战国时期才成为正式的官名。此后逐渐演变，成为军队中高级武官的称谓。

公元前628年年底，秦军在孟明视、西乞术、白乙丙三将的统领下，秘密向东进发，打算去袭击郑都新郑。到了第二年（前627年）的正月，秦军路过成周洛邑，列队从北城门外通过。

当时的周天子，仍然是周襄王，他有个小孙子，名字叫满，通称王孙满，非常聪明，深得祖父的喜爱。听说有支军队从北门外经过，好动的王孙满就登上城楼，远远地眺望，然后跑回来禀报周襄王："是秦国的军队，不知道要往哪里去，不过就我看来呀，他们一定会吃败仗的。"

周襄王笑着问他："你怎么知道的呀？"王孙满回答说："按照礼法，诸侯之军过天子之城，兵将们都必须卸除铠甲，下车步行。可是我看秦军只摘掉了头盔，并且下车走不了几步，才离开城门口，就纷纷跳上车去。这说明了什么？说明他们狂妄无礼。狂妄无礼之军，定然只知逞血气之勇，而不肯细致谋划，所以说他们必吃败仗！"

秦军当然不知道王孙满有这样一番议论和猜测，因为有内应，他们认定这仗是赢定了的，眨眼间就可以杀入新郑城。可没想到大军才刚进入郑国境内，就突然迎面撞见了好几辆大车，车前一人微笑拱手，说："我乃郑国的使臣，特来拜见贵军将领。"

孟明视等三将闻报大吃一惊——郑人怎么知道我们要来，那么快就派出了使者？急忙召那名郑使来见。郑使笑咪咪地对孟明视说："早就说好了，贵国无论使节还是军队前来，我国都当为东道主，好生款待。先送上四张熟牛皮和十二头牛，聊表敬意——请放心，贵军只要在我国停留一日，我国就会提供一日的酒饭物资，如果打算离开，我国也会派兵护送，绝对不会食言的。"

三名秦将面面相觑，不知道该怎么办才好。本打算偷袭新郑，但如今行踪已被对方发现，这仗就不那么好打了，万一拖延时间太长，晋国或者齐国派兵增援，救护郑国，自己则后退无路，肯定损失惨重。孟明视只好笑笑，敷衍郑使说："我等只是路过，很快就会离开郑国，不劳贵国款待，哈哈哈哈……"

其实哪儿有什么郑使，来人不过郑国的一个商人罢了，名叫弦高。弦高正在贩牛的途中，突然撞见秦军，一看对方来势汹汹，猜出定要对郑国不利，这才假冒使者，前去试探。同时，弦高还立刻派人前往新郑去禀报。

刚登基的郑穆公听到此信，大吃一惊，急忙派人去北门查看，果然见杞子、逢孙、杨孙那三名秦将带领着守兵正在整理装备、分发武器，打算有所行动。于是郑穆公派人去对杞子说："贵军在我国待的时间太长了，我国太穷，实在供应不起。你们这是打算离开吗？那真是太好了！"

杞子等秦将一听，不好，阴谋败露了，急忙逃离郑国——秦军的内应就这么彻底消失了。

这种结果，当然也在孟明视等人的预料之中，三将聚在一起商议，是否就此退兵归国。孟明视说："国君派我等出兵，怎能毫无所获就空手而回呢？不如顺道去占点别的便宜吧。"于是秦军临时转向，灭掉了郑国东北方小小的滑国，然后带着所掳获的大量财宝物资，凯旋而归。

文明的曙光
—— 从三代到春秋

秦军在东方搞那么大动作，灭掉了滑国，消息当然不可能再严密封锁，很快，晋国就得到了情报。晋文公的继承人，乃是他的儿子晋襄公，急忙召集群臣商议。先轸说："秦国出于一时贪婪而劳师动众，此乃上天赏赐给我晋国的取胜机会。绝对不能放纵敌人，违反天意，请立刻发兵，截击秦军。"

大夫栾枝提出疑问："秦于我国有恩，有恩未报，还攻击他们的军队，这合适吗？"先轸狠狠地一撇嘴："我国正当国丧，秦人连声招呼也不打，就灭掉了与我同姓的滑国，这是秦人无礼在先，还说什么恩情！一日纵敌，数世为患，这仗非打不可！"

晋襄公最终认同意了先轸的意见，于是连老爹晋文公都来不及安葬，就亲自领兵出征，在崤山设下了埋伏。秦军根本就没料到会遭遇截击，仓促迎战，很快就被杀得大败亏输，最后竟连孟明视、西乞术、白乙丙三将都做了晋人的俘虏——出兵前蹇叔的所有预言，竟然全都变成了现实。

按照先轸的意思，就该把三员秦将全都砍头示众，然而晋襄公刚想下命令，突然晋文公的妻子，也就是他的后母跑出来劝阻。晋文公的妻子，使用丈夫的谥号加上本姓，后世称为"文嬴"——可见她的出身，乃是秦国的贵族小姐。

文嬴劝晋襄公说："秦晋两国世代联姻，本来关系很好，都是这三个家伙因为贪功而发动战争，导致如此结果。相信秦君现在也后悔不已，恨此三人入骨，您何不放他们回去，让秦君来处置他们呢？这样既抖了你的威风，又可让秦君反省他的过错，岂不是很好？"

晋襄公一时耳根软，听了文嬴的劝，就把孟明视等三将给放掉了。这三将前脚才走，先轸后脚就跑来询问，听说已经把俘虏给放了，气得大骂："我们辛苦拼杀，好不容易逮住他们，就因为女人几句话，您偏给放了！这种行为只能挫伤我军的士气，增长敌人的实力，照这么下去，晋国定会灭亡！"偏过头去，朝地上狠狠地啐了口唾沫，以表达对晋襄公的不满。

晋襄公听了这话，也有点后悔，于是就派大臣阳处父驾车去追赶三员秦将。可惜阳处父还是慢了一步，三将已经登船渡河，距离岸边很远了。遗憾之余，阳处父突然心生一计，急忙把自己驾车的马解下一匹来，大声呼唤道："这是我国国君的临别赠礼，请几位上岸来接受吧！"

孟明视等三员秦将，这时候真如同漏网之鱼一般，好不容易逃得性命，哪儿还肯回去呢？孟明视就在船中高呼："多谢晋君不杀之恩，放我们回去领受国法制裁。被自己的国君处死，死也可以无憾了。倘若我国国君一时心软，赦免了我等，那我等三年以后一定回来，以报答晋君的赏赐（三年，将拜君赐）！"

说什么报答，其实是报仇，也就是"君子报仇，三年不晚"的用意。那时候的贵族们说话都像搞外交，非常注重礼节和辞令，在后人眼中，其实很多话都必须得反过来理解。

狼瞫的决心

崤山大吃败仗的消息传到秦都雍城，秦穆公又是伤心，又是后悔，赶紧跑去向蹇叔道歉："我当初应该听您的话呀，您所说的一切全都应验了呀。"

等到听说孟明视等三将被晋人给放了回来，秦穆公立刻穿上白色的丧服——以哀悼战死在崤山的秦军兵将——亲自出城去迎接。三将跪地请罪，甘愿领受制裁，秦穆公却流着泪说："都是寡人决策错误，你们三位有什么罪呢？就算有点小过失吧，寡人也不会因为一点小错就忘记了你们的才能和功劳。"仍然任命三将统领秦军。

看起来，挨了当头一棒以后，原本那个礼贤下士的秦穆公终于又回来了。

孟明视三将不但被无罪释放，还继续担任将领，他们羞愧和感激之下，更加兢兢业业地为秦穆公办事，没日没夜地训练秦军，打算要等三年后报仇。而在晋国方面，先轸也非常后悔——自己怎么能因为一时愤怒，就当面朝国君啐唾沫呢？这实在是太无礼了！

数月以后，东北方的赤狄部族突然攻打齐国，随即又骚扰晋国边境，先轸受命领兵，在箕地打了场大胜仗。可是虽然打了胜仗，主将先轸却战死了——原来先轸后悔对晋襄公无礼，一心求死，竟然不戴头盔就直冲敌阵，被活活地给砍死了。

西周的军事力量是非常强大的，文献中出现过"西六师"、"殷八师"和"成周八师"等名称——这里的师，当然不是现在师、旅、团的师，没有固定数量，只是指统一编制、统一指挥的一支军队。

传统有"天子六师，方伯二师，诸侯一师"的说法，其实不大靠得住，或许意思只是说诸侯的统治地区很小，部队数量也少，所以进行军事活动的时候，只能编组成单一军队，不能同时执行多个任务吧。然而到了春秋时代，某些诸侯的地盘大大扩张，甚至超过了王畿，相应的军队数量也越来越多，已经达到可以编组多支军队的程度了。

晋国的军事实力本来就很强，韩原战败后，晋惠公为报秦人之仇，又大肆扩军备战，所以晋文公继位没多久，就编组了上、中、下三军，后来更扩编三行，共组成六军。其他超级大国陆续仿效三军的编制，也都同样称呼——只有楚国不同，是叫做左、中、右三军的。

上、中、下三军中，最具实力的是中军，中军帅在国君不随同出征的时候，往往代理三军主将。晋国的中军帅一开始是郤縠，郤縠去世后由先轸接任。

所以看吧，城濮之战的实际指挥者是先轸，崤之战的实际指挥者也是先轸，箕之战，晋襄公没有亲自出马，主帅当然还是先轸。等到先轸光着脑袋冲入狄阵，光荣战死以后，晋襄公感念他的功劳，就任命他的儿子先且居继承父志，继续当中军帅、三军主将。

崤之战和先轸战死都是在公元前627年，到了第三年，也就是公元前

625 年，励精图治的孟明视等三员秦将再率大军东进，要来报崤之战的一箭之仇。晋国中军帅先且居率军抵挡，两军在彭衙展开激战。

正当双方势均力敌，杀得难解难分之时，突然不知道从哪儿冲出来一支贵族私兵，头前一辆战车直冲秦阵，车上的武士手挥长戈，挡者披靡，一下子就把秦军的阵列给冲乱了。先且居远远望见，又惊又喜，急忙问左右："那是谁呀？"

有认识的人回答说："是狼瞫。"

这个狼瞫，原本是晋国一名中下级贵族，没什么名气，也没什么功劳，只有一身的好武艺。

崤之战的时候，晋军俘虏了一名秦国勇将，五花大绑地押解到晋襄公面前来，晋襄公就叫自己的车右莱驹："去，用你的长戈处决这个家伙。"

车右就是手持长兵器，在战车上保护指挥官的武士，这莱驹能当上晋襄公的车右，定然也是武艺高强之人了。然而料想不到的是，那员秦将非常悍勇，眼见莱驹手持长戈步步逼近，他双目圆睁，猛然间大吼了一声。这一嗓子如同晴空霹雳似的，竟连勇士莱驹都吓了一大跳，手一松，长戈"当"的一声掉在地上。

在一个五花大绑的俘虏面前，竟然武器脱手落地，实在太丢脸了，不仅仅丢莱驹的脸，也丢整个晋国的脸。好在狼瞫就站在旁边，他立刻捡起莱驹掉落的长戈，猛冲上去，双手用力一挥，取了秦将的性命。

这么一来，算是保全了晋国的脸面，晋襄公非常欣赏狼瞫，立刻越级提拔，让他代替莱驹当自己的车右。

等到了箕之战的时候，因为晋襄公没有出征，把指挥权彻底交到了中军帅先轸手中，先轸看不起狼瞫——因为君主一时喜好而越级提拔上来的家伙，往往会被旁人瞧不起——就毫无理由地撤了他的职。

狼瞫这个气呀，去找朋友们倒苦水："先轸太无礼了，提拔我的是国君，我又没犯错，他有什么资格撤我的职呢？"朋友们都说："大丈夫怎能受这般侮辱？我们愿意帮助你去跟先轸那老贼同归于尽，报仇雪耻！"

可是狼瞫却说："我也气得不想活了，但还没找到死的机会。怎么死？去和先轸拼个你死我活吗？因为私怨而引发私斗，只会祸害国家，没人说你是真英雄，真好汉。我得等个机会，让全晋国都明白，我狼瞫有的是勇气和本事，当国君的车右完全称职，先轸老贼撤我的职，是他自己有眼无珠！"

狼瞫就这么等呀等呀，终于等到了彭衙之战，秦军实力雄厚，气势汹汹杀来，看起来这一仗很不好打。于是狼瞫就召集他那些朋友，连家眷、亲戚、仆人，编组成一支数量不大的私兵，突然奋不顾身地直冲秦阵。秦军立刻重重包围上来，狼瞫再如何英勇，终究双拳难敌四手，很快他的战友就一个又一个地倒下了，最终这支小部队全部阵亡，没有一个人能够生还。

可是经过狼瞫这么一决死冲阵，秦军的阵列彻底混乱了，先且居趁机擂响战鼓，晋国三军齐头并进，杀得秦兵狼狈逃窜。孟明视不是曾经说过"三年，将拜君（晋襄公）赐"吗？结果报仇不成，反而再次大败，因此晋国人都嘲笑他，称他这次带来的是"拜赐之师"。

拓地千里

在彭衙吃了个大败仗以后，孟明视、西乞术、白乙丙三将聚拢散兵，垂头丧气地归国，再次向秦穆公请罪，或许秦穆公从三将身上看到了顽强不屈的勇气吧，他依然如前一般赦免了三人，让他们继续统率秦国军队。

数月以后，为了报复秦军攻晋再加上彭衙之战，晋国竟然联合了宋、郑、陈三国兵马，讨伐秦国，多亏孟明视等将顽强抵抗，严密防守，才没有遭受太大的损失。

春秋时代，基于道路交通的落后、运输手段的不发达，很少有上千里

第十章 春秋时代·秦霸西戎

的长途行军,也很少有旷日持久的攻坚战——所以当年秦军千里迢迢越过晋国去伐郑,蹇叔会判断说输定了——一般情况下,即便出动倾国之兵甚至是多国联军,一次也不过攻下来一两座城池而已。只有像滑国那样恐怕本身也就一两座城池的超级小国,才会瞬间就被连窝端掉;郑、宋等国虽然日趋弱小,齐、楚等超级大国却也无法一口吞下;至于秦、晋之间,更不可能在短期内就分出胜负了。

晋之攻秦,一方面要维持中原地区的秩序,保证自己霸主的地位不被动摇,另一方面也想要保证侧翼安全,好全力南下,与蛮族楚国争胜;秦之攻晋,则是为了打通向中原挺进的道路,代晋为霸。所以两国之间所爆发的战争,虽然发兵很多,规模不小,所争的却不是一城两城的得失,而只是想靠武力来压服对方罢了。

到了彭衙之战的第二年,也就是公元前624年,孟明视等三将前来禀报秦穆公,说士卒训练完备,可以再次东进伐晋了,秦穆公点头首肯。

秦国在今天陕西省南部,而晋国在山西省南部,两国间隔着黄河,秦军伐晋是必须要渡河的。于是在渡过黄河以后,孟明视下令把所有船只全部烧掉——

"国君已经两次赦免我等战败之罪了,倘若再打败,还有脸回去面对国君吗?只要取胜,自然能够找到船只,渡河归国;一旦战败,只有死路一条!"

孟明视以烧船的举动来宣示自己若不取胜,绝不回国的决心,同时也激励士气。堂堂秦国这几年与晋交战,就没得过任何便宜,输了一场又一场,不仅仅主帅感到屈辱,所有兵将都无不怒火中烧,气得连眼珠子都红了,大伙儿齐声呐喊:"不取胜,宁可战死,绝不回国!"

听说秦军来攻,晋国急忙派人侦察,看到这种情况,全都吓破了胆,回去一禀报,连晋襄公都愣住了。从中军帅先且居往下,大臣们都说舍死忘生的敌人是无法阻挡的,咱们不能迎战,否则是必败无疑。

晋军根本不敢派兵抵挡,只是下令各城死守,孟明视率领秦军,一路

文明的曙光
—— 从三代到春秋

如入无人之境，一直杀到绛城南面的王官。王官是座小城，防御工事并不完善，守兵也少，瞬间就被秦军给攻克了。

当然，王官距离绛城那么近，距离秦国却有好几百里，秦人是无法长久占领的。孟明视只好把王官劫掠一空，然后带上所有掳获的物资，吹吹打打，西渡黄河，凯旋而归。

这一仗虽然没有找到和打赢晋军主力，终究是往霸主晋国头上狠狠地来了一棒，光晋人不敢出战这一条，就足以名扬天下，威震诸侯了，崤之战以来的恶气，至此一扫而空。

秦穆公闻讯，也立刻渡过黄河，跑到崤山来，搜集崤之战中战死的秦兵的尸体，重新安葬，并且大哭三日，隆重祭祀。

虽然打赢了晋国，但晋国实力未损，秦穆公也逐渐收起了不切实际的幻想，知道晋国这头猛虎横在身前，自己想要称霸中原是千难万难，于是把目光重新转向西方。他手下有一名大臣，名叫由余，本是晋人，后来流亡到西戎部族，奉命出使秦国时，看到秦穆公为人大度、礼贤下士，就主动留了下来。由余为秦穆公谋划，一年之内就打败了十二个西戎部族，据说向西开拓的新领土有千里之遥。

春秋时代，有所谓"春秋五霸"的说法，对于入选之人，说法各不相同。齐桓公、晋文公，那是毋庸置疑的中原霸主，齐桓公九合诸侯，晋文公有践土之会，并且他们都得到了周天子的册封，允许他们称霸。某些说法中入选的宋襄公就比较搞笑，宋襄公只有称霸之心，却并无称霸之实，虽然召集了一次盟会，却在会场上做了楚人的俘虏——纯粹是凑数的。

秦穆公其实也不能算是真正的霸主，起码不是中原的霸主，他虽然一度打败了霸主晋国，并且拓地千里，得到周天子的表彰，但中原各国大多仍然听从晋国的号令，秦的领地太过偏西了，影响力实在有限。所以史书上说秦穆公"遂霸西戎"，在西戎各部族中，他是理所当然的霸主，中原的霸主，则还称不上。

秦穆公死于公元前621年，也就是伐晋取胜的两年以后，按照当时的习惯，要求大批奴仆和奴隶殉葬，多达一百七十七人，并且据说连贤臣子车氏三兄弟，也因为深受秦穆公宠信，而被迫跟随国君长埋地下了。以人殉葬，本来就是很落后、很残忍的传统，以贤臣殉葬，除了秦穆公以外，从没有类似事件发生过——始终礼贤下士的秦穆公，死了还继续要贤臣"相伴"，遭到中原各国的一致谴责。

> 秦穆公死后要贤臣陪葬，秦人悲伤，为这些殉葬的贤人作诗哀悼，这就是收录于《诗经》中的《秦风·黄鸟》。

第十一章　春秋时代·南方的强权

一鸣惊人

　　整个春秋中后期，论起最强大、最长时间占据霸主宝座的诸侯国，晋国当仁不让，晋的兵车驰骋中原大地，罕逢敌手，即便秦、齐等超级大国，正面与晋军作战，也只有两三成胜算而已。

　　只有一次，晋军在黄河南岸吃了个大败仗，输得难堪无比，霸主的地位竟然摇摇欲坠——打败晋军的，就是南方超级大国楚国。

　　一代明君楚成王，曾经任用斗穀於菟和成得臣，振兴国力，参与盂地会盟，擒获宋襄公，在泓水大败宋军，又协助晋文公回国继位，但他的结局，却和霸主齐桓公一样，死得相当凄惨。

　　楚成王有很多个儿子，其中有个名叫商臣，聪明而勇猛，楚成王想立他做世子。令尹斗勃劝他说："您还不老呀，干吗着急选定继承人呢？您的妻妾很多，孩子也很多，万一将来改变主意，想要废掉商臣，一定会引发动乱的。我看那商臣，眼睛像黄蜂，声音像豺狼，恐非仁义之人，不可立为世子。"但楚成王根本就听不进去。

　　隔了几年，正如斗勃所预料的，终于出事了。楚成王日益宠爱小儿子楚职，想要废掉商臣的世子之位，商臣就去找师傅潘崇商量："大王只是随便想想，还是真的要废我呢？怎么才能得到确切的消息呢？"潘崇给他出主意："大王的心意，他的宠妃江芈最清楚……"

于是商臣就设宴款待江芈，并且故意在酒席宴间出言不敬，得罪了这个父亲的宠妃。江芈气得大骂："怪不得大王要废掉你改立你弟弟职，你果然不是个好东西！"

听到这话，商臣赶紧再去找潘崇，问他："得着确信了，大王果然要废掉我，我该怎么办？"潘崇就问："您能够屈居在职之下，做他的臣子吗？"商臣摇摇头："我办不到。"又问："您愿意流亡到别国去吗？"商臣还是摇头："我不愿意。"潘崇最后冷冷地问道："那么，您敢于奋起一搏吗？"商臣一拍大腿："只能这么干了！"

于是在公元前626年，也就是晋国中军帅先轸战死的第二年，十月，商臣突然召集兵马，团团围住王宫，想要取老爹楚成王的性命。楚成王还想拖延时间，等待救援，就请求说："我知道自己死定了，可是在临死前想再吃一顿熊掌，可以让我达成这最后的心愿吗？"

熊掌是美味，但很难炖烂，做顿熊掌费时费力。

楚成王的盘算，瞒不过聪明的商臣，他冷笑一声，拒绝了老爹最后的请求。到了这个时候，楚成王再后悔不听斗勃之言，也已经来不及了，只得自杀，商臣登上国君之位，史称楚穆王。

楚穆王在位十二年，去世后把宝座传给了儿子楚侣，史称楚庄王。据说这位楚庄王继位三年，一直不肯管理国政，整天就知道在后宫享乐，甚至还发布命令："有敢于进谏的，一律处死！"

大夫伍举实在看不过去了，就请求拜见，想要规劝楚庄王。到了后宫一看，只见楚庄王左手抱着郑国美女，右手搂着越国美女，坐在大堆乐器中间，正乐得合不拢嘴呢。伍举不敢直言进谏——已有命令颁布，进谏就是死罪呀——只好拐着弯子对楚庄王说："臣有个谜语，自己解不开，前来请教大王。"

楚庄王问他是何谜语。伍举装模作样地说："山上有只鸟，三年不飞，

文明的曙光
—— 从三代到春秋

三年不鸣,请问是只什么鸟呢?"

楚庄王不理国事,正好三年,他一下子就明白了伍举的意思,是假借谜语来规劝自己,于是笑笑回答说:"三年不飞,一飞冲天;三年不鸣,一鸣惊人。你等着看吧。"

伍举躬身而退,本以为国君既然明白了自己的用意,还说什么"一飞冲天"、"一鸣惊人",从此就应当端正态度,改变习惯了吧。可没想到等了好几个月,楚庄王却在后宫玩耍得更开心了,丝毫也没有管理国政的意思。大夫苏从再也忍不住了,求见楚庄王,当面犯颜直谏。

> "一鸣惊人"这个成语,来源除了说是楚庄王之外,还有安排在齐威王身上的,故事情节极其相似。

楚庄王恶狠狠地问苏从:"我下过命令的,敢进谏的都得死,难道你不怕死吗?"苏从淡淡地一笑:"如果抛弃自己性命,就能使大王醒悟的话,那正是臣的愿望。"

楚庄王听了这话,突然大袖一挥,把美女都赶走,把乐器都扒拉开,即刻召集群臣开会,商议国政。从此他就把伍举、苏从当做自己的左右手,大刀阔斧地进行政治改革,很快就成长为一代贤君。

楚庄王不是个糊涂人,否则也不会被伍举一个谜语、苏从几句直谏就给说通了,从此幡然悔悟,兢兢业业地治理国家。可是既然不糊涂,为什么一玩乐就玩乐了整整三年,他究竟在耍什么花样,又为什么要耍花样呢?

原来,楚穆王在位的时候,为了报城濮之战的仇,打掉中原霸主晋国的气焰,大肆扩军备战,先后灭掉江、六、蓼等小国,威逼宋国,还讨伐反叛的群舒(舒鸠、舒蓼等部族),结果军事力量是搞上去了,但国内军事贵族们的势力却也日益膨胀,楚王大权旁落。

就在楚庄王登基的头一年,国内就爆发大叛乱,公子燮和斗克杀掉令尹成嘉，逐潘崇，挟持了楚庄王。叛乱虽然最终被平息，楚庄王却给吓到了，生怕类似事件再次发生。

类似事件会不会再发生呢？那是极有可能的。当时楚国国内最强大的军事贵族是若敖氏。咱们前面提过，东周才开始的时候，楚君熊仪曾自称若敖，熊仪的儿子楚伯比就以若敖为氏。又因楚伯比被封在斗邑，从此又称为斗氏。斗伯比担任令尹多年，辅佐楚武王雄霸南方，继承他地位的分别是私生子斗穀於菟和儿子成得臣，此外，斗、成两家的斗祁、斗勃、成大心、成嘉、斗般、斗椒等人先后担任令尹，主持国政，若敖家族在楚国的势力，甚至比楚王更为强盛。

楚庄王不知道谁是若敖氏一党，谁真正忠于自己，所以才装模作样地吃喝玩乐，不理国政，一晃就是三年。等到伍举和苏从大胆进谏，楚庄王才算真正找到了自己的亲信，从此就重用这些贤臣，分割若敖氏的权柄，开始了他争霸中原的辉煌旅程。

九鼎的轻重

楚庄王亲理国政不到一年，就出了一件大事，西面的附庸国庸（在今天湖北省竹山县西）、麇（在今天湖北省陨西县）联合周边蛮族反叛，想要摆脱楚国的控制。楚庄王急忙派兵前往镇压，击败群蛮和麇国，随即与秦、巴合兵，灭掉了庸国。

公元前608年，也就是楚庄王继位的第六年，楚军北上，联合了陈、郑两国，攻打宋国。为了救宋，晋国中军帅

> 楚国的青铜器铸造，在中原风格的基础上形成了自己独特的文化特色，并且楚国拥有丰富的铜矿资源，比如今天湖北大冶铜绿山、江西瑞昌铜岭等，当时都属于楚国，从地名上就能看出这些地区曾经的辉煌。

文明的曙光
——从三代到春秋

赵盾率军攻打郑国，被楚将蒍贾击退——这是楚庄王第一次和中原霸主晋国较量，虽然取胜，却并没有占到太大便宜。

公元前 606 年，楚庄王亲自率军北上，攻打陆浑之戎。一听这名字，就知道属于西戎部族，但他们盘踞的地区却并不在西方，而很早就迁徙到了成周洛邑的南面，受晋国控制。楚军攻伐陆浑之戎，就是为了剪除晋国的羽翼。

这仗打得很顺利，楚庄王一直杀到洛邑郊外，随即就在这里举行了一场盛大的阅兵仪式——不是给晋人看的，就是给周天子看的。周匡王闻讯大惊，急忙派王孙满带着礼物去犒劳楚军。

楚庄王见到王孙满，第一句话就是："请教，九鼎究竟有多大呀，份量又有多重呢？"

鼎是古代的一种锅，主要用来炖肉。鼎有圆的，也有方的，下面铸造有三个"足"，可以在足之间堆上柴火，点火熬汤，上面有两个"耳"，小的鼎可以手提，大的就把一根长杠穿过双耳，可以扛着走。因为肉食难得，经常炖肉来祭祀上天，所以鼎逐渐演化成最重要的祭器和礼器。

上古传说，当年大禹治水，跑遍了中原各地，后来继舜为王，就把中原划分为九个州（冀、兖、青、徐、扬、荆、豫、幽、雍），用搜集来的各州的精铜铸造了九个大鼎，每个鼎都代表一个州，把山川形势、特产鸟兽，全都刻在上面。夏朝灭亡以后，九鼎被商人搬入了祭庙，商朝灭亡，九鼎又归了周人。

九鼎代表九州，所以九鼎就是中原地区最高的权力象征。楚庄王上来就问九鼎的轻重大小，那意思再明确不过了，他想要替代周天子，成为中原至高无上的君主。

王孙满天资聪明，年幼之时就能根据秦军过洛邑北门的情况，判断出秦军必败，所以周匡王才会派他做使者，来接触从来不讲道理的"蛮族"楚人。当下王孙满听了楚庄王的话，微笑着回答说："您想知道九鼎的轻重大小干吗？我告诉您，想要取得天下，重要的是道德，而不是鼎。"

楚庄王冷笑一声:"你告诉我轻重大小,寡人可以自己造呀。告诉你,楚国只要把所有戈尖都敲下一块来,就足以铸造九鼎了。"

王孙满针锋相对地回答说:"夏桀无道,九鼎迁商,商纣无道,才入我大周。成王定鼎,曾向上天求问,说周将传承三十代,历七百年,这是天命。周朝的势力或许大不如前了,但期限未到,天命未改,九鼎的轻重大小,还不是你等诸侯所可以探问的!"

"天命"究竟是什么,谁都不清楚,但形势摆在那里,以晋国为首的中原诸侯势力仍很强大,虽有争雄之心,但谁都不会取周天子而自代,也不会允许楚人取周天子而代之,这点楚庄王很清楚。所以他只是随口问问,表露一下自己的野心而已,既然王孙满嘴硬,坚决不肯说,他也就只好笑笑,就此退兵了。

离开洛邑郊外以后,楚庄王又绕道跑了趟郑国,趁着郑穆公缠绵病榻之机,给郑国以沉重打击,让他们三五年内不敢再靠拢晋国——占据中原要道,夹在晋、楚之间,郑国命中注定是永远太平不了啦。

回国后不久,楚国再度发生叛乱,令尹斗椒杀死了司马蒍贾,然后集合若敖氏的兵马来攻打楚庄王。

要说若敖氏和蒍贾,那可真是仇深似海。当年成得臣接替哥哥斗榖於菟做令尹的时候,蒍贾就表示过反对,说:"成得臣过于刚强,不懂礼仪,不能让他治理百姓,就算打仗,超过三百辆兵车,他就指挥不动了,肯定会吃败仗。"所以城濮之战前,成得臣坚决请令攻打晋军,就是想反驳蒍贾的"谗言",表明自己具备指挥大军作战的能力。

可惜得很,城濮之战,以弱敌强,就算成得臣是稀世良将,恐怕也打不赢。战败归来后,他被迫自杀,蒍贾倒被楚成王升做令尹。

此后若敖氏和蒍贾就互相攻讦,争斗不休,从楚成王到楚穆王再到楚庄王,三代楚王为了抑制若敖氏的势力,往往倾向于蒍贾。尤其是楚庄王,他曾经听了蔿贾的话,杀死令尹斗般,改以斗椒接任——斗椒心里不禁有点含糊,有蔿贾在朝,说不定哪天大王也要了我的命呢。

所以趁着楚庄王忙于治理内政,稍有成就便屡次北征,想与晋国一决雌雄的机会,斗椒突然集结若敖氏的兵马,攻打并且杀死了蔿贾。虽然身为令尹,没有国君的命令就擅杀同僚无异于反叛,斗椒干脆一不做,二不休,打算攻克都城,杀死楚庄王,换一个傀儡国君。

咱们前面说过,若敖氏的势力非常强大,斗椒集合家族全部兵马,其数量很可能超过了楚庄王的直属部队和忠于楚庄王的贵族之兵。楚庄王非常担心这仗打不赢,就主动派遣使者去见斗椒,安抚他说:"擅杀同僚之罪,大王不再追究,并且愿意交出三王(楚文王、楚成王和楚穆王)之子到你家做人质,请你还是赶紧退兵吧。"

但是斗椒一看自己占据了上风,态度骄狂不已,坚决不肯后退。楚庄王没有办法,只好亲自领兵抵御,两军在皋浒(在今天湖北省襄樊市西北方)排开阵势。斗椒仗着自己武艺高超,突然驾车冲出,向楚庄王连射两箭,一箭射在铜钲(类似于钟,挂在主帅车上,用来鸣金)上,一箭射在车盖上,都差一点就命中了。楚军纷纷惊恐后退。

为了稳定军心,楚庄王就编瞎话说:"这不是斗椒的箭法高,而是用的箭好。当年先君文王攻克息国的时候,曾经得到三支利箭,被斗椒偷走了两支,如今全都射完,他没什么可怕的了。"

军心既稳,楚庄王就擂鼓进兵,经过恶战,终于打败了若敖氏的兵马,杀死斗椒。楚庄王趁机大开杀戒,处死了若敖氏的全族老少——只留下了一个斗克黄,他当时出使在外,幸免于难,但不仅没有趁机逃亡,反而主动归国投案,楚庄王感念斗氏的功劳,认为斗氏不该彻底灭绝,这才饶了他的性命。

第十一章　春秋时代・南方的强权

士会归晋

楚国有一位贤人，名叫蔿敖，字孙叔，俗称孙叔敖，传说他小时候曾在野外见到一条两头蛇。迷信的说法，见到两头蛇的人，不久就会死去，孙叔敖想到这个传说，又是恐惧，又是伤心，但同时又想："反正我死定了，不能再让别人看见，让别人同样遭难。"于是他打死了两头蛇，挖坑深埋，然后才哭着回家去见母亲。

> 孙叔敖的最大功绩就是在楚国境内大兴水利，主持兴修了芍陂，改善了农业生产条件，增强了楚国的国力，他可以说是中国最早的水利专家之一。

母亲听说此事，安慰孙叔敖说："你年纪轻轻就有如此仁德之心，上天不会让你夭折的，不仅如此，你将来一定有出息，能做大事。"

传说故事暂且不论，这个孙叔敖倒确实成长为楚国的名臣，得到楚庄王重用，甚至一度担任令尹，主持国政。在楚庄王、孙叔敖君臣的治理下，楚国的国力越来越强，北上与晋国争胜，已经不再是遥不可及的梦想了。

那么相比楚国来说，晋国的情况又怎样呢？

晋国一直在和秦国玩拉锯战，今年你打我一下，取一两座城，明年我打你一下报仇，也取两座城，始终没能真正分出胜负来。但就在孟明视攻下王官的两年后（公元前622年），中军帅先且居、中军佐赵衰、下军帅栾枝先后去世，当年跟随晋文公称霸诸侯的贤臣们陆续离开历史舞台，该轮到年轻一辈打天下了。

新的中军帅，乃是赵衰的儿子赵盾，同时担任正卿执政，权倾朝野。就在秦穆公去世的同一年，晋襄公也去世了，他的儿子年纪还小，赵盾就和群臣商量，为了国家稳定起见，还是迎立一位比较年长的公子吧。

文明的曙光
　　——从三代到春秋

　　按照赵盾的意思,应该拥立晋文公的儿子公子雍,他说:"先君很喜爱公子雍,他又在秦国当人质,倘若派人去秦国迎接他的话,秦、晋间的宿怨或许可以解除,西境就太平了。"但是中军佐、狐偃的儿子贾季表示反对,说:"不如迎立公子乐为好。公子乐是怀嬴(晋怀公所娶秦女,后来嫁给了晋文公)之子,怀嬴先后侍奉过两位君主,他的儿子定然是有福之人,百姓也会拥戴的。"

　　赵盾把眼睛一瞪:"侍奉过两位君主的贱女人,她的儿子有啥资格继位?!"于是派先蔑、士会去秦国迎接公子雍。贾季心中不服,秘密派人去陈国迎接公子乐,结果消息泄露,赵盾抢先一步把公子乐给宰了。贾季这个气呀,就杀死了赵盾的党羽阳处父,自己逃亡到北狄去了。

　　本来一场风波,可以就此尘埃落定,秦、晋两国也有机会和好,但谁想一个女人突然跳出来,改变了赵盾的决策。

　　这个女人就是晋襄公的夫人,也出身秦国,史称穆嬴(大概是秦穆公之女),她整天抱着儿子在朝堂前哭泣,说:"先君有什么罪?他的儿子又有什么罪?你们要放弃他,而到别国去迎接君主呢?"大臣们上朝、退朝,都只好绕着她走。

　　哭了几天,一看没效果,穆嬴又抱着儿子跑到赵盾家门口去哭,责备赵盾:"先君曾经把这个孩子交到你手上,说:'孩子将来有出息,全是你的功劳;没有出息,就是你教育不当。'话语还在耳边回响,你怎忍心抛弃这孩子呢?"

　　大臣们听穆嬴连哭了好几天,心里都有些不忍,一起劝说赵盾,于是赵盾改变了主意,就把这个小孩子立为国君,史称晋灵公。

　　晋灵公继位的时候,派去迎接公子雍的先蔑和士会还在秦国。当时秦穆公刚死,儿子继位,就是秦康公,秦康公对两名晋国大夫说:"当年先君帮助晋文公,因为派的兵马不多,所以吕省、郤芮等人才敢造反,这回我多派兵马保护公子雍,你们看怎样?"两人连声称是。

　　于是秦国大军保护着公子雍浩浩荡荡向晋国进发,可才走到半道,就迎面撞见了晋国派来拦阻的兵马。一番恶战,秦兵战败,公子雍也死于乱军之中——是为令狐之战。

先蔑和士会这个气呀,你赵盾想立谁就立谁,也得先跟我们打声招呼不是?怎能这般过河拆桥,陷我等于不义呀!于是叛晋降秦,此后多次帮助秦军与晋军交战。

士会为人足智多谋,又深知晋国的内情,在他帮助下,秦人屡屡得胜,使得晋国君臣忧虑不已。于是赵盾就召集六卿(晋国三军帅及三军佐)商议,上军帅郤缺说:"士会奔秦,乃时势所逼,并非他本人的过错,得找个机会把他接回来才是。"

这位郤缺本是叛臣郤芮之子,当年晋文公看他廉洁守礼,和父亲不是一路货色,所以才破格任用。

听了郤缺的话,赵盾不禁微微苦笑:"秦君正宠爱士会呢,怎么肯放人哪?"大家伙商量来商量去,觉得这事儿还是交给魏犨的弟弟魏寿余为好,此人谋略颇多,定能想出妙计,迎回士会。

隔了几天,赵盾下命令给魏寿余,要他离开绛城,去地方上防守,却遭到对方的一口回绝。赵盾一怒之下,派人去抄了魏寿余的家,把男女老幼全都逮了起来,只有魏寿余本人无巧不巧地漏了网,一直逃到秦国去了。

当然,这只是魏寿余和赵盾事先商量好的计谋而已。魏寿余一到了秦国,就装模作样大表忠心,说要把自己的封地魏邑献给秦康公,还建议熟悉晋国情况的士会跟自己一起去接收。聪明的士会哪有看不破这诡计的道理呢?但晋国终究是他的父母之邦,他也想趁此机会,可以安全回国,于是一口答应下来。

答应虽然答应了,但他对秦康公有言在先:"晋人狡猾,倘若这是一个诡计的话,一定会把臣扣押起来,不放臣回秦的,到那时候,国君定然恼怒,可能会杀死臣的妻儿,那又该怎么办呢?"秦康公一心想得到魏邑,于是安慰士会说:"你放心去吧,若能得到魏邑,定有重赏;若真中了计，寡人也不会责怪你，还会把你的家眷送回晋国去的。"手指着黄河，发了毒誓。

就这么着，士会跟着魏寿余回归晋国，秦康公也果然不食言，把他的妻儿都安全送了回来。士会感激秦康公的恩情，此后双方奔走，终于使得秦、晋两国重新交好，一连二十多年，再也没有爆发过战争。

赵盾弑君

解除了来自西方秦国的压力以后，晋国可以专心向东、向南进军，以控制中原地区。晋国的最大敌手就是楚国，可是为了保全实力，两国都不肯发生正面冲突，而往往利用第三国作为筹码——这些第三国，主要就是郑、宋、陈、蔡。

楚军北上，才打服陈、蔡，晋军就来争夺，为了给陈、蔡解围，楚军就再次北上攻打宋、郑，可等打服了宋、郑，那边陈、蔡早已经降晋了，于是再打陈、蔡，再丢宋、郑。晋、楚两个超级大国就这么着循环往复地打拉锯战，夹在中间的那些国家可惨透了，只好谁挥师杀来，我就降谁，以后的事情，以后再说。

就这么着过了几年，那个被穆嬴抱在怀里大哭的小孩子，也就是晋灵公终于长大了。晋灵公和他的父亲晋襄公、祖父晋文公全都不同，从小就长在后宫，锦衣玉食，养成了既荒淫而又残暴的脾气。

据说晋灵公曾经登上高台，拿着弹弓居高临下地打街上的老百姓，老百姓惊慌失措，四处逃窜，他反倒乐得嘴都合不拢。有位厨师为他炖熊掌，晋灵公吃了一口，觉得不够烂熟，当场就把厨师处死了，把尸体装在筐里往宫外运。正巧给赵盾、士会瞧见了，询问缘由，不禁大吃一惊。

两人商量着："国君这般草菅人命可要不得，必须得好好地规劝他。"士会说："我先进去进谏，如果我说不通，你再进去。咱要一起进去，万一谈崩，就没人继续了。"

于是士会抢先去拜见晋灵公，苦口婆心地讲了一大套，晋灵公只好点头："寡人知道错了，一定会改的。"士会高兴地说："人谁无过，有错能改，善莫大焉。"

可谁想到晋灵公只是口头说改，此后的行为丝毫也不见收敛。这回轮到赵盾进谏了，赵盾仗着自己是中军帅，主持国政，语气比士会重得多，晋灵公下不来台，对赵盾恨得牙痒痒的。于是派出一名刺客，名叫鉏麑，让他去刺杀赵盾。

第二天一大早，鉏麑就手持利刃，来到赵盾府上，远远地一望，只见府门大开，赵盾穿戴整齐，正坐在大厅上闭目养神呢。原来快到上朝的时候了，赵盾按照习惯早早地起了身，穿好礼服，正等着上朝。

鉏麑心说："这位大人既懂礼，又勤劳，有他在是晋国的福气。杀死如此贤人，就是对晋国不忠；违背国君的命令，就是不信。我不管动不动手，都无法摆脱恶名，还不如以死来了结吧。"于是一脑袋撞在赵府门前的大槐树上，自杀了。

一次杀不了赵盾，晋灵公就来第二次，过了几天找赵盾来赴宴，趁机埋伏了刺客，想要取赵盾的性命。可是他这一套安排，却被赵盾的车右提弥明给看穿了，提弥明不好直接揭穿国君的阴谋，就冲上去责备赵盾："按照礼法，臣子侍奉主君吃饭，最多喝三杯酒，您如今已经超过了，还不肯离开吗？"扯了赵盾就走。

这一来搞得晋灵公手足无措，急忙下令刺客们快追，同时还让人牵出精心饲养的几条恶狗来，放狗去追咬赵盾。提弥明空手和这些恶狗作战，很快就被扑倒在地，被活活咬死了。

咬死提弥明以后，下一个目标就是赵盾，眼看着赵盾就要惨死在狗嘴下，突然不知道从哪儿冲出条大汉来，手持长戟，赶开了恶狗，拦住了晋灵公的刺客，一直把赵盾送到马车上。赵盾急忙问："请问阁下何人，为何要来救我呢？"

文明的曙光
—— 从三代到春秋

大汉回答说："您不记得了,我就是那个桑树下饥饿之人呐。"

赵盾这才恍然大悟。原来两年前,他曾经出外打猎,经过首山,在一棵大桑树下见到一个奄奄一息的人,名叫灵辄,央告赵盾说:"我已经饿了三天了,您能不能给点吃的……"

赵盾取出干粮来给灵辄吃,灵辄吃了一半,却把剩下的一半包了起来。赵盾问他缘由,灵辄回复道:"我在外做官三年,不知道老娘还在不在世,这趟就是回去找娘的。如果娘还活着,希望能把这些好吃的带给她。"赵盾连连点头:"原来还是个孝子。"就把随身的干粮全都取出来,送给灵辄。

灵辄后来当了晋灵公的卫士,听说晋灵公要谋害赵盾,急忙拿着武器冲出来保护。就这么着,赵盾终于逃出生天,而灵辄也隐姓而去,从此再没有消息了。

国君想要杀害自己,晋国已无自己的容身之地,赵盾悲伤之余,就打算逃跑,流亡到别国去。他的堂弟赵穿听闻此事,不禁紧皱起了眉头——你赵盾难道还能把全族人都带走吗?国君抓不住你,杀不了你,一定要找我们赵氏一门的麻烦,与其坐以待毙,还不如奋起一搏!

于是赵穿就找个机会,率领私兵把晋灵公给宰了,然后派人去迎接赵盾回国。但其实这个时候,赵盾还没能跑出晋国的领土呐。

赵盾回到绛城,召集六卿商议,就在这个时候,史官突然求见,然后就把才记录的文字在朝堂上宣读。赵盾听了大吃一惊,原来史官写的竟然是:"赵盾弑君!"

我们知道商朝的巫师,在祈祷占卜以后,会把问题和结果刻在龟甲、兽骨上,也就等于记录下了历史资料。周人不再那么迷信鬼神,但这种记史的习惯却全盘接收,并且还发扬光大。春秋时代,不仅仅周天子,各诸侯国都设置有专门的史官,负责记录国内外大事,以及君主和重臣们的一言一行。史官在专业领域内具有绝对的权威,他所记录下来的事情,就连国君也不是说改就能改的。

第十一章 春秋时代·南方的强权

所以赵盾只好跟史官打商量："确实不是我干的，你写错了呀。"史官冷冷地一笑，反驳道："你身为正卿，逃亡都没有出境，回到国都也不惩罚凶手，你敢说这事儿不是你主使的吗？！"赵盾没有办法，只好叹着气把这恶名给背上了。

史官是想借着这条记录来责备和警告赵盾，不可擅权，不可违背礼法、犯上作乱，否则的话，没必要当着六卿的面宣读记录。因为按照中国传统的记史制度，史官要凭着自己的良心，一板一眼记录事实，这些记录是要传之后世的，

> 赵盾可以说是赵氏在晋国的第一位权臣，他权倾朝野，树赵氏之威，使赵氏一族独大于晋国，甚至曾经代表国君出席会盟。

当事人根本没资格看到，就连国君，也不能随便看，更不能修改。

所以中国的历史记载，比世界上其他国家、其他文明都更成体系，更严谨，也更真实。当然，历史是彻底真实的，史料未必完全真实，因为记史者的思想倾向、分析问题能力和搜集材料能力的不同，史料与历史总会有所偏差。只是，在强权压迫下故意歪曲历史，这种问题在中国历史记录上虽不是绝对没有，但比起其他国家、其他文明，则要轻微和稀少得多了。

史书不可轻信，也不可不信。

荒淫的陈灵公

赵盾死于公元前601年，正好是楚庄王用孙叔敖为令尹，励精图治，想要北上图霸的时代。赵盾把正卿的位置让给了上军帅郤缺，中军帅的头衔则让给了荀林父（荀息之孙），但郤缺为人圆滑，荀林父没有魄力，他们都无法如赵盾一般完全掌握晋国国政，以六卿为首的贵族们开始内斗，中原之霸晋国国内酝酿着新的危机。

文明的曙光
—— 从三代到春秋

公元前598年，楚军再次北上，先压服了郑国，转而又灭掉了陈国。

陈国原本的君主是陈灵公，那是个彻底荒诞不经、既愚蠢又贪婪的家伙。陈国有名大夫，名叫夏御叔，娶了郑穆公之女，俗称夏姬。夏御叔死得早，夏姬不甘寂寞，就暗中和陈灵公勾搭上了。

倘若仅仅如此，倒还算不上什么大事，但夏姬同时还和大夫孔宁、仪行父两人私通，并且包括陈灵公在内，她的三个姘头对此事全都心知肚明。甚至某一天，一个国君、两名臣子，竟然还丝毫不知廉耻地在一起谈论自己和夏姬的奸情，还互相掀开衣服炫耀："看，夏姬的内衣，我穿在身上呦。"

大夫泄冶实在看不下去了，就去规劝陈灵公，陈灵公转头就把这事告诉了孔宁、仪行父："咱们的事，与他有何相干？这个泄冶太讨厌了。"孔宁、仪行父表态说："这种家伙，宰了算了。"陈灵公竟然点头默许。

于是孔宁、仪行父两人就突然发兵，杀死了忠臣泄冶。

没有了泄冶的谏言，耳根子清静了，这三个家伙从此更加肆无忌惮，甚至相约一起到夏家喝酒玩乐。夏御叔有个儿子，名叫夏征舒，本来就对老娘的这种行为万分看不惯，觉得很羞耻，偏偏某天撞见三个奸夫在自己家里喝酒，陈灵公指着他对仪行父说："这孩子长得像你呀，不会是你的种吧？"

> 夏姬一生杀三夫、一子、亡一国、两卿，可说是历史上美色最能惹祸的代表了。

仪行父也笑着回应："我看他还长得像国君呐。"

夏征舒气得连脑门上的青筋都暴出来了。立刻回到自己房间，取来了弓箭，趁陈灵公喝完酒刚出门时，就突然搭弓放箭，把这个淫乱的昏君穿了个透心凉。孔宁、仪行父听说此事，吓得一口气跑出陈国，逃到楚国去了。

陈灵公再怎么可恨，夏征舒再怎么有杀他的充足理由，终究是以臣弑君，在当时的礼法约束下，是绝对不可原谅的。于是到了第二年，楚庄王挟败郑之势，转道就攻入陈国，杀死夏征舒，把陈给灭了。

陈国大夫申叔正好从齐国出使回来，拜见过楚庄王，转身就走。楚庄王叫住他，问："夏征舒弑君，寡人率军讨平，如此大功，人人见了都恭喜和称赞寡人，你怎么一句话都不说呢？"

申叔回答说："夏征舒犯下大罪，国君为我们陈国人报仇，符合大义。然而譬如一个人牵着牛踩了别家的田，田主把他赶走，夺下他的牛——牵牛人固然有过错，但夺取他的牛，这惩罚不嫌过重了一点吗？您杀夏征舒，诸侯们都会说是讨伐有罪之人；您灭掉陈国，诸侯们却会说您是贪图陈国的土地。从此将会丧失诸侯对您的爱戴，那又有什么可恭喜的呢？"

楚庄王听了这番话，连连点头，于是就扶持陈成公继位，让陈复国。

第二年，也就是公元前597年，郑国又倒向了晋国——终究同根同种，祖先都出自周的王族，就心理上来看，郑在晋楚之间，还是更偏向晋国一些。于是楚庄王亲率大军，再次伐郑，很快就包围了郑都新郑。

郑襄公急忙派人向晋国求救，然而晋国的援军却迟迟不到，楚军围困了新郑整整三个月，终于把城池给攻破了。郑襄公无法可想，只好按照当时的惯例，脱光了膀子，反捆两手，牵着一只羊前来请降。

郑襄公见到楚庄王以后，哭丧着脸哀求："都是寡人不敬上天，不能忠诚地侍奉国君，才使国君愤怒，前来攻打我郑国。如今寡人一切都听您的，您要把我逮到南方，甚至流放到海边，都随便您；要把郑国的土地分给诸侯，郑人都做奴隶，也随便您。倘若您还念在两国间曾经有过的友好关系，念在寡人祖先的份上，愿意保留郑国的社稷，寡人愿意从此忠心侍奉国君，不敢再起二心。"

楚国群臣都劝楚庄王："趁机灭了郑国吧。"但楚庄王却摇摇头："郑君如此低声下气地求恳，必然能得百姓的怜悯和爱戴。这样的国家，怎能说灭就灭呢？"于是主动退兵三十里，然后与郑国签订了盟约。

楚庄王真的是怀有仁德之心，所以才放过郑国吗？恐怕并非如此。咱们说到过，郑国所在的位置乃是中原之枢纽，是兵家必争之地，但是以当时楚国的实力,即便吞并了郑国,也无法很快巩固这片土地,反倒必然会促使晋国拼死来夺,引发两个超级大国的正面碰撞。楚庄王还并没有与晋国决战的意图,也没有打赢的信心,所以他能够威服郑国,就已经心满意足了。

不出楚庄王所料,晋国虽然动作慢了一拍,终于还是派出了援军。为了救郑,晋国这次出兵的阵容超级豪华,上、中、下三军全都到齐了,以中军帅荀林父为主将,浩浩荡荡向南方杀来。

楚庄王本打算挺进到黄河岸边,"饮马黄河"搞一场军事示威,然后就收兵回国的,可是迎面就撞见了已经渡过黄河、正严阵以待的晋军。楚军既然已经打服了郑国,那么攻击陈、蔡以救郑就不现实;楚军仍在郑国境内,晋军也不可能在这种情况下再去攻打郑国。所以看起来,晋军是打算与楚军来一场总决战了。

就这样,决定中原归属、霸主桂冠的邲之战,就此拉开序幕。

邲之战

晋国中军帅荀林父,并没有与楚军决战的勇气和信心,一听说郑都已被楚军攻下,本打算就此退兵回国。上军帅士会也说:"因为郑国怀有二心,楚国发兵讨伐,名义上算说得过去;我们的目的是救郑而不是攻楚,既然郑国已经降楚,就没有必要再前进了。况且,我听说楚国去年打了陈,今年又来攻郑,连年出兵,老百姓却并无怨言,这样的军队,是无法与其正面对抗的。"

可是中军佐、先轸的儿子先縠却气哼哼地叫嚣道:"怎么能退兵呢?!晋国之所以能够称霸,全靠百战百胜,如今还没看到敌军就主动后退,一定会遭诸侯耻笑,霸业还可能继续下去吗?与其失去霸业,还不如英勇战死哪!"他不等荀林父下命令,就率领本部兵马抢先渡过了黄河。

第十一章 春秋时代·南方的强权

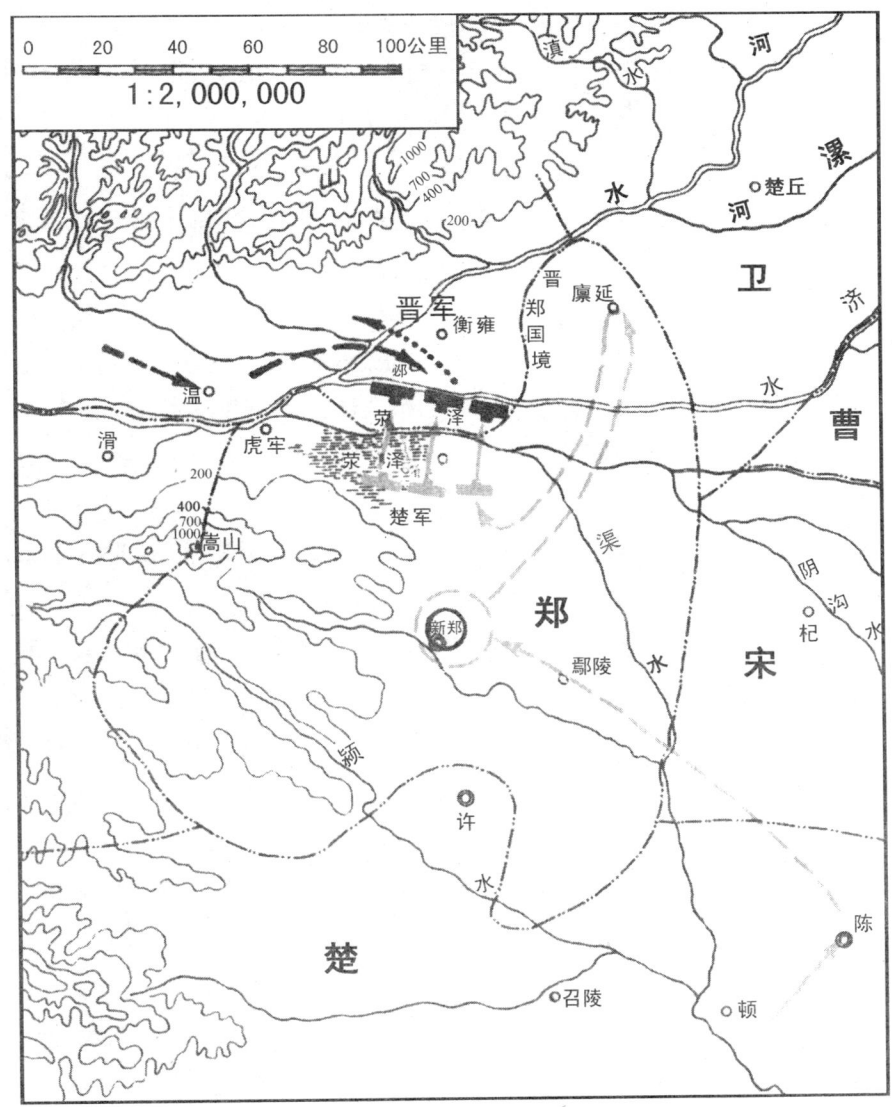

晋楚邲之战经过图

下军大夫荀首慨叹道："打仗就是要讲纪律,这连纪律都不遵守,连主将的命令都不肯听从,仗还怎么打呀,明摆着输定了的!"请求荀林父不

215

文明的曙光
—— 从三代到春秋

必理睬先縠,应当坚持退兵。但是上军大夫韩穿也主战,还提醒荀林父说:"先縠单独进兵,肯定失败,您是主将而不能约束部众,肯定也是有罪的。不如咱们一起进兵,就算打输了,责任也可由大家分摊,总比你一个人领罪要强。"

荀林父威望不足,又耳根子软,最终还是听信了韩穿的话,下令三军全部渡过黄河,驻扎在一个名叫邲的地方。

楚军方面,听说晋军已经渡河,准备与自己决战,楚庄王也有退兵的意思——反正这回来是为了压服郑国,目的已经达到,还多留做啥呢?但是他的亲信伍参却一力主战。令尹孙叔敖骂伍参:"去年打陈,今年攻郑,士气正高,倘若这场打败了,数年的积累就会毁于一旦。到那时候,你又怎么交代?把肉献出来让大家吃?!"

伍参笑笑说:"如果打赢了,就是令尹您无谋;如果打输了,我的肉肯定落在晋军手里,你想吃也吃不到。"

孙叔敖懒得搭理他,下令全军转向南方,即刻退兵。伍参见不能说服孙叔敖,就直接来见楚庄王,详细地分析道:"晋国的执政者都是一些新人,难以服众,所以中军佐先縠会违抗命令,抢先渡河,而其他三军帅、佐也都各怀鬼胎,勾心斗角——我料晋军必败。况且,您是君,对面的荀林父是臣,国君躲避臣子,天下诸侯会怎么说呢?"

楚庄王听他说得有道理,急忙下令停止后退,全军转向北方。激烈的大战一触即发。

大战之前,郑国大夫皇戌悄悄跑到晋军大营,表示说:"我们服从楚国,完全是为了保全国家社稷,并不敢对晋有二心。如今楚人因胜而骄,防备松懈,晋军可直突而前,我等愿为内应,则楚军必败。"

先縠闻言大喜,一拍大腿:"败楚服郑,在此一举!"

下军佐栾书却冷静地分析道:"我听说自从灭庸以来,楚君年年告诫臣民,要努力工作,不可懈怠;每仗都告诫士卒,不可因胜而骄,很难相信楚军会防备松懈。况且,公子去疾是郑国第一贤臣,都被送到楚国当人质,可见郑楚之间交往深厚,那么快就想背楚归晋,恐怕是诡计吧?"

中军大夫赵括、下军大夫赵同都赞成先縠的主张,荀首和下军帅赵朔却支持栾书,晋军将领们争论不休,吵得主将荀林父头疼脑热,难下决断。

他们正吵着呢,楚国派来了使者,低声下气地请求说:"我军此来,是向郑问罪,没有与晋国争胜的意思,请你们还是回去吧。"士会用外交辞令回复道:"当年平王命我先君与郑国一起保护王室,如今郑国不遵王命,所以前来询问,不劳楚国派兵迎送。"可先縠却觉得这种回答过于温和了,有损晋国的声威,就派赵括追上楚使,说:"刚才的回复有误,必须修改一下:'我国国君下了严令,若不能把楚人从郑国赶出去,你们就别回来了!所以我等不敢退却。'"

可是楚军貌似仍然没有决战的意图,再次派人前来请求和谈退兵。荀林父被这种假象所蒙蔽,丝毫不做防备。楚庄王趁机派出猛将以个人名义到晋营挑战,以激怒晋国的主战派,使得晋军更加离心离德。

于是晋将魏锜和赵旃也以个人名义赴楚营骚扰,士会警告荀林父说:"魏锜想做大夫没有得逞,赵旃想做卿也没有得逞,这两人心怀怨恨,恐怕会故意惹事,激怒楚人,咱们必须严加防备。"先縠撇一撇嘴:"郑人劝我们与楚交战,你们不听从,非要和楚人谈判,如今政策既然已经确定了,还防备啥呀?"士会见劝不动荀林父,就自作主张派上军大夫巩朔和韩穿领兵埋伏在附近的敖山之下,以防万一。

结果不出他所料,魏锜、赵旃陆续战败,落荒而逃,楚庄王亲自领兵追赶,晋军派人接应,战车奔驰中,尘土飞扬。楚军大营的孙叔敖看到这一幕,生怕楚庄王有失,于是大声喊道:"要抢先进攻,只有我攻击敌人,别让敌人先来打我!"率领左、中、右三路大军和郑国兵马直取晋军大营。

直到这个时候,荀林父还蒙在鼓里,以为和谈即将达成,可以就此退兵了。突然得报,楚国大军来攻,荀林父毫无防备,惊慌失措地命令全军后撤,先渡过黄河的有赏。

一方前进,一方后退,胜负之势瞬间分明,除了上军埋伏在侧,还有

文明的曙光
—— 从三代到春秋

中军大夫赵婴预先准备好了渡河的船只损失不大外,其余晋军狼狈逃窜,争相渡河,被楚军杀得尸横遍野。堂堂的中原霸主晋国,这仗输得实在太惨了,按照史书上很形象也很残酷的说法:

"晋国中军、下军争相抢渡,先上船的为怕船翻,挥剑砍断攀着船弦的同僚的手指,直至船中断指多得都可以一把把捧起来……"

我无尔诈,尔无我虞

> 中原各国的公族日益衰落,而楚国的王族却很兴旺,在晋国国君日益被陪臣架空的同时,楚国施行了王族政体,几乎每一代令尹都出身于王族。这一方面确保了国家不被外姓篡夺,另一方面却导致了群臣不思进取,国政日益腐败。

公元前597年爆发的邲之战,沉重打击了中原霸主晋国的声威。败兵逃回晋国后,荀林父主动去向晋景公请罪,表示愿意自杀,以正国法。晋景公也正生着气呢,本打算就此答应荀林父的请求,这时足智多谋的士会又站出来说话了。士会说:"当年城濮之战,先君文公虽然获胜,却丝毫也不开心,直到成得臣自杀的消息传来,才算一块石头落地。如今楚人已经打败了我国军队,无可挽回,倘若我国再处死大将的话,开心的不是楚国人吗?"晋景公听他说得有道理,于是宽宏大量地赦免了荀林父。

荀林父虽然威望不足,能力不强,致使晋军大败,但此人有错就认,回国请死,也算是位贤臣。那个不听指挥、一力主战的先縠就不一样了,他害怕自己遭到处罚,竟然逃亡到北狄部族,还煽动狄军南下攻打晋国。晋景公立刻派兵抵御狄军,杀死先縠,然后把他一家满门全都砍了头。

晋国经此一战,元气大伤,楚庄王趁着这个机会,就打算北上攻宋。晋楚之间、中原地区存在着很多个二三流的诸侯国,其中陈、蔡距楚近,基本倒向楚国，卫国距晋近，楚国鞭长莫及，只有郑、宋两国夹在当中，是争夺的焦点。楚庄王既已服郑，下一步就是要收拾宋国了。

况且就在邲之战后不久，宋国竟敢大胆攻陈，这使楚庄王愤怒异常。

可是春秋时代国与国之间的外交关系，习惯使然，总要在权谋数术上罩一层礼法的外衣，想讨伐别国，总得找个表面堂皇的理由，否则是会遭到其他诸侯的敌视甚至是鄙视的。要怎样才能寻找到借口，挥师伐宋呢？

公元前595年，楚庄王分别向晋、齐两国派出了使者。要去晋国，就必然经过郑国，要去齐国，就必然经过宋国，按照规矩，除非对方是你的附庸，否则必须和路经的国家借道。然而楚庄王明确下令："不准借道！"

奉命出使齐国的使者名叫申舟，他急忙提醒楚庄王说："郑国已被我国压服，可宋国仍然亲晋呀。赴晋的使者即便不向郑借道，也不会出什么事，我此去倘若不向宋借道的话，说不定会被宋人所害。"楚庄王冷冷地一笑："你放心，这正是寡人的意图。宋人要真敢伤害你，寡人就立刻出兵伐宋！"

于是申舟只好抱着必死的决心向宋国进发。果不其然，宋人一听楚国使者竟然不借道就敢大摇大摆地通过，无不怒发冲冠。宋国的执政名叫华元，他琢磨着："楚人这般作为，分明是轻视宋国，迟早会来攻打宋国；倘若我杀掉楚使，也是给了楚人发兵的借口。反正楚人总会来打，又何必平白受此屈辱呢？"于是派兵逮捕申舟，即刻处死。

申舟被杀的消息传到楚国，楚庄王这个高兴呀——可逮着打你的机会了！大叫一声，就朝门外冲，想要去集合兵马。他跑得这叫快呀，随从一直追到前院才送上鞋子，追到大门口才送上佩剑，追到大街上才奉上马车。

相比其他霸主来说，楚庄王恐怕是最注重颜面的一个人，虽然在楚国为王，平常行事却比中原诸侯更尊重周礼——起码是表面上尊重。他平生恐怕只有两件事做得不大地道，一是在洛邑郊外探问九鼎的大小轻重，二就是这回的申舟事件。

于是楚军大举伐宋，包围了宋都商丘，宋国急忙向晋国求援，可是晋

文明的曙光
—— 从三代到春秋

国才打完邲之战，损失惨重，士气低落，根本不敢再面对楚国大军。晋景公和群臣商议之后，决定暂不发兵，只叫解扬出使宋国，骗宋国人说："援军就要到了，你们可千万别投降！"

解扬在路过郑国的时候，被郑国人逮了起来，送到楚庄王面前。楚庄王送给解扬大批珍宝，请求说："你把话反过来说，就说晋军不会来增援了。"劝了好几回，解扬才终于被迫答应。

于是楚人就把解扬押上攻城用的高大的楼车，要他朝城里喊话。料想不到的事情发生了，这个解扬竟然违背承诺，高声叫道："援军将至，请勿从楚！"楚国士兵急忙把解扬扯下来，绳捆索绑地押回到楚庄王面前。

楚庄王这个气呀，怒喝道："你要是先前不答应寡人的请求，也算你有气节，寡人不会拿你怎样。如今你不守信用，违背承诺，以为寡人还会放过你吗？"解扬毫不畏惧，冷静地回答说："倘若我按照国君所指示的去做，就是违背了我国国君的命令，那才是不守信用呢。我宁可一死，也不会违反君令的。"楚庄王听了这话，深感钦佩，于是就解开绑缚，释放了解扬。

楚军包围商丘一连九个月，虽然晋国的援军始终不到，楚军却也甚感疲惫，楚庄王就打算退兵回去。可是突然跳出一个年轻人来，拦着楚庄王的马车大叫："国君违背了自己的承诺！"楚庄王仔细一看，原来不是别人，正是申舟的儿子申犀。

楚庄王想起申舟的死，不禁有些惭愧，于是停止撤退，再次组织攻城。这样一来，宋国人可全都吓坏了，执政华元没有办法，只能冒险，趁着黑夜缒出城外，潜入楚营，把匕首架在了楚将公子侧的脖子上。

这个时候贤臣孙叔敖已死，继任令尹的是公子婴齐（子重），公子侧字子反，乃是仅次于公子婴齐的楚国重臣，此行的三军统帅。

华元告诉公子侧，商丘城内已经断粮，老百姓被迫交换儿子来吃，烧死人骨头做饭，惨不堪言，只好做投降的打算，然而——"若要宋国在武力威逼下签订城下之盟，我们宁可死也绝不会答应！除非楚军退兵三十里，我国将即刻派人前去和谈。"

公子侧害怕被杀,只得答应了华元的请求。第二天一早,他就把此事向楚庄王禀报,还问:"是否退兵呢?"楚庄王说:"你答应了,就是寡人答应了,岂可失信于人,使诸侯嘲笑我楚国呢?"于是真的下令解除包围,后退三十里。

华元亲自跑到楚营来议和,答应服从楚国的领导,年年上贡。盟书上有一句话:"我无尔诈,尔无我虞(我不骗你,你不欺我)。"后来反其意用之,演变成了成语"尔虞我诈"。

楚庄王败晋、破郑、服宋,把楚国的势力范围一直延伸到中原腹地,历代都把他算做"春秋五霸"之一。但他和秦穆公一样,虽有霸主之实,其实并没有霸主之名。直到楚庄王去世后的第三年,也即公元前589年,其子楚共王与鲁、宋、陈、卫、郑、齐、秦、蔡、许九国大夫在蜀(在今天山东省泰安市附近)会盟,才算真正确定了楚国的霸主地位。

当然,晋国对此是不肯善罢甘休的。公元前586年,晋、齐、鲁、宋、卫、郑、曹、邾、杞九国又在虫牢(在今天河南省封丘县北)会盟——晋、楚之间的恶战,还将继续下去,夹在两国间那些二三流诸侯的灾难,也还将继续下去。

第十二章　春秋时代·生存在夹缝中

让你们疲于奔命

春秋中后期的历史，就是晋、楚争霸的历史。为了能够彻底击败对方，牢固掌握中原霸权，晋、楚两国都要寻找帮手——找谁帮忙才好呢？很明显，宋、郑之流夹在两个超级大国中间的诸侯，是指望不上的，他们连自己都保不住，谁杀来就跟谁，只是棋子，不是盟友。

楚国找到的盟友，是秦。秦在中原之西，距离楚国的统治中心还有一段距离，却与晋国紧密相邻，所以对秦来说，晋是最大的威胁，也是进兵中原的最大绊脚石。楚国想尽办法破坏秦、晋关系，拉拢秦国，以牵制晋国，收到了相当大的成效。

为了对付楚国，晋国也必须要找到个合适的盟友才行，最方便的，当然是齐。齐在中原东方，倘若在秦于西方牵制晋国的同时，齐也能从东面牵制楚国，那么各有所恃也各有所忧，两国还算打个平手。可惜齐国与晋、楚都不相邻，自齐桓公以后，齐似乎对中原霸权越来越不热心，整天不是扫荡胶东半岛上的外族势力，就是打打西北的卫和西南的鲁，很少发兵远征——不像秦国喜欢跑远路，秦穆公不是还曾经派兵杀到郑国西北，把滑给灭了吗？

要想让齐国牵制楚国,看起来难度挺大。

晋国六卿正忧心着哪,突然间天上掉馅饼,为他们送来一个盟友,那就是长江下游偏远野蛮的吴国。

吴国国君的祖先,据说乃是周文王的祖父古公亶父。古公亶父有三个儿子,长子叫太伯,次子叫仲雍,第三个儿子叫季历。其实这些都未必是他们的本名,可能是字,也可能是名加排行——因为古人习惯把大儿子叫伯(庶长子称孟),二儿子叫仲,小儿子叫季,夹在中间的其他儿子叫叔。比如仲雍,很可能单名是雍,加上表示排行第二的"仲"字,通称仲雍。

小儿子季历生了周文王,打小就聪明伶俐,深得祖父古公亶父的喜爱。于是太伯就和仲雍商量:"为了能让这个聪明的小子继承君主之位,父亲百年后,非得把位子传给季历不可,咱可不能挡他们的道儿。"于是主动离家出走,跑到荆蛮去,"断发文身",表示再也不回来了。

华夏族,起码从周朝以后,就没有在脸上身上涂油彩、画画的习惯(刺青的习惯也不普遍),并且无论男女都留长发,然后梳起来,在头顶上结个发髻。其他民族的风俗肯定与华夏族存在着种种差异,其中最让华夏族人难以理解,甚至难以接受的,就是剪短头发(断发)和在脸上身上涂油彩、画画(文身)。

> 断发文身是上古南方海边、河畔的近水居民共同的风尚,在吴越之地也曾流行,包含了部落标志、图腾崇拜和成人礼等多方面的文化含义,充满神秘色彩。

有句古话:"身体发肤,受之父母,不可毁伤。"又怎么能剪头发和在身上画画呢?

据说从此太伯、仲雍兄弟就在荆蛮住了下来,后来迁居到长江下游,建立起一个国家,名字叫吴。

这虽然只是一个传说,但当时中原诸侯都承认吴确实与周天子同姓,也是姓姬,或许有一定的真实性吧。

在诸侯争霸的怒潮中,一开始看不到吴国的身影——终究地方太过偏

文明的曙光
—— 从三代到春秋

远了,并且势力也不强。直到寿梦当国君的时代,也就是公元前 585 年以后,吴的势力逐渐强大,才终于往争霸的天平上投下了自己的砝码。当然,吴国最终能够成为晋国的重要盟友,帮助晋国从东面牵制楚国,还必须归功于一个名叫巫臣的战略天才。

巫臣本名屈巫,字子灵。屈氏乃是与楚王同源的显赫贵族,巫臣的封地是在申,所以也被尊称为申公巫臣。

公元前 598 年,楚庄王率兵攻入陈国,杀死夏征舒,俘虏了曾经和陈国君臣三人同时私通的夏姬。据说这位夏姬确实是世所罕见的美女,就连楚庄王这般后宫美女无数的楚国国君都看傻眼了,当即就想把夏姬收归己有。

申公巫臣及时站出来阻止:"大王您进攻陈国,本是为了讨伐有罪之人,倘若娶了夏姬,就变成贪图美色了。因贪图美色而兴兵,诸侯们会怎样议论,会怎样看待大王您呢?"楚庄王一听这话有理,只好咬着牙打消了龌龊的念头。

公子侧请求说:"大王既然不要夏姬,不如赏赐给小臣吧。"楚庄王还没答应,巫臣又站出来反对,劝告公子侧说:"因为这个女人,夏御叔早死,夏征舒被杀,陈君被弑,孔宁、仪行父流亡国外,甚至连陈国都灭亡了。天下还有更不吉利的女人吗?娶了这种女人,一定不得好死,请您还是三思而后行吧。"

于是公子侧也不敢要夏姬了,最终楚庄王把夏姬赏赐给了连尹(官名)襄老。

邲之战的时候,晋的上军奉士会之命设下埋伏,不但未受重创,反而杀死了数名楚将,其中就包括襄老。打扫战场之时,楚军并没能找到襄老的尸体,隔了一段时间,却从晋国传来消息,召唤夏姬回娘家(夏姬是郑穆公之女),还说:"襄老的尸体,有机会可以得到。"

夏姬把此事禀报给楚庄王,楚庄王就问巫臣,消息是否可靠。巫臣猜测说:"很有可能。咱们不是俘虏了智䓨吗?他老爹是荀首,据说和郑国大

第十二章　春秋时代·生存在夹缝中

夫皇戌交好，一定是想通过这关系，以郑国为中介，用襄老等人的尸体来交换智罃。"楚庄王连连点头："你说得有道理，那就由你送夏姬回郑，促成这场交换吧。"

就连雄才大略的楚庄王都想不到，其实这一切完全都是巫臣的故意安排！

巫臣早就垂涎夏姬的美色，所以规劝楚庄王和公子侧，不让他们迎娶夏姬，可没想到楚庄王并没有考虑自己，反而把夏姬嫁给了襄老。好在襄老在邲之战中战死，尸体被晋人所得，巫臣就怂恿两国交换俘虏和尸体，趁机送夏姬到郑国去，恳求郑襄公把夏姬嫁给自己。堂堂楚国大夫提出的要求，郑襄公又岂敢不答应呢？于是巫臣就秘密地和夏姬结了婚。

等到楚庄王去世，楚共王继位，派巫臣出使齐国。巫臣实在想念夏姬，不堪再忍受两地分居，就把家财打包带在身上，打算这一去便永不回头了。他在路上碰到同僚申叔时、申叔跪父子，申叔跪越看巫臣的表情越觉得奇怪，对父亲说："这人既有肩负军国重任的警戒之心，又有与女子幽会的喜悦之色，真是太奇怪了。他不是打算带着别人的老婆私奔吧？"

巫臣到了郑国，把出使重任托付给副使，自己带着夏姬就逃跑了。他本打算去齐国的，正赶上齐、晋之间爆发了鞍之战，齐顷公差一点就做了晋人的俘虏，巫臣就琢磨："我不能去战败之国。"干脆逃到晋国去，做了大夫。

消息传回楚国，公子侧这个气呀——你当年叫我别娶夏姬，我还当你是好心呢，原来是自己想下手呀！正好公子婴齐也和巫臣有仇，于是楚国两大重臣联起手来，把巫臣的亲戚全给宰了，瓜分了他们的产业。巫臣写信咒骂两人，立誓说："我定要让你们疲于奔命而死！"

怎样才能让楚国重臣疲于奔命呢？巫臣向晋景公请求出使吴国，与吴结盟，以骚扰楚国的东部边境。不仅如此，他还教会了吴国人车战的技术、布阵的技术，使得吴国瞬间强大起来。

虽然自称祖上和周天子同源，但吴国终究属于南蛮部族，技术水平相对落后，尤其生活在水网密布的长江下游地区，长年来只习水战，不惯步战，更不通车战技术，完全无法在大平原上与楚国争胜。经过巫臣输入技术，一通训练，吴人简直是脱胎换骨，从此成为楚国东面的强敌。

仅仅公元前 584 年一年间，吴国就多次进攻徐、巢、州来等楚国辖区或者附庸国，公子侧、公子婴齐为了抵御吴兵，连续七次奉命出征——确实是"疲于奔命"。

弭兵之会

其实最疲于奔命的还不是楚国的两大重臣，也不是受到秦国骚扰、整天头疼脑热的晋国六卿，而是夹在晋、楚之间的郑、宋等国。今天晋军来攻，必须俯首降服，与晋结盟，递交人质和贡品，还得奉晋君的命令去攻打附楚各国；明天楚军来攻，一样得俯首降服，与楚结盟，递交人质和贡品，然后奉楚君的命令去攻打附晋各国。如此循环往复，这些国家是越来越弱，百姓们越来越贫穷。

这样的日子哪天才是头呢？有什么办法可以解决这个要命的问题呢？最终宋国执政华元站了出来，打算居中调停，让晋、楚结盟。

反正你们成天拉锯战也打不出个结果来，你们也都很累，不如就此停手吧，我们愿意同时向双方进贡——总比三天两头遭打还得请罪要强。

华元这个人非常擅长外交，和各国的重臣都有交情。于是他首先出使楚国，游说令尹公子婴齐。公子婴齐正为了西拒吴、北防晋而疲于奔命呢，听了华元的话，连声称好。随即华元又出使晋国，游说正卿栾书，也得到了栾书的首肯。

于是公元前 579 年，晋卿士燮和楚大夫公子罢、许偃在宋都商丘会面，展开谈判，然后于商丘西门外签字立誓："以后晋、楚两国不再交兵，要好恶相同，同救祸患。如果有人胆敢危害楚国，晋国就攻打他；如果有人胆敢危害晋国，楚国就攻打他。"

对于这一次和平会议，史称"弭（平息）兵之会"。

弭兵之会的愿望是好的，但是晋、楚之间的矛盾，各自的争霸野心，真的能够靠一次和平会议就从此消除吗？宋、郑等国，真的可以不再受夹板气吗？事情当然没有那么简单。

秦国依旧在西方不屈不挠地骚扰晋国，晋国想与秦国谈和，却遭到了断然拒绝。同样，吴国也依旧在东方连番出兵，使楚军疲于奔命。晋、楚两国表面上签订和平协议了，但楚国约束不了盟友秦国，晋国也约束不了盟友吴国，这就使和平协议在签订之初就蒙上了一层浓重的阴影。

> 历史学界一般将第二次弭兵之会视为春秋进入后期的标志，在此之后，中原地区获得暂时的安宁，争霸的中心转移到东南方向的吴越之地。

就在弭兵之会召开的第四年，也即公元前576年，楚国司马（军事统帅）公子侧首先背弃盟约，领兵攻打郑、卫，然后又唆使郑国去进攻宋国。于是翌年也即公元前575年，晋厉公亲率大军攻打郑国，为宋报仇，楚共王率军救郑——鄢之战以后，晋、楚的主力，终于再次碰撞到一起了。

两军在鄢陵排开阵势，随即相对挺进，激烈地厮杀到一处。恶战之时，晋将吕锜（又名魏锜）发现了楚共王的指挥车，就小心地绕路靠近，然后拉弓放箭，一箭正中楚共王的眼睛。楚共王捂着眼睛大叫一声，倒在车中。

不过，大概因为距离太远，这一箭入肉不深吧，楚共王似乎并没有受太重的伤，还能捂着伤口连声大叫："喊养叔来，喊养叔来！"

所谓养叔，是指大将养由基，据说此人箭法高超，能够在百步外射中一片杨树叶子——"百发百中"和"百步穿杨"这两个成语，就都是从关于他的轶闻中产生出来的。楚共王喊来养由基，递给他两支箭，说："你不是常自夸箭术高超吗？那就用此两箭去为寡人报仇吧。"

养由基接过箭，立刻下令驭手向晋军奔驰，寻找吕锜的踪迹。一小会儿，他就发现了敌踪，于是弯弓搭箭，瞄准了狠狠一箭射去——箭如流星，正中吕锜的脖子，他的身体朝前一倾，伏在车厢上就咽了气。

养由基回到楚共王面前，缴回剩下的那一支箭，气宇轩昂地回复道："大王的仇，已经报了！"

晋军的战略，是先用优势兵力攻打楚军两翼，力求取胜，然后再合围楚共王统帅的最精锐的中军。一开始，似乎晋军占了上风，两翼楚军濒临崩溃，甚至连协助楚军作战的郑成公都差点做了俘虏。然而楚军顽强抵抗，很快就挽回了颓势。两军从早晨一直杀到黄昏，胜负难分，只好各自退兵。

当天晚上，楚共王召集各级将领前来开会，使者来到公子侧营中，却见公子侧喝多了酒，竟然早早地就熄灯睡了。回来一禀报，楚共王叹息道："这是上天要让楚国失败呀。"于是下令丢弃辎重，撤离战场。

楚共王生怕公子侧会引咎自杀，就派人安慰他说："从前成得臣兵败获罪，是因为国君不在他的军中。如今寡人就在军中，责任在于寡人，不在你身上。"可是令尹公子婴齐却派人去说了相反的话，说："当初让军队覆灭之人，下场如何，你都知道，你何不好好考虑一下？"

看样子，公子婴齐是成心要逼死公子侧了，公子侧没有办法，只好横剑自刎，楚共王拦晚了一步，只得仰天叹息，懊恼不已。

鄢陵之战，楚军先退，又损失了大将公子侧，表面上看，是晋国取得了胜利，但与邲之战不同，失败一方所受的损失并不足以伤筋动骨。到了第二年，晋国发生内乱，栾书、荀偃等人扣押了晋厉公，不久后又把晋厉公杀了，换了一名国君。晋、楚两国的实力，比起全盛时期全都有了很大的衰退——换言之，继续旗鼓相当。

晋、楚两国就这么继续又厮杀了整整三十年，到了公元前546年，宋国新的执政向戌靠着他和晋国正卿赵武、楚国令尹屈建（子木）的老交情，再提弭兵之意，并且得到了齐、秦两国的响应。于是晋、楚、齐、秦、卫、宋等十四国大夫再次会聚商丘西门。

会盟就要歃血，也就是宰杀牲畜祭天，然后各自把血涂在嘴唇上，是发誓的一种仪式。那么由哪国首先歃血呢？晋、楚两国竟然为了顺序又开始争斗。最终晋国名臣羊舌肸（叔向）劝服了赵武，让楚国令尹屈建首先歃血。

第二次弭兵之会以后相当长一段时间，中原地区再没有爆发过大规模的战争。但其实弭兵之会只是一个形式而已，真正使得战乱略微有所平息的，并非一个空洞的形式，而是因为晋、楚两国都开始走下坡路，已经没有力量再三天两头就恶战一场了。

大贤人子产

夹在晋、楚两国间那些二三流国家的悲哀，咱们可以通过一位贤人的生平，做一个侧面反映。

这位贤人就是郑国的执政公孙侨，字子产，后来被儒家宗师孔丘当做道德典范来崇拜，从而流芳千古。

公孙侨生年不详，他是郑穆公的孙子，放在郑国国内，也算蜜缸里泡大的孩子。但郑国夹在晋、楚之间，三天两头爆发战争，国内政局也是动荡不安，使得公孙侨下定决心要搞好外交，并且改革政治。

公元前565年，那时候郑国正好倒向晋国，公孙侨的父亲公子发和另一员大将公子辄受命领兵出征，攻打楚国的盟友蔡国，俘虏了蔡国的司马公子燮。郑军凯旋，老百姓都跑到街上去欢呼，大臣们也纷纷向郑简公和公子发贺喜，只有公孙侨一个人眉头紧皱，不知道在想些什么。

公子发就问儿子："你在担心些什么？"公孙侨回答说："作为小国，国内政治没有搞好，对外战争却打了胜仗，没有比这更让人担忧的了。倘若楚人因此前来讨伐，咱们难道敢不顺从他们吗？顺从了楚国，晋国又必然来攻——恐怕此后四五年间，郑国再得不着安宁了。"

公子发完全听不进去这些话，还狠狠地责骂了儿子一顿。然而事态的

文明的曙光
—— 从三代到春秋

发展完全符合公孙侨的判断，时隔不久，楚令尹公子贞就领兵伐郑，郑国被迫屈服，然后第二年晋国又联合了齐、鲁、宋、卫等国汹涌杀来，晋军才退，楚军又来……

就算打赢了蔡国，对郑国又有什么好处呢？

这个时候执掌郑国国政的，乃是权臣公子騑，当年他毒死了郑僖公，拥戴郑简公登基，国家大事小情，都由他一个人说了算。公子騑是没有听到公孙侨的那一番话，不过想来即便听到了，也不会真当一回事。派公子发攻蔡之后，他又遵从楚国的命令，去攻打宋、卫、鲁等国，搞得天怒人怨。

于是公元前563年10月，大贵族司氏、堵氏等家集合私兵，突然冲入西宫，杀死公子騑、公子发和公子辄，把郑简公劫持到了北宫。听闻这一噩耗，公子騑的儿子公孙夏和公孙侨采取了截然不同的应对措施——

公孙夏先冲入西宫，给父亲收了尸，然后再回家集合兵马。可没想到消息先一步传回家中，家臣和奴仆们全都惊慌失措，哄抢了财物后四散奔逃了，他根本就拉不出几个兵来。公孙侨却不一样，他先回家稳定人心，设置警卫，然后集合了十七辆兵车，这才进入西宫，为父亲收尸，随即就转向北宫去攻打叛乱分子。因为公孙侨临危不乱、策划周详，所以得到了同僚和百姓们的拥戴和协助，很快就平定叛乱，使郑国重新安稳下来。

代替公子騑执政的是公子嘉，然后是公孙舍之。公元前548年，公孙舍之率同公孙侨攻打陈国，很快就攻陷了陈都。陈哀公身穿丧服，抱着社神的牌位，还把家人和臣子们都捆绑起来，排列在朝堂上，等着郑人前来受降。

这次发兵攻陈，并没有奉晋国的命令，只是为了报复，仇既然已经报了，郑人也就不为已甚——真的灭掉陈国吗？楚国的报复你就不怕了吗？于是公孙侨按照礼仪，恭敬地进入朝堂，点了点俘虏的数目，祈祷上天保佑陈国，别再使陈人昏聩，伤害友邻，然后就带着战利品凯旋归国了。

随即公孙侨受命出使晋国，向晋国正卿赵武奉献战利品。没想到晋国人得了便宜还卖乖，质问公孙侨："为何侵犯小国？"公孙侨义正辞严地回答说:"按照先王之命,只要有罪,就当受罚。去年陈军跟随楚军来攻打我国,所到之处,把树木全都砍光,水井全都填平,实在是太过分了,因此才发兵讨伐。况且,从前天子的土地方圆千里,诸侯的土地方圆百里,以此递减,如今贵国的土地多到方圆数千里,倘若不曾侵犯小国,怎会变得如此之大呢?"言外之意,你们侵犯的小国还少吗?有什么资格来责问我们?

公孙侨的外交辞令不卑不亢,有理有节,赵武只得堆起笑脸,假装满意地接受了郑国的奉献。

公元前543年,公孙侨在大贵族罕虎的支持下出任郑国执政,开始了全方位的政治改革。第二年年初,他陪同郑简公出访晋国,居住在国宾馆里。晋国的国宾馆非常简陋,大门矮小,马车根本驶不进去,于是公孙侨就自作主张,把墙壁扒了一截,以便车马通行。

擅自改修国宾馆,晋国人当然不肯干,就派人责问。公孙侨把脸一板,侃侃而谈:"我听说晋文公做盟主的时候,宫殿非常矮小,但把接待诸侯的国宾馆修得又高又大。可如今贵国国君在铜鞮山上的宫殿延绵数里,却让来访诸侯住在奴隶住的屋子里,门口进不去车子,又不能翻墙而入,若不拆毁围墙的话,请问,贡献给贵国的财物要安放在哪儿呢?你放心,只要贵国国君及时接见我国国君,国事一完,我们肯定修好墙再走。"

先不提公孙侨高明的外交手段、娴熟的外交言辞,从这件小事上也可看出,晋国当时有多么奢华,又多么骄横了,完全不把郑、宋等国瞧在眼里——所以连年与楚相攻,迫使二三流国家疲于奔命地一会儿南降,一会儿北服,正因为瞧不起你,哪儿还管你的死活呢?

> 公元前536年三月,子产将郑国的法律条文铸在鼎上,向全社会公布,史称"铸刑书",这是中国历史上第一次公布成文法的活动。铸刑书公布成文法,开创了中国古代公布法律的先例,对后世有着非常深远的影响。

公孙侨执政的时代，团结同僚、维持秩序，郑国的政局有所稳定。他一方面"铸刑书"，也就是公布成文法典以约束百姓，另一方面也"不毁乡校"，允许贵族和平民自由议论朝政，恩威并施，得到了国内外的一致好评。然而，即便内政搞得再好，夹在两大强国之间，也根本发展不起来；即便外交搞得再好，也终究无法从根本上解决晋、楚争霸，小国遭殃的现实。公孙侨去世以后，他的种种努力很快就付诸东流，看起来，郑国是永无出头之日了。

晏婴和羊舌肸

夹在晋、楚之间的二三流国家日益衰弱，那么齐、秦、晋、楚这四个大国的情况又如何呢？是否真能长久保持霸权，或起码安居一方呢？

各国有各国的难处，但有一点是相同的，就是所谓"礼崩乐坏"，西周的那一套礼法制度、统治秩序，已经完全无法适应时代的需要了。周天子衰弱，使得诸侯坐大；诸侯国间频繁爆发战争，不恤民力，又使得各国的卿、大夫逐渐掌握实权；进而甚至有很多国家连卿、大夫们都被架空了，他们的家臣，也就是所谓的"陪臣"，倒成为真正的实权人物。

西周那种"天子——诸侯——世卿大夫——士——民"的金字塔一般的统治秩序，已经逐渐濒临崩溃。

公元前540年，晋平公的宠妃少姜去世了——名为少姜，可见出身于姜姓之国，没错，这少姜正是齐国的贵族之女。于是第二年，也即公元前539年，一开春，齐景公就派大夫晏婴出使晋国，表示愿意再献一个美女给晋平公。

晋平公感激齐国的好意，就派大夫羊舌肸与晏婴商量订婚和迎娶的事宜。一切商量定了以后，羊舌肸设宴款待晏婴，两人各自慨叹国事，引出了一段著名的对话，从中可以看出，无论晋国还是齐国，卿、大夫掌握实权,公室都已经摇摇欲坠了。

在叙述两人的谈话前,让咱们先来认识一下这个晏婴。晏婴字仲,死后谥号为平,所以俗称晏平仲,他是齐国著名的政治家和外交家。

据说有一次,晏婴奉命出使楚国,楚灵王看到他个子矮,想要羞辱他,就特意不开大门,却在大门旁边开了个小门,请晏婴进入。晏婴轻蔑地质问道:"只有出使狗国之人,才必须从这狗门走呐。请问我所到的是楚国还是狗国呢?"

楚灵王想要羞辱晏婴,却反受其辱,只好敞开大门请他进来。可才一见面,楚灵王又要心眼,嘲笑晏婴说:"齐国没人了吗?怎么派了个矮子来?"晏婴笑着回答说:"齐都临淄有三百个街巷,居民摩肩接踵、熙熙攘攘,怎会没有人呢?只不过按照我们的习惯,贤人都被派去拜见贤君了,只有我最没能耐,所以才被派来拜见您哪。"

楚灵王又碰了一鼻子灰,就和手下人商量,要怎样才能扳回上风呢?有人出馊主意说:"等会儿宴请齐使的时候,我们绑着个犯人从门前过,大王就问是哪里人,我们回答说是齐国人,犯了盗窃罪。您可以趁机嘲笑齐国,羞辱齐使。"

于是按计而行,楚灵王笑着问晏婴:"原来齐国人喜欢当小偷吗?"晏婴回答道:"我听说淮南美味的柑橘,种到淮北就会变得又苦又涩,难以下咽。都是一样的种子,为何果实有那么大差异呢?是因为水土不同呀。齐国人在齐国都能遵纪守法,偏偏来到楚国就当小偷,难道是因为楚国的水土专养小偷吗?"

这一套比喻和反问,搞得楚灵王张口结舌,下不来台。

公元前548年,齐庄公与大夫崔杼的夫人私通,崔杼得知后,就趁着齐庄公来自己家的时候,突然弑杀了齐庄公。恰好晏婴站在崔府门外,听到消息,手下人就问:"跟他拼命吗?"晏婴反问:"是我一个人的国君吗?为啥要我去死?"手下人问:"逃吗?"晏婴说:"是我的罪过吗?为啥我要逃?"手下人再问:"回去吗?"晏婴回答说:"国君死了,回到哪儿去?倘

文明的曙光
—— 从三代到春秋

若国君是为国而死，臣子就应当为他而死，如今国君是为自己而死，我又何必为他而死呢？但我又能回到哪里去？"于是打开大门，冲进去，头枕着齐庄公的尸体放声大哭。崔杼考虑到晏婴的人望，倒是并没有难为他。

顺便一提，事后齐国的太史（最高史官）记录道："崔杼弑君。"崔杼一怒之下，把太史给杀了，然而太史的弟弟接替哥哥职务，照样一个字不改，重写一遍，结果又遭了崔杼的毒手。按照当时的习惯，史官职务是家族世袭的，所以太史的另一个弟弟就站了出来，第三遍写"崔杼弑君"。崔杼杀得手软，只好暂且作罢。

这位新太史才出朝堂，就看到另一位史官——南史——手捧竹简等在门外，简上也写着"崔杼弑君"，并且说："原想若你也丢了性命，那就由我补上。如今既已如实记载，我也就放心了。"

中国自古以来，就有这种不畏强权、尊重真实的记史传统。

拉回来说，晏婴与羊舌肸一边喝酒，一边慨叹，究竟说了些什么呢？

羊舌肸首先问晏婴："齐国现在情况如何？"晏婴摇摇头说："到了末世了，我不得不说齐国可能会属于陈氏……"陈氏之祖，原本是陈国的公子，后来流亡到齐国，受到齐桓公的重用，家族繁衍，成为齐国重臣。

晏婴解释说："国君不爱护他的百姓，而陈氏则大斗放贷，小斗收账，大肆收买人心。百姓的收入，三成里有两成要被国君盘剥，自己只能留下一成；因为刑法严苛，都城中鞋子便宜，假肢却贵（比喻受砍足酷刑的百姓太多了）。反观陈氏，却爱护百姓如同父母，百姓如同流水般归附于他。齐国恐怕迟早会是陈氏的呀！"

听了晏婴的话，羊舌肸也不禁慨叹："是呀，我国公室也已经到了末世了。军备废弛，宫殿却富丽堂皇；百姓冻饿，国君的宠妃家中却堆满了财宝；百姓听到国君的命令，就像躲避仇敌一般纷纷跑开；公族凋零，大夫们掌握着实权。即便在这种情况下，国君也毫不改悔，晋的公室，不知道哪一天就会崩溃呀！"

晏婴和羊舌肸都是当时著名的政治家，能力很强、威望很高，但时势已经走到了这一步,就连他们也想不出丝毫挽回的办法,只能寄希望于国君的改悔。可是国政都掌握在权臣手中,国君即便想振作,有可能成功吗?无论齐国还是晋国,国君想要削弱某些大贵族的实力,结果反遭流放或者弑杀,已经不是一次两次了。

正如前面所说,弭兵之会之所以能够产生一定效果,不是大家都向往和平,而是大家都打不动了。中原各国正经历着传统等级秩序走向崩坏的阶段,迈过这一阶段,就能走向新生,迈不过去,就会彻底垮台。此消彼长,就在这种情况下,东南方长江下游地区逐渐繁荣,产生了新的霸主。

> 《晏子春秋》是记述晏婴言行、轶事的一部著作,书中多以晏子为中心人物,情节完整,主题集中,讽喻性强,对于为人处事有很大的启迪。

文明的曙光
—— 从三代到春秋

中外历史大事对照表（三）

世界	中国
	前 637 年，泓水之战，宋襄公被楚军杀败
	前 632 年，城濮之战和践土之会，晋文公称霸诸侯
约前 628 年，拜火教创始人琐罗亚斯德诞生	
	前 624 年，王官之役，秦始败晋，秦穆公旋霸西戎
前 626 年，新巴比伦王国建立	
前 605 年，卡赫美士战役，亚述帝国灭亡	
	前 597 年，邲之战，晋军大败，楚庄王称霸诸侯
前 594 年，古希腊雅典城邦的梭伦进行改革	
前 586 年，新巴比伦灭亡犹太王国	
	前 579 年，第一次"弭兵之会"
约前 565 年，佛教创始人释迦牟尼诞生	
	前 551 年，儒家始祖孔丘诞生
前 550 年，波斯征服米提亚，波斯帝国建立	
	前 546 年，第二次"弭兵之会"

第十三章　春秋时代·吴越争霸

子胥投吴

原本僻处一隅、默默无闻的吴国，因为楚国叛臣巫臣奉晋景公之命出使，教他们车战，从而很快强盛起来，对楚国构成了相当大的威胁。巫臣出使之时，吴国的君主名叫寿梦，和楚君一样，也自称为王。

寿梦有四个儿子，大的叫诸樊，老二叫余祭，老三叫余眛，最小的叫季札。据说季札非常贤德，深得老爹喜爱，于是寿梦就打算把王位传给他。但是季札坚决不肯接受，说废长立幼定会引发祸端，寿梦没有办法，死后就传位给长子诸樊。

吴王诸樊临终之际，还想依照老爹的遗愿，传位季札，再次遭到婉拒后，就传给了二弟余祭。余祭曾经攻打南方的蛮族越国，逮住一名俘虏叫做被阉，但他最后就死在这个被阉手里。余祭死后，余眛又想把王位让给弟弟季札，季札也再度推辞，他只得自己继位。

公元前527年，吴王余眛去世——兄弟三人之所以不传位给儿子，而要兄终弟及，全都为了这么一个一个传下去，最终能够让季札上台，可他们料想不到的是，季札并没有当国君的兴趣，反而扶持余眛的儿子僚继位。

吴王僚在位第六年，突然一名楚臣穷蹙来投，请求吴国发兵伐楚，为他报仇。这究竟是怎么一回事呢?

楚庄王以后是楚共王、楚康王,楚康王去世后传位给儿子熊员,楚共王的儿子熊围弑杀熊员自立,就是楚灵王。公元前529年,公子弃疾、公子比和公子黑肱三人起兵造反,流放了楚灵王,随即公子弃疾大造楚灵王挥师杀回来的谣言,逼迫公子比和公子黑肱自杀,自己登上王位,史称楚平王。

楚平王继位的第二年,也就是公元前528年,为了加深与秦国的联系,夹击晋国,派遣大夫费无极前往雍城,为世子熊建求婚。这费无极可不是个好东西,他在接回秦国公主以后,先不着急办理结婚事宜,却悄悄跑去对楚平王说:"秦女甚美,您不妨自己留下,另找机会再为世子结亲吧。"

楚平王听了费无极的馊主意,果然把秦国公主扯进了自己的后宫,不久后生下一子,取名熊珍。爱屋及乌,因为宠爱秦国公主,进而宠爱熊珍,楚平王就打算废黜熊建的继承人地位。他先把熊建的老师伍奢给逮了起来,熊建闻讯,仓皇无措,只好逃到宋国去了。

费无极又建议说:"伍奢有两个儿子,都领兵在外,若不剪除,恐怕将来会成为祸患。不如以释放伍奢为条件,召他们回来——当然,到时候一个都不放,全都宰了省心。"楚平王连连点头,依计而行。

使者离开都城,找到了伍奢的儿子伍尚、伍员,把国君的命令一说。兄弟两个商量着:"这恐怕都是费无极的阴谋吧,咱们要是回去,只能和父亲一起死,救不了父亲的命。"但老大伍尚实在舍不得父亲,他对弟弟伍员说:"倘若坐视父亲被杀,那就是不孝;白白送死,救不了父亲的性命,就是无谋。你比我聪明,不如就此逃亡,找机会为父亲报仇吧,我就不跑了,回去跟父亲一起死。"

果不出二人所料,伍尚回到楚都郢城(在今天湖北省荆州市附近),楚平王就把父子两个全都宰了。伍员孤身一人,历经重重险阻,终于逃到宋国,去跟熊建会合。时隔不久,宋国内乱,他们又跑去了郑国。

无论郑国,还是宋国,都是夹缝里自顾不暇的小国,当然没能力帮伍员报仇,帮熊建归国,于是熊建就孤身前往晋国,请晋顷公发兵相助。然

第十三章　春秋时代·吴越争霸

而晋倾公不但没有攻楚之意，反而觊觎郑国的土地，对熊建说："郑人很信任你，等我发兵攻打的时候，你若能帮忙做内应，拿下郑国，我就封你做郑君。"

熊建病急乱投医，竟然一口应承下来，结果他回到郑国没多久，阴谋就败露了，郑国人老实不客气地砍了他的脑袋。伍员只好再度流亡，带着熊建的儿子熊胜，一路讨饭到了吴国，拜见吴王僚，请求吴国发兵攻楚，为自己报仇。

吴王僚愤怒于楚平王的无道，怜悯伍家父子的遭遇，再加上本来吴、楚之间就三天两头打仗，他一冲动起来，当即就要发兵。可就在这个时候，突然有人站出来反对，说："伍员只是为了报私仇，倘若听信他的挑唆，发兵攻楚，对我吴国并无好处，还请大王三思。"

伍员问身边的人："这位大人是……"得到回答："乃是我国国君的堂兄公子光。"伍员恍然大悟："原来是他……他竟然会站出来反对发兵攻楚……嗯，我明白他的用意了！"

公子光乃是前代吴王诸樊的长子，按照传统父死子继、传位嫡长子的制度，寿梦应该传位给诸樊，诸樊死后，就轮到公子光继位了。可是诸樊兄弟三人为了使王位最终落到小弟弟季札手中，兄终弟及了好几代——公子光心想："要么叔父季札做国君，季札不肯干就自然轮到身为长房长男的我啦，你僚算老几，怎敢霸占王位？！"

所以公子光一直对吴王僚不服气，想找机会把这个堂兄弟扳下台——关于这一点，足智多谋的伍员是看得一清二楚。伍员知道，公子光生怕吴王僚得到自己的辅佐，从而羽翼丰满，再也扳他不动，所以才故意阻挠，不肯为自己报仇。

伍员的目的只是报仇，既然吴王僚

> 公元前514年，吴王阖闾命伍子胥建城，就是今天的苏州城，距今已有2500多年的历史。隋开皇九年（589年）始称苏州，其名沿用至今。苏州城的市区历经千年，至今仍坐落在原址上，十分罕见。

耳根软，听了公子光的话就打消了伐楚的念头，那自己不如改换门庭，去巴结公子光算了，倘若能够帮助公子光夺得王位，那借兵伐楚还是问题吗？于是他就介绍了一个名叫专诸的好朋友给公子光认识，说："此人智勇双全，可以帮助您成就大事。"

孙子兵法

公元前516年，楚平王去世，传位给世子熊珍，也即楚昭王。吴王僚趁机派他两个兄弟——掩余和属庸——发兵攻楚，同时请叔父季札出使晋国。结果吴兵遭到楚国右尹郤宛的截击，后路被断，回不了国了。

公子光听到这个消息，就跑去找专诸商量："掩余、属庸和季札都不在国内，国君身边已经没有一个可信任的大臣了，这正是动手的好时机！"于是两人密议了很久，想出来一条毒计。

这一年的四月，公子光假意请吴王僚喝酒，却在酒席旁埋伏下了士兵，准备取吴王僚的性命。当然，吴王僚也不会毫无防备，从王宫直到公子光的府门前，他全都设置了警卫人员，随身侍奉的也全是亲信，根本不怕酒宴上发生任何不测。

可是酒至半酣，公子光突然摸摸脚："啊呀，小臣脚上有病，坐久了（当时没有凳子、椅子，人们全都跪坐）很不舒服，请您恕罪，我要离开处理一下。"以此为托词，离开了宴席。

公子光一走，专诸就上场了，他装成佣人，手捧着一盘烤鱼，意图接近吴王僚。吴王僚的侍卫仔细搜了他的身，却一无所获——专诸把匕首藏在了鱼肚子里，他们哪儿能搜得到？

等一接近吴王僚，专诸突然从鱼肚子里抽出匕首来，大喝一声，一剑正中吴王僚的心口。吴王僚当即气绝，公子光随即指挥埋伏的士兵冲了出来，杀光了吴王僚的亲信。就这样，政变成功，公子光自立为王，改名为阖

第十三章 春秋时代·吴越争霸

间,他封专诸的儿子做上卿,报答了专诸舍死相助的恩情。

掩余和属庸攻楚不胜,后路被断,又听说了吴王僚被杀之事,只好倒戈弃甲,投降了楚军。此后不久,季札出使晋国回来,阖闾装模作样地还想把王位让给叔叔,遭到婉拒——季札已经多次放弃王位了,怎么可能野心突起,这回倒不摇头了呢?这么一来,阖闾的吴王之位算是坐稳了。

> 相传,铸剑大师欧冶子使用了赤堇山之锡、若耶溪之铜,经雨洒雷击,得天地精华,制成了五口剑,分别是湛卢、纯钧、胜邪、鱼肠和巨阙。鱼肠剑就是专诸用来行刺吴王僚的那柄短剑。

阖闾重用两名楚国降臣,大力发展生产、革新政治,吴国逐渐富强。这两位降臣,一个就是伍员,字子胥,还有一个是伯嚭——当时楚国令尹囊瓦专权,不但宰了奸臣费无极,还把忠臣郤宛和伯州犁给杀了,伯州犁就是伯嚭的祖父。

国富兵强以后,阖闾就打算发兵攻楚。伍员教给阖闾一条妙计,把吴国兵马分为两队,一队攻楚,一队待命,等到楚国派兵抵御,先前的一队就退回来,换另一队顶上,就这样反复骚扰,搞得楚国令尹囊瓦应接不暇,比当年的公子婴齐和公子侧还要疲于奔命。

公元前 512 年,也就是阖闾篡位后的第三年,他亲率大军,以伍员、伯嚭为副将,大举伐楚,攻克舒城,杀死了两个降楚的堂兄弟——掩余、属庸。本想趁着这个机会长驱直入,攻打楚都郢城,伍员却劝谏说:"士卒疲惫、时机未到,还是先退回去吧。"

阖闾刚回到吴都,正巧一个齐国人找上门来,自称精通兵法,可以为将。吴国虽然联晋攻楚,终究晋国距离自己太遥远了,在军事上很难配合,所以吴国就致力于和东方强国齐国搞好关系,引为援助——季札就曾经多次奉命出使过齐国——齐人跑来吴国求职,倒也并非什么奇怪的事情。

文明的曙光
——从三代到春秋

这个自称精通兵法的齐国人,就是中国历史上著名的军事家孙武,他所著的十三篇兵法,后世称为《孙子兵法》,乃是我国最早、最完整也最富盛名的军事著作。虽然字数不算多,但《孙子兵法》从战略规划、战役准备一直讲到战术应用、地形影响,甚至心理战、间谍战,几乎无所不包。阖闾读了这十三篇兵法,不禁拍案叫绝,立刻召见孙武,问他:"你的书我都看了,写得很好,但不知道你实际应用能力如何?"孙武胸有成竹地说:"您可以试验呀。"

阖闾这人也比较鬼,他想要试验孙武的本事,可是却并不给他一兵一卒,反而从后宫挑选了一百八十个女人,要孙武把这些女人训练成能够上阵的军队。

孙武把女人们分为两队,每队九十人,都发给武器,还挑选了其中两个——都是阖闾宠爱的美姬——做队长。然后他教导女人们说:"你们知道前后左右吧,我的命令很简单,喊任何一个方向,你们就朝那个方向挥戟就行。"

布置完毕,孙武就亲自擂鼓,高喊"右"。那些女人们不但不依令而行,反而"咯咯咯"地笑个不停——女人们从来没有经过军事训练,这倒也在情理之中。孙武也知道自己有点急躁了,就说:"是我没把话说清楚吧,这是我的过错。"重新又布置了一遍任务,然后再次擂鼓,喊"左"。

可是女人们还是只管嬉笑,没人理他。这回孙武把脸一板,大喝道:"命令布置不清,是为将之罪;既已三令五申,仍然不遵将令,就是队长的过错了!"下令按照军法,把左右队长全都斩首示众。

吴王阖闾坐在高台上,看着这一切,一开始,他和那些女人一样都笑得前仰后合,根本不相信有人能把女人训练成士兵。等看到孙武要斩左右队长,他才慌了,急忙派人对孙武说:"行了,寡人知道阁下的本领了。倘若没有这两名美姬,寡人饭也吃不下,觉也睡不着,请你千万手下留情!"

谁想孙武冷冷地回复道:"将在外,君命有所不受。"仍然下令斩杀了两名美姬,另挑两个女人做队长。

这是用严刑峻法来威吓女人们,眼看连吴王的宠姬都逃不过被杀的命运,剩下那些女人又哪敢不服从命令呢?于是孙武第三次擂鼓,前后左右地下指令,女人们排列得整整齐齐,依令而行,谁都不敢再嬉笑打闹了。

经过这么一番试验——虽然是残酷的试验——吴王阖闾对孙武是佩服得五体投地,立刻任用孙武为将,训练士卒、积聚粮草,准备再次大举伐楚。

申包胥哭秦庭

公元前506年,阖闾联合了唐、蔡两个小国,发倾国之兵攻楚。楚令尹囊瓦亲自领兵来迎,两军隔着汉水列阵相望。

阖闾有个兄弟,乃是吴国著名的猛将,名叫夫概,他看到楚军阵列不齐,就跃跃欲试地请令出战。阖闾颇为谨慎,拒绝了夫概的请求,夫概大怒道:"既已命我为一军之将,我就有自主判断是否进兵的权力!"于是率所部五千人突然渡过汉水,袭击楚阵。

囊瓦没有想到吴军那么快就来进攻,被打了个措手不及,阖闾趁机率领主力跟随挺进,楚军大败。据说吴、楚两军先后打了五仗,在孙武、伍员、夫概等将的指挥下,吴军五战五胜,一直杀入楚都郢城。

建国数百年来,楚军大概还是第一次败得这么惨,竟然连都城都被攻陷了——囊瓦抛弃残兵,逃去了郑国,楚昭王先躲入云梦泽(在今天湖北省中部,长江、汉水交汇处,古代是大片沼泽、湖群,统称云梦泽),后来又逃去了随国。

伍员一心想找楚平王报仇,可惜楚平王已经死了,父债子还,他想逮住楚昭王,楚昭王却也逃得不知去向。伍员这个气呀,在进入郢城以后,

文明的曙光
—— 从三代到春秋

干脆领兵把楚平王的尸体从坟墓里掘出来，手举皮鞭，狠狠鞭打了三百下，把遗骨打得粉碎。恨一个人能够恨到这种地步，确实罕见。

国都被攻陷，国君流亡到外国，堂堂南方霸主楚国，几乎可以算是灭亡了。

抽烂了楚平王的尸体以后，伍员回到营中，怒气未消。他正在祭奠父亲伍奢和兄长伍尚的亡灵——我终于为你们报了大仇了——突然有个楚国人求见，问他："您还记得申包胥吗？他有话要我带给您。"

申包胥是楚国的公族，也是伍员的好朋友。当年伍员逃离楚国的时候，曾经气愤填膺地对申包胥说："我一定会报仇的，我一定要颠覆楚国！"申包胥规劝他："国君确实做得不对，你找他报仇也很应该，但楚国是我们的父母之邦，你怎能做颠覆楚国的事情呢？"可是伍员背负着血海深仇，根本听不进去，最后申包胥一挥袖子："随便你吧。你要是能颠覆楚国，我就一定能把楚国恢复起来！"

一晃眼十六年过去了，伍员终于兑现了自己的承诺，率领吴兵，颠覆了楚国。郢城陷落的时候，申包胥逃入深山，随即听说伍员掘墓鞭尸之事，就找人带话说："你报仇也报得太过分了一点吧。平王好歹是你旧日的君主，都已经死了，你还不肯放过他，还要糟蹋他的尸体。如此行为，太过骇人听闻了，上天一定会惩罚你的！"

伍员听来人转述了这些话，不禁苦笑一声，回答道："都已走到这一步了，已经没有退路了，我不得不倒行逆施。"

来人回去把伍员的话告诉申包胥，申包胥不禁仰天长叹："他说要报仇，要颠覆楚国，他算是做到了；那么我呢，我说过要恢复楚国的，也一定要做到！"可是此时的楚国已经支离破碎，国君和令尹都逃得踪影全无，要靠自己的力量来复国，肯定不现实。申包胥考虑到秦、楚两国间多次联姻和结盟，要借兵救楚，找小国是没用的，找大国的话，晋、齐都不会答应，只有秦国可以一求。

于是他急匆匆地向西北方向奔去，一路上风餐露宿、历经艰辛，连双

第十三章　春秋时代·吴越争霸

脚都被磨烂了，好不容易，才终于来到了秦都雍城。然而出乎意料之外的是，不管他怎么苦苦恳求，秦哀公就是不肯发兵。

申包胥站在秦宫前面，放声大哭——既为了个人的请求遭到拒绝，更为了楚国灭亡难以复兴。他哭得这叫伤心呀，竟然一连七天七夜，饭也不吃，水也不喝，嚎啕个不停。

申包胥痛哭不已的时候，秦哀公也没有闲着，每天都召见大臣商议对策。其实他并非不肯救援楚国——秦、楚之所以联姻和结盟，目的是为了对付晋、吴联盟，如今吴灭了楚，晋国南面无忧，肯定会发兵西进来收拾秦国，所以秦、楚唇齿相依，这个忙一定得帮。

可是楚军败得实在是太惨了，国都陷落得太快了，比国力，比军力，秦国都要弱于楚国，楚都打不赢吴国，秦能够打得赢吗？我想帮忙，但这个忙帮得上吗？

秦哀公反复权衡，难下决断，最终还是申包胥的痛哭感动了他，他一拍大腿："楚国再有万般不对，却也有如此忠诚的臣子，上天不会让他灭亡的！"于是跑出门外，拉着申包胥的手，唱了一首歌：

"谁说军服不够用，咱们一起披战袍，天子下了出征令，赶紧备好戈和矛。我和你同仇敌忾！谁说军服不够用，咱们一起穿内衣，天子下了出征令，赶紧备好矛和戟。我和你共同进退！谁说军服不够用，咱们一起穿裙子（原文为"裳"，上衣下裳，那时候没有裤子，男人也穿裙子），天子下了出征令，赶紧准备好武器。我和你一同出发！"

这首歌的名字叫做《无衣》，收录在我国最早的诗歌集《诗经》中。《诗经》是搜集周朝宗庙祭祀之歌与地方民歌编纂而成，《无衣》就是秦国的民歌，表明共同进退以打击敌人的决心。

秦哀公之所以唱这首歌，就是告诉申包胥，我决定发兵了，秦国和楚国生死与共，绝不相弃！

于是秦国派出了五百辆兵车去救援楚国。当时兵车是军队的主要单位，一辆兵车上三名武士，后面还跟着数十上百不等的步卒，五百辆兵车，就是四五万大军。一辆兵车，也叫"一乘"，所以"千乘之国"就是指大国，"万乘之尊"就是指天子。

可即便是四五万的秦军，再加上已经人心涣散的各地楚军，加起来也未必是吴军的对手。吴伐楚的兵力很可能接近十万，军中还有伟大的军事家孙武在，楚国真的能够因为秦军的救援而复兴吗？

> 楚国复国之后，申包胥没有接受楚昭王的封赏，而在时隔多年后，他出使越国，对越王勾践阐述"智、仁、勇"三策，一定程度上刺激了勾践灭吴，也算是他对伍子胥最后的答复——你灭楚国，我灭吴国。

秦军杀来的时候，吴王阖闾还留在郢城，到处访求楚昭王的下落——不逮住楚国国君，就不能算彻底灭亡了楚国。正因为他留在楚地的时间太长，国内突然闹起了动乱，首先是夫概突然潜回吴地，自立为王，然后南方的蛮族越国突然发兵北侵。后方动乱，吴兵人人思归，战斗力大打折扣，秦、楚联军就趁这个机会击败吴军，夺回郢城，也迎回了落难的楚昭王。

阖闾退出郢城以后，领兵猛攻夫概，夫概战败降楚，随即阖闾又迎战越军，将其击退。就这样，申包胥终于兑现了他的诺言，在伍员颠覆楚国以后，又借助秦国的力量，使楚复国了。

楚人之间的斗争

虽然被迫退出了楚都郢城，但吴国差点就灭掉了南方霸主楚国，阖闾的声威响彻天下，连齐、晋都感到恐惧。"春秋五霸"有多种说法，其中一种就把吴王阖闾算在里面，但事实上阖闾既没有会盟诸侯，也没有跟老牌霸主晋国或者齐国打过仗，虽然在阖闾为王的十多年时间里，吴军算是天下第一的劲旅，他本人却算不上是实至名归的霸主。

第十三章 春秋时代・吴越争霸

此后吴楚之间又多次爆发战争，楚国败多胜少，楚昭王被迫迁都到鄀城，以避吴军的锋芒。到了公元前496年，突然有探子向阖闾汇报："越王允常驾崩，其子勾践继位。"阖闾闻言大喜："正好趁着这个机会发兵灭了越国，以解除后顾之忧吧！"

越是一个古老的南蛮部族，大致居住在今天的浙江省中北部地区，和很早就接受周天子封爵的楚国，以及自称与周同源的吴国不同，越国基本上和中原文化没啥交集，彻底保留着数百上千年来的旧传统。

越国在诸侯争霸中崭露头角，还是楚人的功劳。晋国扶助楚国侧背的吴国，以牵制楚国，楚国在大吃了苦头以后，就去扶助吴国侧背的越国，以牵制吴国，陆续有楚国贵族出使或者流亡越国，把先进的技术、文化教给越人。于是到了越王允常在位的时候，越国实力大为增强，多次发兵北上，攻打吴国。

要不是越人的牵制，说不定阖闾能够在郢城待得更踏实一点，也不会那么轻易就被秦、楚联军给赶出来了。

所以一听说越王允常去世，阖闾立刻亲率大军伐越，想要一举灭掉越国。越王勾践挥师来迎，于樵李（在今天的浙江省嘉兴市西南）展开恶战。越国无论兵士数量还是质量，都比不上吴国，但勾践别有损招，他先把囚徒组织成敢死队打头阵，但这支部队不是去作战的，而是去自杀的！

据说越国敢死队到了阵前，齐声大喝，然后手持铜剑插向自己面门、咽喉，或者胸口，鲜血飞溅下，看得吴军既恐慌莫名，又胆战心惊。就趁着这个机会，勾践突然亲率主力发起了冲锋，一下子就把原本天下无敌的吴军给打散了。越将灵姑浮一直冲到吴王阖闾的兵车前，手起戈落，竟然砍伤了阖闾的大脚趾。

照理说脚趾就算彻底断了，也不算太严重的伤势，不会威胁生命，但大概阖闾一来年岁大了，二来受惊过度，还没逃回吴都就咽了气。临终前，他把王位传给世子夫差，还告诫夫差："别忘了勾践杀害你父亲的深仇大恨！"

夫差继承吴王之位以后，重用伍员和伯嚭（孙武或许已死，或许已辞职归乡，结局不详），重整军队，以等待报仇的时机。而越王勾践打赢了槜李之战，自以为吴人并不足惧，从此贪图安逸，不思进取。本来吴国论实力就比越国强了好多倍，又一番此消彼长，差距越拉越开。

公元前494年，也就是夫差即位的第三年，他觉得时机已经成熟，就亲率大军伐越报仇。吴、越两军在夫椒（在今天浙江省绍兴市附近）大战一场，越军大败，勾践率领残兵五千多人躲入会稽山中，被吴兵团团包围。

眼看败局已定，勾践没有办法，只好召集群臣商议："咱们投降吧，就不知道吴王肯不肯接受……"大夫文种建议道："听说吴国的太宰伯嚭为人贪婪，小臣愿意去贿赂他，请他在吴王面前帮忙讲讲好话。"

当时勾践最信用的两名大臣，一个是文种，还有一个叫范蠡，都是楚国人。由此开始，文种、范蠡和伍员、伯嚭，这双方四名楚国人，为了所客居的国家的兴亡，就开始了长期斗智斗勇的惊险历程。

文种的建议得到了勾践的首肯，并且也很快收到了成效。伍员反对放勾践一条生路，主张宰了勾践、灭掉越国算了，文种则威胁说："倘若大王不肯赦免勾践之罪，勾践将杀光他的妻子儿女，烧光越国的宝物，然后率领五千残兵拼死一搏。吴军虽强，也会因此遭受损失。"受了贿赂的伯嚭也在旁边帮腔："只要越国甘心做我国的附庸，又何必灭掉他呢？"

夫差有点耳根子软，再加上宠信伯嚭，于是接受了勾践的请降，同意让越国以吴的附庸国的地位继续存在下去。

在征服越国，暂时免除了后顾之忧以后，夫差就把进攻的矛头转向北线，先后服蔡、侵陈、败鲁、攻齐，一心想要北进中原，会盟诸侯，当个名正言顺的中原霸主。

随着势力的扩张、声望的增长，夫差骄傲自满的情绪也水涨船高，他越来越看不惯整天嚷嚷着"越国是心腹大患，不灭越就不可能打赢齐"的伍员。公元前484年，伍员奉命出使齐国，回来后不久，伯嚭跑去向夫差告密："伍员有通敌卖国的嫌疑！"

夫差闻言大惊,就问伯嚭有什么证据。伯嚭回答说:"伍员一向反对大王进攻齐国,以图中原,在遭到大王训斥以后,三天两头地称病不出,做无声抗议。小臣觉得这家伙心怀叵测,就派人盯梢,果然发现他此次出使齐国,竟然把儿子托付给齐卿鲍氏——这还不是通敌的铁证吗?"

伍员深谋远虑,早就看穿夫差这般骄傲自满、穷兵黩武,而又忽视身后的越国,吴国早晚要遭难,所以想为儿子留条后路,但他这一举动却被伯嚭揪住了把柄。听了伯嚭的密报,夫差异常愤怒,立刻解下佩剑"属镂",叫人传给伍员,喝令伍员用此剑自杀。

伍员接到属镂剑,不禁老泪纵横:"我帮助你父亲败楚争霸,又排除诸位公子,辅佐你登基,想不到你听信伯嚭之言,竟然要取老臣的性命。"转过头来对从人说:"我死以后,你们把我的眼睛挖出来,挂在东门上,我迟早会看到越军从此门而入,灭掉吴国的!"说完这番话,就横剑自刎了。

听说了伍员的遗言以后,夫差更是气不打一处来,于是下令把伍员的尸体用马皮包裹起来,扔到长江里去了。

伍员一死,伯嚭立刻跑去找在吴国做人质的越臣范蠡:"这下子,你国国君可以放心睡大觉了吧,再没有人整天在大王耳根旁嚷嚷着灭越了。"范蠡连连点头:"这都是太宰大人您的功劳呀,我国国君是不会忘记您这份恩情的。"赶紧献上大批珍宝,以感谢和贿赂伯嚭。

没错,给伯嚭出主意,请他帮忙在夫差面前说伍员坏话的,正是范蠡,他的目的很明确,就是要断掉夫差的臂膀,使越王勾践得以卷土重来、报仇雪恨!

美人计

越王勾践在会稽山向吴军投降以后,越国就从一个独立的国家沦落为吴的附庸国，不仅要经常朝拜、进贡，吴王夫差北上进攻鲁、齐的时候，也会要求越国协同出兵。

为了表示对吴国的忠诚，越国还必须递交人质，于是勾践就把自己最宠信的大夫范蠡送去吴国都城——范蠡倒是得其所哉，正好趁着这个机会贿赂伯嚭，离间夫差和伍员的君臣关系。

据说勾践与其王后也曾一度前往吴都，做夫差的仆人。夫差让勾践给自己牧马、驾车，还做各种下贱的杂役，勾践始终毕恭毕敬，不显露半点不满或者厌恶的神情，仿佛得以侍候夫差，要比回到越国做王更加荣耀似的。某次夫差得病，勾践竟然用手指蘸了一点夫差的粪便，放到嘴里尝了一下，然后欢天喜地地禀报说："根据大王粪便的颜色、气味和味道来判断，您的病很快就会好了。"

夫差看勾践如此忠诚，就不顾伍员的一再反对，把勾践夫妇放回越国去了。

回到越国以后，勾践和文种大力发展生产，繁育人口，等待报仇的良机。为了使自己牢记战败的耻辱，不被声色犬马所诱惑，勾践晚上不睡席，不睡褥，却躺在柴草堆上，并且在案头挂上一枚苦胆，有事没事尝上两口——这就是成语"卧薪尝胆"的由来。

勾践自己是过着苦日子以磨炼意志，却一心要把吴王夫差往坏道上引，想让夫差中"美人计"，从而沉迷于享受，疏忽国政。他在国内到处搜寻美女，最终找到了两名，一个叫郑旦，一个叫西施，教习歌舞，然后送到夫差身边。

西施是传说中"四大美女"之一，长得有沉鱼落雁之容，闭月羞花之貌，她本是穷人家的女孩，以浣纱（漂洗衣服）为生，姓施，因为住在村西，所以叫西施。传说西施心脏不太好，经常心痛，被迫皱着眉头，双手捧着心口，可是别人看见了，反而觉得这是最娇媚、最惹人怜爱的表情。村东也有一个施姓女子，俗称东施，长得奇丑无比，看到西施这般招人喜欢，还以为是皱眉、捧心的功劳，就也跟着学。当然，同样的表情、动作

第十三章　春秋时代·吴越争霸

出现在她身上，只能让人更加讨厌——这就是成语"东施效颦（皱眉）"的由来。

夫差见到越国送来郑旦、西施两名美女，大喜过望，更认定勾践确实对自己忠心耿耿了。不过要说这两名美女真的诱惑了夫差，使得夫差疏忽国政，大概只是后人的臆想吧！夫差确实越来越骄傲，越来越听不进忠言，还杀死了重臣伍员，但他一心争霸，倒并没有只顾玩乐，不理国事。

从公元前494年直到公元前482年，八九年的时间里，吴国越来越强大，但越国也终于逐渐恢复了元气，勾践就打算趁着夫差北进中原的机会，在背后狠狠捅他一刀。

公元前482年，吴王夫差得意洋洋地来到黄池（在今天河南省封邱县西南），在这里会见了晋定公、鲁哀公和周朝卿士单平公，打算让晋国和周天子都承认他是中原的新霸主。靠着强大武力的支持，会议朝着对吴国有利的方向顺利展开，然而就在即将歃血为盟的紧要关头，突然后方传来消息，越军发动突袭，攻入了吴都，俘虏了夫差的世子吴友！

夫差这一惊非同小可，但他立刻严密封锁消息，耐着性子熬到了结盟的那一天，并且抢在晋定公前面歃血——这等于说老牌霸主晋国承认吴国为新霸了，所以"春秋五霸"虽然不应当算上阖闾，却是可以把夫差算进去的。

可是等到夫差匆忙回到国内，却发现城池破损、田地荒芜，几乎让越军杀掠一空，原本强大的吴国就此一落千丈。他没有办法，只好派出使者，请求与勾践缔结和平盟约——我放弃宗主国的地位，承认你跟我平起平坐，这总可以了吧？你赶紧退兵吧。

勾践感觉自己还没有实力一口吞并吴国，也就暂且答应，退兵回去。此后越国越发强大，吴国日薄西山，到了公元前473年，勾践再次发动了伐吴之战。包围吴都整整三年。直到吴军实在守不下去了，夫差急忙派大夫王孙雄前去拜见勾践，传话说："当年都是寡人的过错，得罪了大王，希望大王念在当年不杀你的恩情上，放我一条生路，让吴国当越国的附庸吧。"

王孙雄苦苦哀求，越说越是可怜，勾践心有不忍，就打算答应夫差的请求。但是范蠡站出来反对，说："会稽山之败，上天把越国赏赐给吴国，吴国自己不取。如今上天又把吴国赏赐给了越国，大王您也打算逆天而行吗？您忘记会稽之耻了吗？您打算也步夫差的后尘吗？"

勾践听了这话，吓出一身冷汗，只好回答说："我当然不想看到夫差也像寡人一般，还有再次出头的一日，可是使者说得实在可怜，寡人不忍心呐。"于是范蠡就步出大营，登上战车，手持鼓槌，做出打算继续进兵的模样，对王孙雄说："国君已经把权力下放给我了，你还是赶紧回去吧，否则莫要怪我得罪。"

王孙雄回到夫差身边，流着泪禀报谈判的结果。直到这个时候，夫差才后悔不迭，长叹一声："我哪儿还有脸去黄泉下见伍子胥呀！"于是以袖遮脸，横剑自刎了。勾践就此吞并了吴国，还把那个收受贿赂、帮过自己忙的伯嚭也给宰掉了。

勾践是春秋时代最后一个实质名归的霸主，他在灭吴以后，立刻挥师北上，会盟齐平公和晋定公，还向周天子进贡，周元王正式任命勾践为诸侯之霸。但是勾践的头脑要比夫差清醒得多，他知道吴国不是被自己一国打败的，倘若夫差不是与齐、晋争雄，在北线连场恶战的话，自己根本找不到报仇的机会——我还是多交朋友，少树敌人为好。于是他把当年吴国侵占宋、鲁等国的土地全都交还给原主，自己退回淮水以南。

在春秋争霸的舞台上，越国登场最晚，消失得也最快，自勾践南归以后，越军再也没有渡过淮水，进入中原地区。当然，勾践个人的性格缺陷，也是他霸业难以持久的重要原因。

勾践回到越都后不久，功臣范蠡就悄无声息地离开了，临行前还给老同僚文种写了一封信，信上说："天上的鸟都射尽了，射鸟的好弓就没有了用武之地；地上的兔子都捕光了，捕兔的走狗也就只有被煮了吃肉的下场。我看越王这个人可共患难，不可共富贵，你也趁早离开吧。"

文种不听范蠡的话，坚决不肯离开。过了一阵子，有人在勾践面前说文种的坏话，勾践就赐剑给文种，说："你教寡人七种策略，寡人没用全就灭掉了吴国，剩下那些策略，你不如去地下向先王禀报吧。"据说所赐的正是夫差让伍员自杀的那柄属镂剑，文种一看，什么都明白了，于是黯然自杀。

近年来考古发掘出两柄精美的武器，一柄是铜剑，上刻勾践之名，一柄可能是矛头，上刻夫差之名——这对老冤家都已经消失在历史的长河中了，只留下这对兵器，引发后人无尽的怀古幽思。

> 1965年冬天，湖北荆州望山楚墓群中出土了一柄几乎没有锈蚀的青铜剑，剑上用鸟篆铭文刻了八个字："越王勾践，自作用剑。"通高55.7厘米，宽4.6厘米，柄长8.4厘米，重875克，代表了春秋时期中国青铜工艺的最高水平。

文明的曙光
—— 从三代到春秋

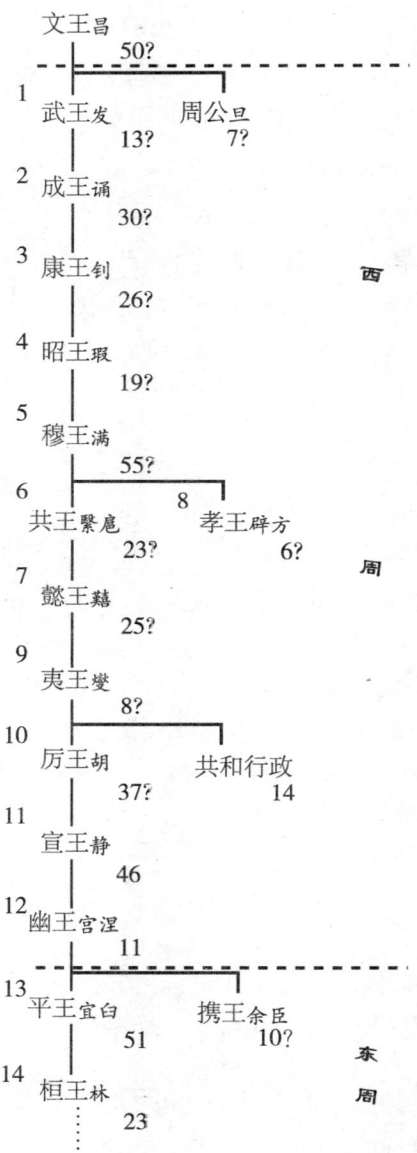

周朝前中期世系简表
（左上数字为世系，右下数字为执政年份，
共和行政之前所记年份大多不可信）

第十四章　春秋时代·思想界的明星

尼丘山上的祈祷

春秋乱世，旧的秩序已被破坏，新的秩序尚未建立，整个社会都处于迷茫和混乱之中，战争、流血、死亡，无日止息，贪婪、背叛、阴谋，泛滥成灾，几乎集人性中恶的一面之大成。

但是我们要明白，人性中恶的一面是永远存在的，并且是相对存在的，每个人都有生存下去的权力，倘若为了自己的权力而损害他人，就是自私，就是恶，但这并不等于说人不应当考虑自己的生存与发展。秩序的混乱才造成道德的沦丧，而不是相反。

> "道"是中国古代哲学的重要范畴，其概念是老子第一个提出的，用以说明世界的本原、本体、规律或原理。儒家也讲道，但指的是更为实在的自然与社会的运行秩序和规律，并不如道家之"道"那样高深玄妙。

生产力在发展，生产关系必然会产生转变，历史在前进，旧的秩序总有一天会被打破，而处于新旧转变期、衔接期的人们是悲哀的、痛苦的，但那也是历史的必然，发展的必然。

越是大变革、大混乱的年代，越会产生卓越的思想家，他们思考社

文明的曙光
—— 从三代到春秋

会,思考人生,希望能够恢复旧的秩序或者建立新的秩序,希望和平重现人间,希望道德感化世界。春秋时代将尽的时候,就正有一位大思想家横空出世,那就是儒家学派的创始人孔丘,俗称孔子或孔夫子。

子是对贵族和有学问的人的敬称,夫子就是老师的意思。

孔丘的祖先是宋国贵族,也就是说,他的血管中很可能流淌着商人的血液。孔是他的氏而非姓,因为祖先有一位名嘉,字孔父,俗称孔父嘉,做过宋国的司马,按照当时习俗,孙子会用祖父的字作为自己的氏(倘若他没有更高贵的头衔、官职可以做氏的话)。上古时代男子的字大多为一个字,后来才逐渐流行双字,孔父嘉的字其实只是孔,按照当时习惯,男子会在字前加"子"或代表排行的"伯仲叔季",在字后加"父",作为美称,所以孔父嘉的字若叫全了,就是"子孔父"。

孔父嘉字孔,其孙以孔为氏。这个家族后来衰弱了,部分成员流亡到鲁国,成为鲁国的中下级贵族。传到孔丘的父亲,叫做孔纥,字叔梁,通称叔梁纥,被鲁国任命为陬邑大夫,也就是小小陬城的市长。

公元前564年,晋、宋、鲁等国联军攻打小国偪阳,偪阳故意打开城门,诱使联军先锋进入,然后放下千斤闸门来,想把敌人隔为两段,分而歼之,全靠了叔梁纥手托闸门,才使入城的联军顺利退出。由此可见,叔梁纥是一位大力士,所以他的儿子孔丘很可能遗传了这一禀赋——据说孔丘身高将近两米,非常魁梧,力气应该也不会小吧。

叔梁纥的长子叫做孟皮——孟是指庶出的长子,皮通"跛",因为脚有毛病,才起了这么个名字。据说这位大力士一连生了九个女儿,好不容易侧室生个儿子,还是残疾,按照当时男尊女卑的习惯,按照当时生儿子继承家业的传统,没有一个健康的儿子,一直是叔梁纥人生中最大的遗憾。

叔梁纥年过半百以后,勾搭上了颜氏的一位小姐,还没正式纳这位小姐为妾,就已经珠胎暗结了。成婚以后,颜夫人到附近的尼丘山(在今天山东省曲阜市东南)去向山神祈祷,希望自己能够生下一个健康的儿子。

第十四章 春秋时代·思想界的明星

十月怀胎,一朝分娩,果然产下个白白胖胖的男孩儿,叔梁纥非常高兴,就给儿子取名为丘,字尼,加上排行,称为仲尼(或者叫尼父),是年为公元前551年。

孔丘孔仲尼就这样诞生在鲁国的土地上。

孔丘还很小的时候,父亲叔梁纥就去世了。叔梁纥虽然是中下级贵族,只管着一个小小的陬邑,终究当他还在世的时候,有国君发给的俸禄,一家人吃穿不愁,等到他去世了,长子孟皮又是个跛子,没人给官,家庭立刻变得穷困潦倒起来。

当时各国都陆续开办乡校,只准贵族子弟去读书,孔丘家里虽然穷,他好歹顶着贵族庶子的头衔,也有资格上学。按照孔丘自己的说法,他"十有五而志于学",也就是说虚岁十五以后才开始认真读书,除了在乡校里学习外,还走遍鲁国国内,甚至前往齐国和周都洛邑去拜师,很快就学富五车,并且逐渐形成了自己独特的思想体系。

按照孔丘的出身、家庭状况,他大概没有父亲叔梁纥的好运,可以做鲁国大夫,最好的结局不外乎侍奉一位大贵族,做大贵族的家臣,爬到最高就是大贵族的管家,或者封邑的管理者。当时鲁国的大贵族,都有些什么人呢?最大的,其实共有三家——鲁桓公曾经分封他三个儿子庆父、叔牙和季友,这三个儿子后来衍伸出三大家族,就是孟孙氏、叔孙氏和季孙氏,统称"三桓"。鲁宣公以后,三桓逐渐操控了鲁国国政,把国君都给架空了。

更有甚者,公元前537年,三桓把原本属于公室的田产一分为四,季孙氏拿两份,叔孙氏和孟孙氏各拿一份——从此以后,鲁国国君就彻底变成光杆司令了,没有自己的领地,日常花费全得靠三桓的奉献,要是哪天三桓不高兴了,不给钱了,国君都得饿死。

这种国君丧失权柄,卿大夫执掌实权的政治现状,是和传统礼制、秩序背道而驰的,也和孔丘的理想大相径庭,所以他一直犹豫着,要不要出去做官呢?以他的身份,是做不了国君之官的,况且如今国君之官也只是

文明的曙光
—— 从三代到春秋

些空头衔而已，办不成实事儿，他只能去做三桓的官。可倘若自己做了官不勤奋吧，对不起自己领取的俸禄；努力工作吧，又等于为虎作伥，帮三桓扩充势力，欺压国君。所以孔丘考虑来考虑去，还是决定暂不出仕，就待在家里研究学问好了。

大约在孔丘三十多岁的时候，他觉得学有所成，就在家里办了个私人学堂教学生。孔丘自己说"有教无类"，也就是说只要肯学习，什么学生都应当接收，但事实上他根本无法脱离当时的社会现状，他只能招收贵族们入学——当然，乡校不收的最低级贵族，孔丘也是收的，相比之下，也算是扩大了招生的范围。

而且孔丘收的学费很低，只要求"束脩"，也就是十条干肉——后来束脩一词，就变成了教师酬金的代名词。

孔丘一开始收的学生，都是些亲戚、同乡，后来随着教学成功，随着学生们的宣传，他的名望越来越高，不仅很多外国人远道而来拜在他门下，就连孟孙氏的少爷何忌都跑来求教。名声响了，不用去求官，自然有人上门来聘请。公元前505年，突然有位大人物亲自抱着头小猪当见面礼，请求孔丘出仕——这位大人物究竟是谁呢？孔丘有没有答应呢？

夹谷之会

> 儒家讲求六艺，分别指：礼、乐、射、御、书、数。其中射指射箭，御指驾车，都是需要很强的体力的，可见孔子并非后世文弱书生，而是文武双全之人。

想请孔子出山相助的大人物，就其身份来说，并不算高贵，不过是季孙氏的家臣而已，名叫阳虎，字货。

当时的鲁国，公室衰微，三桓执政，其中势力最强大的家族是季孙氏，鲁昭公曾经想扳倒季孙氏，发兵包围了季孙氏大家长意如的府邸，结果基于唇亡齿

第十四章　春秋时代·思想界的明星

寒的教训，孟孙、叔孙两家来救，反而把鲁昭公给流放了。鲁昭公向大国齐、晋求救，结果季孙意如用财宝贿赂了晋国六卿，又领兵抗击齐军——鲁昭公一直到死，也没能回国。

公元前 510 年，鲁昭公去世，季孙意如就拥立鲁昭公的兄弟鲁宋，史称鲁定公。

季孙意如的权势够煊赫了，连国君都不放在眼里，仿佛整个鲁国就他一个人说了算似的。但是且慢，事实上还有人说话比季孙意如更管用，那就是季孙氏的家臣阳货。

正如同鲁国国政被三桓篡夺了一般，季孙氏的家政也被以阳货为首的陪臣们给篡夺了。公元前 505 年，也就是申包胥请来秦兵，把吴军赶出郢城的同一年，季孙意如去世，把家主之位传给了儿子季孙斯，阳货随即发动政变，杀光了朝中所有反对派，还把季孙斯给关了起来，逼迫他向天发誓，一切政令、家令，都听从自己的指派。

就是这么个阳货，一方面觉得自己势单力孤，积极搜罗党羽；另一方面听说孔丘名气大，道德高，就想招收过来，为自己不光彩的行为涂抹油彩。所以他亲自抱着头小猪当礼物，前去延请孔丘出仕。这个时候阳货的权势如日中天，孔丘不敢不答应，可也不愿意抛弃自己做人的原则，当他的帮凶，只好收下小猪，敷衍了事。

好在过了没多久，阳货走了一招臭棋，想把三桓家主一网打尽，全部杀光，结果遭到三桓围攻，被迫逃亡齐国——孔丘这才算脱离了魔掌。

经过这么一番磨难，季孙斯深感陪臣坐大，权柄旁落，连自己的性命都朝不保夕，他亟须延请有才能的人来辅佐自己，重振声威，于是经过孟孙何忌的推荐，他也去请孔丘。孔丘本来不打算帮助三桓的，可是一则看季孙斯的态度实在恭敬诚恳，不好拒人于千里之外，二则也想通过这个机会，劝说三桓交出权柄，恢复传统秩序，于是勉强答应了。

孔丘第一次当官，职位是中都宰，也就是季孙氏封地上一座叫中都的小城的管理官。他本身就才能卓绝，加上门下弟子个个都是人才，很快就

文明的曙光
——从三代到春秋

把中都治理得百姓富足、路不拾遗。

孔丘的名声越来越大,终于传到了鲁定公的耳朵里。鲁定公召孔丘来谈了一次话,听孔丘的意思,是想要恢复传统秩序,也就是削弱三桓的权柄,让自己——鲁国国君——重掌政权。这番话当然说到了鲁定公的心眼里,他立刻破格提拔孔丘当司空,也就是财政部长,后来又改任为司寇,也就是司法长官。

孔丘在他司法长官任上,干了两件大事,第一件是齐、鲁会盟,为小小的鲁国挣足了面子,也使得他的名声飞传四方,街知巷闻。

公元前500年,一向以欺负鲁国为乐的齐国突然派遣使者前来,说齐景公想和鲁定公在夹谷会盟。鲁定公不敢不去,可是又怕齐人玩什么花样,就委派孔丘为相(典礼官),让他全权负责会盟事宜。

孔丘对鲁定公说:"从来文事必有武备,武事必有文备,虽然这是一次和平的外交活动,也得有武力做后盾,您得先关照左右司马。"司马就是军事长官,孔丘的意思,您得让两位军事长官领兵预做准备,以防不测。鲁定公采纳了孔丘的意见。

等到夹谷之会的时候,齐、鲁两国国君在高筑起的土台上左右坐定,齐国的典礼官请求:"会盟必须奏乐,请奏四方之乐。"齐景公微笑着点点头。于是突然之间,乐声一起,就看一大群头插羽毛、手持兵器的舞蹈者乱糟糟冲上台来。

这是齐国君臣早就商量好的诡计,想借着奏乐舞蹈的机会,劫持鲁定公,逼迫他签下对齐国有利的条约。

孔丘见状,急忙登上高台,义正辞严地责问齐国君臣:"这种不合礼法的舞蹈,究竟是什么东西?!"齐国人回答说:"这是莱国的舞蹈。"莱国在今天胶东地区,属于东夷部族,长期反抗周朝的统治,后来被齐国所灭。孔丘听说是莱国的舞蹈,就大喝一声:"诸侯会盟,怎能演奏蛮夷的音乐,观赏蛮夷的舞蹈呢?!是谁负责会场安全秩序的,请立刻把他们赶走!"

第十四章　春秋时代·思想界的明星

孔丘的话合乎礼仪，齐景公没有办法，只好停了所谓"四方之乐"，改奏"宫中之乐"，找一批侏儒上来跳舞。孔丘还是不满意，大喝道："这种低俗的歌舞，怎能表演给诸侯看？负责会场安全秩序的官员，请你执行法度！"于是当场把这些侏儒都砍了头。

两次耍花样受挫，齐景公既懊恼又惭愧，本打算干脆发兵劫持了鲁定公算了，可又发现鲁国护卫的兵马不少，真要打起来，自己未必一定讨得了便宜。思来想去，干脆摆出大度的姿态，真的和鲁国签订和平条约算了——在孔丘的努力下，齐国最终还把从前侵吞鲁国的好几块土地也都还给了鲁国。

夹谷之会，不仅仅证明了孔丘具有相当的外交才能，还证明他有勇有谋，知道没有武力做依靠，光靠空口白话是无法使强权屈服，使弱小得以保全的。品德高，并不一定是不通事务的老好人，同样崇拜周礼，希望恢复旧有秩序，宋襄公在泓之战的时候实在迂腐，孔丘可一点都不迂腐。

经过这次盟会，鲁定公更加信任孔丘了，孔丘也趁热打铁，想把自己的理想在鲁国彻底推行。他的理想是什么呢？就是恢复周朝初期所制定的社会秩序和社会道德，既用秩序来引导道德，又用道德来维持秩序，先从鲁国开始，进而推广开去，使整个中原地区全都太平起来。

丧家狗

孔丘想在鲁国恢复传统秩序，第一步就要削弱三桓的势力，于是提出："按照周礼，大夫之城不可超过百雉（高度计量单位），如今三桓之都（本城）都已经逾越制度了，必须堕毁。"

孔丘并非无谋地想往三桓枪口上撞，他事先已经和三桓家主达成协议了。因为如今三桓家主只是空架子而已，他们的陪臣篡夺了实权，独霸各

文明的曙光
—— 从三代到春秋

自的主城，堕毁三都表面上看起来是削弱三桓的实力，其实更重要的是削弱三桓家中掌权陪臣的实力。

首先，在叔孙氏家主的支持下，毁掉了其主城郈邑，然后堕都大军浩浩荡荡向季孙氏的主城费邑进发。自从阳虎逃亡以后，季孙氏的大权就落到了另一名陪臣公山不狃手中，这个公山不狃生怕费邑被毁，自己丧失权柄，在屡次请求季孙斯停止堕都，得不到允准后，干脆铤而走险，率领费邑之兵发起叛乱，攻打鲁国都城曲阜。

鲁定公闻报大感恐慌，急忙带着儿子们跑到季孙氏府上躲避，可是季孙斯也是个空架子，拿不出多少兵马来抵御。正当危急之时，孔丘派大夫申句勾、乐颀领兵来救，曲阜城内的贵族和平民们也都武装起来，大家一起把公山不狃的叛乱军给打散了。

就这样，费邑被顺利堕毁，孔丘的政治行动似乎将告圆满结束。

可谁想到，等到堕都大军开到孟孙氏的本城成邑郊外的时候，事情却突然发生了一百八十度的大转变，孟孙氏违背承诺，坚决不肯堕都。

原来，在看到公山不狃的下场以后，执掌孟孙氏大权的陪臣公敛处父就跑去向家主进言，说："成邑和其他两城都不同，乃是鲁国北方的门户，倘若毁掉成邑，万一齐军打过来可怎么办呢？况且，孟孙氏的封地本来就不大，倘若再堕毁了成邑，那就没有咱们的立足之地了。"这才导致了孟孙氏违背承诺。

成邑高峻坚固，堕城大军围了好一阵子也打不下来，只得垂头丧气地退了兵。就这么着，功亏一篑，陪臣执掌权柄，三桓架空国君的政治局面仍然无法改观。

堕三都失败，沉重地打击了孔丘的施政信心，更重要的是，沉重地打击了鲁定公振兴公室的决心和对孔丘的信任。时隔不久，齐景公为了腐化鲁国君臣，送来一班女乐，鲁定公和季孙斯两人整天沉迷于观看齐女唱歌跳舞，再也懒得管理国事了。

孔丘见到这种情景，彻底失望："看起来，是很难在鲁国施展我的本领

第十四章 春秋时代·思想界的明星

和抱负了呀。"于是带着学生们离开鲁国,打算去别国寻找能够识他用他的明君。

离开鲁国以后,孔丘一行人首先去了卫国,卫灵公封孔丘为高官,却并不给他实权,整天问孔丘应当怎样治理好国家,却又不按照孔丘所说的去做。于是隔了一段时间,孔丘就离开卫国,打算再去陈国碰碰运气。

当经过一个名叫匡的地方的时候,孔丘一行人突然遭到当地百姓的追打——原来当地百姓遭过阳货的进攻,看到孔子的相貌与阳货有几分相似,就错认了。孔丘没有办法,只好逃回卫国。

陈国去不成了,孔子打算经曹国到宋国去。这个时候宋国执掌政权的是司马桓魋,他生怕孔丘名声大,学问也大,受到国君的宠信,会分去自己的权柄,就派人去刺杀孔丘。学生们劝孔丘赶紧逃走,孔丘却拍着胸脯说:"上天生下我孔丘,前来宣扬德化,小小的桓魋又能拿我如何?!"

宋国待不住,孔丘一行人又跑去郑国,在新郑城外迷了路,师徒全都走散了。孔丘一个人站在新郑东门外等学生,等了一阵子,学生端木赐首先跑来,禀报孔丘:"我到处探问老师的行踪,碰见一个郑国人,说:'东门外有一人,脑门像尧帝,脖子像皋陶(传说中舜帝时代的司法长官),肩膀像子产(公孙侨),下身比大禹短三寸,一副圣人的外貌。可惜神情落拓,好像一条丧家狗。那就是你的老师吗?'"

孔丘听了这话,不禁苦笑起来:"我哪儿能跟那些圣人相比呀,但我确实就是一条丧家狗呢。"

空有满腔抱负,却找不到愿意帮助他达成政治理想的君主,辗转流离在各国之间,找不到安居之处,所以才好像一条丧家狗吧。就连孔丘本人,也觉得这个比喻虽然悲惨,却实在是太贴切了。

孔丘想要达成他的政治理想,他崇拜周公,欣赏周礼,希望"克己复礼",也就是说专注自己的品德培养,恢复周礼对贵族的约束,其目的就是

文明的曙光
—— 从三代到春秋

要恢复秩序，迎来新的太平盛世。但他这一套理论，先不说是否现实，是否真能实现，即使想要实现，也并非一两年之功。各国纷争，都忙着富国强兵，好抵御外侮或者扩展疆土，对于这种期望遥远，又不能很快见成效的思想，是根本不感兴趣的。

在中原偏东部辗转了好多年以后，孔丘终于认识到了自己的理想很难达成，尤其是宋、卫、鲁、陈等小国，生存尚且成问题，还怎么有心思去考虑道德问题呢？于是他打算再去大国碰碰运气。

当时，齐、秦、楚、晋、吴这些大国君主中，名声最好的是楚昭王。楚昭王曾经一度被吴军赶出郢都，后来又被迫迁都到鄀，在遭受沉重打击后深自反省，从此励精图治，颇有仁君风范。于是孔丘一行人就通过陈、蔡向楚国进发。

孔丘本人没有多少产业，学生们也大多家贫，只有一个端木赐是大财主。端木赐字子贡，乃是孔门学生中最具有外交才能、语言天赋的，同时还擅长经商，孔丘一行人周游列国的花费，大多由端木赐筹措。但即便如此，也终究有一时周济不上、捉襟见肘的时候。就在陈、蔡之间，孔丘他们终于花光了盘缠，断了粮。

饥寒交迫中，孔丘最勇敢也最莽撞的学生仲由问老师："咱是君子，君子也会这么穷困吗？"孔丘笑着回答他："君子即便穷困，也不会改变他高洁的志向，不像小人，为了改变穷困的处境而无所不为。"

即便经过多少艰难困苦，即便理想的达成遥遥无期，孔丘也绝不会改变自己高洁的志向，无论是否赞成他的主张，这种品德总该受到后人敬仰吧。

公元前489年，孔丘终于来到了楚国边境，但是正赶上吴王夫差进攻陈国，楚昭王率兵救陈，结果病死在军中——孔丘的希望再一次落了空，被迫离开楚国，辗转北归。公元前484年，年近七十的孔丘终于回到了鲁国，他带着学生们周游列国整整十四年，终于又一事无成地回来了。

第十四章 春秋时代·思想界的明星

孔门贤良

孔丘坚持自己的理想，而既然自己的理想无法达成，他就希望著书立说，教育学生，把理念一代一代地传下去。传说孔丘在回到鲁国以后，修订了古代文献《诗经》、《书经》、《乐经》、《礼记》和《周易》，还把鲁国史书《春秋》有系统地整理成册。孔丘本身并没有原创作品，有关他的言行、他的思想，主要保留在《论语》一书中，是由他的学生和学生的学生们编纂的。

> 孔子的地位随着时间的推移日渐高大起来，汉朝就有儒生称其为"素王"，即不在王位的帝王，后来更被尊为圣人，成为中国两千年来思想界最不可动摇的偶像。

那么，《论语》中的孔丘是一个怎样的人呢？他的主要思想包括哪些方面呢？

我们可以看到，书中的孔丘是一个具有坚定理想，而又不失圆滑的人；一个时常板着脸说教，偶尔也流露出相当幽默感的人；一位谆谆善诱的老师，一位专注个人品德的君子；一个无法脱离时代而被迫拴在贵族群中，鄙视体力劳动的古人。

孔丘把个人修养和治理国家结合起来，统一起来，认为只有执政者具备好的道德，才可能引导百姓走上繁荣富强之路。他提出了几个重要概念，一是"仁"，也就是爱人，只有每个人都知道自爱，也爱别人，社会才能安定。二是"忠恕"，对自己的上级、长辈要忠诚，对自己的下级、晚辈要宽恕，要严于律己，宽以待人。三是"孝悌"，孝是指对父母，悌是指对兄弟姐妹，一个人只有先爱自己的家人，才能把这种爱普及开去，去爱世上所有的人。

孔丘还说："己所不欲，勿施于人。"你希望别人对你好，首先必须自己对别人好；你不希望别人干涉你、迫害你，首先自己也不要去干涉和迫害别人。

孔丘是个道德家，他提出的这些道德方面的要求，即便今天仍然是很有教益的。

儒家思想的核心就是道德，而至于这种道德核心是否符合每个时代的实际情况，是否真能够把个人修养和治理国家结合起来，却又是另外一个问题了——孔丘本人绝对不是一个成功的政治家。

孔丘虽然是儒家思想的创始人，但他的理念并非完全独创，在乱世中寻求秩序，在混乱中寻求道德，这种探索，此前已经有很多人都摸索过了。孔丘本人所崇拜的较早或同时代的人物，比如管仲、晏婴、公孙侨，在他们身上就都存在着原始儒家和原始法家的影子。

对于追求等级秩序这一点来说，儒、法的本源是相同的，只不过儒家希望从个人修养做起，用道德来重建秩序，法家却希望用外力压迫，用法规来重建秩序。

孔丘创建了儒家思想，这种思想在数百年后一跃而成为社会的主流思想、统治思想，影响了中国人数千年，直到今天，依然无法也不可能断绝。然而我们要注意，儒家思想是不断演变的，后世之儒，并不等于孔丘之儒。

正如传说中孔丘曾经前往拜会、求学的老子。老子是道家思想的创始人，留下《道德经》一书，但这个老子本名叫什么？是李耳、老聃、老莱子，还是别的什么？他究竟是哪个时代的人？孔丘是否真的曾经向他求教过？这些都还是无法确证的历史谜题，甚至连《道德经》是不是他本人所写，也还要打上一个大大的问号。而老子的道家，与此后庄子的道家、列子的道家，并不完全相同，跟后世的道教更扯不上关系——虽然道教自称老子是他们的祖师爷。

孔丘死于公元前479年，他一生不得志，他的学生倒有很多都活跃在政治舞台上。传说孔丘的学生有三千多人，当然，其中包括嫡传弟子，也包括再传弟子、旁听生，甚至只是挂名的学生。历史文献中留下名字来的孔门弟子，共有七十七人。

孔丘最喜欢的学生是小他三十岁的颜回，字子渊。颜回家里很穷，但即便只有一碗小米，一瓢凉水，勉强糊口，依旧好学不倦，并且不改其乐观精神。但颜回年纪轻轻就死了，孔丘感到非常悲伤。

另一个令孔丘肝肠寸断的学生，乃是仲由，死于卫国内乱。仲由字子路，武艺高强，能征善战，但在学问方面却比较逊色，经常遭到孔丘的批评甚至是嘲笑。但孔丘对于这个学生也是非常关心的。公元前480年，卫国爆发内乱，当时正在卫国当官的仲由在奋战中被砍倒，他坚持戴好冠（古人用来束发的小帽子），说："一个君子，即便死，也要注重仪表！"

有人跑回鲁国来报丧，孔丘一听说卫国来人，就已经猜到发生什么事情了，只是问来人："仲由死得惨吗？"来人回答说："很惨，被砍成肉酱了。"孔丘放声大哭："快把酱缸的盖子合上，我不忍心联想起仲由来呀！"

在政治舞台上最大放异彩的孔门弟子，还得算是端木赐。公元前484年，齐军进攻鲁国，孔丘就推荐最能说会道的端木赐出使齐国，劝其退兵。当时掌握齐国政权的乃是大夫田常，端木赐就对田常说："您干吗打鲁国呀，不如去打吴国。"

端木赐知道田常有篡位之心，于是劝说道："鲁国好打，打赢了只能使你声望更高，使得国君和同僚更忌妒你，不如去打吴国，恶战一场，拼光别人的家底，你就可以从中取利了。"田常有点犹豫："已经决定好了伐鲁，突然转道攻吴，会不会落人话柄呢？"端木赐说："没关系，我让吴国来援救鲁国好了。"

于是他跑去见吴王夫差，劝说夫差救鲁伐齐，以争霸权。夫差担心越国会在后方闹事，端木赐又自告奋勇去劝说越王勾践："吴王不肯北上，因为还提防着你哪，不如主动要求协助出兵，打消他的顾虑。"勾践也有点含糊："倘若吴国打败了齐国，兵马更强，我不就没有报仇的机会了吗？"端木赐笑道："没有关系，我去劝晋国帮助齐国——不相信以吴一国之力，就

文明的曙光
—— 从三代到春秋

可以同时对抗齐、晋而不元气大伤的。"

他再跑去见晋定公，说："万一吴国打败齐国，一定会来跟晋国争霸的，何不帮助齐国一起来对抗吴军呢？"晋定公点头称是。

前面提过，其后发生了什么事情：吴王夫差打败齐军，与晋定公在黄池会盟，随即就被越军抄了后路，霸主的位子还没坐热，就拱手让给越王勾践了。

后人评论说：端木赐一出马，保存了鲁国，搞乱了齐国，灭掉了吴国，使晋国重新振作，使越国夺得霸权，这一番出使，使得十年之中，五国的命运发生了根本的变化。

中外历史大事对照表（四）

世界	中国
约前 540 年，耆那教创始人筏驮摩那诞生	
前 538 年，波斯帝国灭亡新巴比伦	
	前 537 年，季孙、叔孙、孟孙三分鲁公室
约前 530 年，希腊的伯罗奔尼撒同盟形成	
前 525 年，波斯帝国征服埃及	
	前 515 年，公子光刺杀吴王僚，自立为吴王阖闾
约前 509 年，罗马建立共和国	
	前 506 年，吴军入郢，申包胥哭于秦庭
前 500 年，希腊、波斯战争开始	
	前 498 年，孔丘谋堕三都失败，开始周游列国
	前 494 年，夫差伐越，越王勾践降服
	前 484 年，孔丘周游列国十四年，终于归鲁修书
	前 482 年，黄池之会，勾践趁机伐吴
	前 479 年，孔丘去世
	前 473 年，勾践灭吴，称霸诸侯

附　表

一　春秋灭国简表

时期	郑	齐	楚	晋	鲁	秦	莒	吴	宋	越
前770年（周平王东迁）~	郐东虢	纪	权申							
前685年（齐桓公继位）~		遂	息邓弦黄	耿霍魏北虢虞	项	梁芮				
前636年（晋文公继位）~			夔江六							
前614年（楚庄王继位）~			庸舒蓼萧							
前580年（第一次弭兵之会）~				偪阳			鄀			
前515年（吴王阖闾篡位）~			唐胡陈蔡莒杞					徐	曹	吴郯

二 春秋五霸对照表

通称	名	在位	主要功绩	得天子承认
齐桓公	小白	43年	败鲁；服楚；救燕、邢、卫；召陵观兵；九合诸侯。	是
宋襄公	兹甫	14年	定齐。	否
晋文公	重耳	9年	定周难；救宋；服蔡、卫；败楚；践土之会。	是
秦穆公	任好	39年	定晋；败晋；称霸西戎。	否
楚庄王	侣	23年	定陈；服郑、败晋；伐宋。	否
吴王阖闾	阖闾	19年	败楚。	否
吴王夫差	夫差	23年	败齐；黄池之会。	是
越王勾践	勾践	32年	灭吴；盟会齐、晋。	是

图书在版编目（CIP）数据

文明的曙光：从三代到春秋 / 赤军著 . — 太原：山西人民出版社，2012.6

（青年国史读本 • 大中国五千年 / 赤军，陶短房，雍容主编）

ISBN 978–7–203–07706–0

Ⅰ.①文… Ⅱ.①赤… Ⅲ.①中国历史—三代时期—青年读物②中国历史—春秋时代—青年读物 Ⅳ.① K220.9

中国版本图书馆 CIP 数据核字（2012）第 073305 号

文明的曙光：从三代到春秋

著　　　者：	赤　军
责任编辑：	贾　娟
出　版　社：	山西出版传媒集团 • 山西人民出版社
出　版　社：	太原市建设南路 21 号
邮　　　编：	030012
发行营销：	010 – 62164516
	0351 – 4922220　4955996　4956039
	0351 – 4922127（传真）　4956038（邮购）
E –mail：	sxskcb@163.com 发行部
	sxskcb@126.com 总编室
网　　　址：	www.sxskcb.com
经 销 者：	山西出版传媒集团 • 山西人民出版社
承 印 者：	北京市通州兴龙印刷厂
开　　　本：	787mm×1092mm　1/16
印　　　张：	17.75
字　　　数：	244 千字
印　　　数：	1-10000 册
版　　　次：	2012 年 6 月第 1 版
印　　　次：	2012 年 6 月第 1 次印刷
书　　　号：	ISBN 978–7–203–07706–0
定　　　价：	28.00 元

如有印装质量问题请与本社联系调换